동굴 속의 철학자들

20세기 정치철학자와 플라톤

서울대학교 국제문제연구소 총서 41

동굴 속의 철학자들

20세기 정치철학자와 플라톤

초판 1쇄 발행 2021년 6월 30일

지은이 박성우 외 5인

펴낸곳 서울대학교출판문화원
주소 08826 서울 관악구 관악로 1
도서주문 02-889-4424, 02-880-7995
홈페이지 www.snupress.com
페이스북 @snupress1947
인스타그램 @snupress
이메일 snubook@snu.ac.kr
출판등록 제15-3호

ISBN 978-89-521-3047-1 93340

이 책은 2016년도 교육부의 재원으로 한국연구재단의 지원을 받아 완성되었음.
(NRF-2016-S1A3A2924409)
이 책은 2018-2019년도 서울대학교 국제문제연구소의 지원을 받아 완성되었음.

서울대학교 국제문제연구소 총서 41

동굴 속의 철학자들

20세기 정치철학자와 플라톤

박성우 외 5인 지음

서울대학교출판문화원

머리말

먼 훗날 인류는 20세기를 어떻게 기록할까? 두 차례의 세계대전을 치렀지만 결국 자유주의가 전체주의와 공산주의를 상대로 승리를 거뒀고, 인류에게 경제적 풍요, 기술의 발전, 문화적 다양성을 선사한 진보의 시기로 기록할까? 아니면 경제적 불평등이 전 지구적 차원으로 확산되고, 무절제한 에너지 사용으로 기후변화를 초래했으며, 극심한 자국중심주의가 나타나고, 인권 말살이나 인종 청소가 목격되는 인류 위기의 시기로 기록할까? 후대의 평가를 기다려 봐야겠지만 현재로서는 20세기를 긍정적으로 평가하기는 어려울 것 같다. 특히 2001년 9월 11일 전 인류를 경악시킨 테러 역시 20세기가 방치한 미해결 과제가 폭발한 것으로 본다면, 20세기에 대한 평가는 더욱 부정적일 수밖에 없다.

21세기의 미래는 어떠한가? 새로운 세기를 맞이한 지 20여 년이 지나 현시점에서 자유, 평등, 복지, 인권, 환경, 보건 등 이제껏 인류가 지향해 온 가치의 차원에서 인류의 미래를 낙관적으로 예측하기는 어렵다. 21세기가 아마도 '장기 20세기'가 될 가능성이 높은 상황에서, 21세기의 미래를 예측하기 위해서는 20세기를 정확히 진단하는 수밖에 없다. 다행스럽게도 20세기는 우리가 참고할 만한 걸출한 정치철학자들을 배출했다. 역사에 기록될 만한 20세기 정치철학자들이 여럿 존재한다는 사실은 20세기가 정치철학의 굵직한 소재를 제공한 독특한 시기였음을 방증하는 것이기도 하다.

20세기의 정치철학자 가운데 마르틴 하이데거, 레오 스트라우스, 마이클 오크숏, 한나 아렌트, 미셸 푸코, 마사 누스바움(출생연도순)은 동시대인으로서 20세기적 문제의식을 공유할 뿐 아니라 20세기의 문제를 서양정치철학사 전체의 맥락에서 진단하고 있다는 공통점을 갖는다. 주목할 만한 것은 이들은 모두 서양철학의 기원으로 일컬어지는 플라톤 해석을 통해서 각자의 정치철학을 정립하고 있다는 점이다. 이들에게 플라톤은 각자의 정치철학의 토대가 될 뿐 아니라, 20세기 진단의 근거가 된다.

주지하는 바와 같이 플라톤은 일찍이 '동굴'로부터 탈출한 철학자들은 결코 '동굴' 속으로 다시 들어가길 원하지 않는다는 것을 강조한 바 있다. 정치공동체를 상징하는 '동굴'은 철학자들에게 위험할 뿐 아니라, '동굴' 밖 이데아의 세계가 철학자들에게 훨씬 큰 즐거움을 주기 때문이다. 그러나 현실적으로는 철학자들도 '동굴' 안에 거주해야 한다. 철학자들도 정치공동체의 구성원이 될 수밖에 없기 때문이다. 하이데거는 바이마르 공화국에서도 나치 정권하에서도 독일 시민이었다. 오크숏은 영국 시민으로, 누스바움은 미국 시민으로, 그리고 스트라우스와 아렌트는 독일 시민과 미국시민으로 살았다. '동굴' 속에 거주하는 철학자들은 철학자로서의 정체성과 시민으로서의 정체성 간의 갈등을 경험할 수밖에 없다. '동굴' 속에서 행하는 이들의 철학은 암묵적 타협이자, 동굴에 대한 객관적 진단이 된다. 특히 이들의 플라톤 해석은 이 시대에 철학자들이 동굴 속에 거주한다는 것이 무엇을 의미하고, 철학자들이 정치공동체 안에서 어떤 역할을 해야 하는지를 드러내는 시금석이 된다.

이러한 문제의식에서 이 책의 필진은 20세기 정치철학자 여섯 명의 플라톤 해석을 면밀히 검토하였다. 이를 통해 우리는 20세기를 정확히 진단할 수 있는 식견과 21세기를 올바로 전망할 수 있는 시야를 확보하고자 하였다.

일반적으로 우리는 플라톤 해석을 토대로 시대를 진단한 대표적인 20세기 철학자로 칼 포퍼(Karl Popper)를 떠올린다. 포퍼의 철학적 공과는 논외로 하더라도, 20세기의 플라톤 해석과 관련된 그의 영향력이 막대하다는 것은 부인할 수 없다. 오늘날에도 플라톤에 대한 일반적인 이미지가 민주주의의 적 혹은 전체주의 사상의 진원지로 그려지는 것도 다분히 그의 '공헌'이 아닐 수 없다. 새삼 포퍼의 플라톤 해석의 정확성을 따지려는 것은 아니다. 다만 20세기의 치부를 가리기 위해 플라톤을 희생양으로 삼는 것은 플라톤 정치철학에 대한 정당한 평가가 아닐뿐더러, 20세기를 정확히 진단하는 데에도 큰 걸림돌이 됨을 지적하는 것이다. 우리가 선택한 20세기 정치철학자 여섯 명의 플라톤 해석은 포퍼의 강력한 이미지에서 플라톤을 해방시키는 출발점이 될 것이나. 이들의 플라톤 해석은 20세기 플라톤 해석에 있어서 공정성을 회복하는 계기가 될 뿐 아니라, 20세기를 들여다볼, 더 세련된 정치철학자의 눈을 확인하는 기회가 될 것이다.

이 책의 각 장을 소개하면 다음과 같다. 1장에서 이상원은 하이데거의 플라톤 해석이 갖는 정치철학적 함의를 타진한다. 이상원은 하이데거의 플라톤 해석이 진리의 추구를 둘러싼 존재의 역동성과 투쟁성을 강조하는 그의 정치철학적 문제의식과 깊숙이 결부되어 있음을 주장한다. 하이데거의 플라토니즘에 관한 기존 연구가 플라톤의 존재론과 형이상학의 한계에 대한 비판적 분석에 주로 초점을 두고 있는 반면, 이상원은 하이데거의 텍스트에서 파르메니데스의 단편들(fragments) 초반부에 나타나는 '진리의 여신'(Alêtheia)에 대한 사유를 주목하고, 이를 통해 정치적 존재의 가능성과 한계를 파고드는 하이데거의 실천적 문제의식을 발견한다. 특히 플라톤의 『국가』에 나오는 '에르 신화'에 대한 분석으로 하이데거의 역동적 진리 개념과 플라톤적 사유의 연계, 그리고 이 속에 드러나는 정치적 존재의 긴장성을 해부한다. 이상원의 글은 하이데거가 강조하는 진리의 문제성과 그 속에 처한 인간의 정치적 존재성에 관한 고전적 이해의 지평을 넓힐 수 있는 계기를 제공한다.

2장에서 박성우는 레오 스트라우스의 플라톤 해석을 스트라우스 정치철학의 두 테마와 관련하여 검토한다. 박성우는 스트라우스 정치철학의 첫 번째 테마로서 자유주의 비판과 근대성 비판을 주목하고, 스트라우스의 플라톤주의가 방법론적으로 비전적(esoteric)·대중적(exoteric) 읽기를 시도하며, 그 근저에 정치와 철학의 불가피한 갈등이 깔려 있음을 밝히고 있다. 이성과 계시의 갈등이라는 스트라우스의 두 번째 테마와 관련해서는 스트라우스의 플라톤주의가 중세 이슬람 철학의 문제의식을 거치고 있으며, 그 기원이 '신학정치적 문제'에 있다고 해석한다. 이어서 박성우는 스트라우스의 플라톤주의의 주요 쟁점들을 두 테마와 연결하여 재해석함으로써 플라톤 정치철학을 일관성 있게 해석할 근거를 마련하고, 아울러 스트라우스 정치철학의 의의를 재조명한다. 스트라우스 정치철학이 오랫동안 편견과 선입견의 희생양이 되어 왔고, 이로 인해 스트라우스의 플라톤주의 역시 대체로 무시되어 온 상황을 감안할 때, 박성우의 글은 스트라우스의 플라톤주의를 새롭게 발견하는 계기를 마련한다.

3장에서 김지훈은 마이클 오크숏의 정치철학이 도시 내에 존재하는 철학자의 역할 한계를 강조하고 있음을 주목한다. 이어서 오크숏의 문제의식이 정확히 플라톤 정치철학의 근본 문제와 맞닿아 있음을 밝힌다. 김지훈은 오크숏이 해석하는 철학자의 위치는 플라톤의 『국가』에서 동굴 속 사람들에게 수모를 당하는 철학자의 처지와 동일하다고 본다. 그러나 김지훈은 오크숏과 플라톤이 철학자의 역할에 대한 처방에서 대조적인 입장을 보인다는 점을 주목한다. 플라톤은 여전히 철학자의 변함없는 태도를 강조한 반면, 오크숏은 정치와 철학의 긴장 관계를 해소하기 위해서 철학자의 태도가 변할 필요성을 지적했다는 것이다. 김지훈은 오크숏이 지향했던 정치공동체는 모든 개인이 각자의 가치와 목소리(voice)를 지니고 살아갈 수 있는, 즉 개인주의를 하나의 원칙으로 받아들일 수 있는 '시민적 결사체'라고 해석한다. 김지훈의 글은 정치철학자의 역할과 관련하여 플라톤과 극명하게 대조되는 입장을 보인 오크숏의 정치철학을 조명함으로써, 개인성과 독립적인 삶의 태도를 강조하는 근대인의 모습을 부각하고 있다.

4장에서 표광민은 한나 아렌트의 플라톤 비판의 근본적 동기가 목적-수단 논리의 거부에 있음을 주장한다. 표광민은 인간이 특정 가치를 목적으로 하여 지상에 유토피아를 건설하려는 시도를 멈추지 않았고, 그 연장선에서 플라톤은 철인왕을 정점으로 하는 이상적 국가체계를 설계했다고 본다. 표광민은 플라톤이 유토피아 기획의 선구자인 반면, 아렌트는 정치의 본질을 대화에서 찾음으로써 진리의 지배로부터 탈피할 것을 요청하는 정치철학자라고 해석한다. 특히 아렌트의 이러한 입장의 중심에는 진리를 목적으로 하는 목적-수단 논리가 정치 영역에 진입하는 것을 거부하는 태도가 놓여 있음을 주목한다. 표광민은 아렌트가 플라톤과 달리 다양성을 정치의 핵심적 특징으로 이해하고, 정치를 진리로부터 분리시킴으로써 정치의 독자적 영역을 확보하려고 시도했다고 본다. 기왕의 아렌트 연구가 그녀의 플라톤 비판을 철학사적 맥락에 집중해서 설명해 온 것에 비해, 목적-수단 논리에 주목한 이 글은 아렌트와 플라톤의 관계를 재조명하는 계기를 제공한다.

5장에서 박수인은 자유와 윤리의 힘으로서의 철학적 존재 양식을 탐색했던 말년의 푸코가 수행한 플라톤 연구의 의의를 검토한다. 박수인은 푸코가 플라톤적 철학적 주체성의 실존이 철학에 의해 찾아낸 진리를 실행한다는 것에 있지 않고, 우리가 현실적 삶에서 행하는 모든 실천과 선택들이 진리와의 관계 속에서 부단히 수련하는 자기 배려의 태도로부터 발원한다는 것에 있다고 파악함을 강조한다. 박수인은 1982년 강의 이후 푸코의 플라톤 해석을 발견할 수 있는 『쾌락의 활용』 속 『향연』 해석과 1983년 『국가』의 철인치자론 해석을 면밀히 분석하고, 푸코의 플라톤 해석이 1982년 『주체의 해석학』에서 알키비아데스를 해석하는 과정에서 전개되고 있음을 밝힌다. 특히 기왕의 푸코 연구가 그의 플라톤 연구를 도외시한 반면, 박수인은 푸코가 자기 배려와 영성의 전통 속에서 플라톤의 철학을 해석함과 동시에 '플라톤주의의 역설'로 지적되는 합리성으로의 경도 현상에 대한 입장의 일부 수정도 가미하고 있음을 밝히고 있다.

6장에서 안태현은 마사 누스바움의 연구를 그녀의 플라톤 해석을 중심으로 추적한다. 누스바움은 어떤 삶이 인간에게 좋은 삶인지를 지속적으로 연구한 정치철학자다. 안태현은 누스바움이 초기에는 개인의 수준에서 좋은 삶을 바라보고 이해하려 노력한 반면, 인간의 삶을 개선하기 위한 사회적 노력이 필요함을 인식한 이후로는 공동체의 수준에서 좋은 삶을 논의하는 변화를 보였다고 지적한다. 안태현은 이러한 누스바움의 지적 궤적에 그녀의 플라톤 해석이 그대로 투영되어 있다고 해석한다. 초기의 누스바움이 『국가』 속 이상도시의 교육 제도를 비판적으로 봤다면, 보편적 규범을 만들고 이를 토대로 삶의 질을 향상시키는 데 관심을 갖게 된 이후의 누스바움은 정치적 통제를 긍정적으로 평가한다. 기왕의 연구가 누스바움의 플라톤 연구를 고전학 연구의 틀 안에서만 평가한 반면, 이 글은 정치철학자인 누스바움의 문제의식 속에서 그녀의 플라톤 해석보다 고전철학에 대한 이해를 폭넓게 재해석한다는 의의를 갖는다.

사실 한국 학계에서 여섯 명의 '철학자'들을 정치철학자로 규정하고, 이들의 플라톤 해석을 20세기 시대진단의 근거로 삼는 것은 비교적 새로운 접근이다. 여섯 명의 필진이 모여 20세기 철학자들의 시대진단과 플라톤 해석이라는 문제의식을 공유하며 독회를 시작하기로 한 것은 지난 2018년 여름이다. 이후 필진은 2019년 말까지 서울대학교 국제문제연구소 국제정치사상센터의 지원을 받아 매달 공개 세미나를 진행했다. 세미나를 통해 필진은 각자가 전공하는 20세기 정치철학자의 플라톤 해석을 다른 철학자들의 플라톤 해석과 견주어 가며 20세기 정치철학자들의 플라톤 해석이 갖는 시대적 의의를 심화할 수 있었다. 필진은 각자 국내 전문학술지에 논문을 투고하고 게재함으로써 해당 학계로부터 피드백을 받는 과정을 거쳤고(학술지 게재정보는 각 장을 참조), 이제 다시 수정을 거쳐 이 책의 출판에 이르렀다. 이 책의 출판으로 20세기 정치철학자들의 문제의식과 플라톤 정치철학의 접점이 갖는 의의가 한국 학계에서 더욱 큰 관심을 끌기를 희망한다. 이를 통해 21세기를 내다보는 우리의 시야에 정치철학적 깊이가 조금이라도 더해진다면 더없이 기쁜 일이다.

2021년 6월

대표저자 박성우

차례

3 왜 오크숏은 바벨탑에서 내려와 동굴로 향했는가?: 플라톤 정치철학 해석에 비춰 본 오크숏의 합리주의 비판(김지훈)

4 아렌트의 플라톤 비판에 대한 고찰: 목적-수단 논리를 중심으로(표광민)

5 플라톤의 철학적 주체성에 대한 푸코식 고찰: 플라톤적 자기 배려와 '플라톤주의의 역설'(박수인)

1

진리 경험의 역동성과 긴장성

하이데거의 『파르메니데스』에 나타난 플라톤 해석의 정치적 함의*

이상원

I. 서론: 정치적 존재와 진리의 고전적 문제성

오늘날 민주주의 사회에서 '진리'는 무엇을 함의하는가? 다양한 개인의 자유로운 의사 표현을 사회 구성의 기본적 원칙으로 천명하는 현대 민주주의의 일반적 경향에서 진리는 더 이상 크게 중요한 문제로 상정되지 않는다. 오히려 개별적 존재의 다원성에 기반을 둔 소통과 대화를 추구하는 민주주의적 삶의 방식은 이른바 존재의 참된 길을 지향하는 철학적 진리를 거론하는 것 자체에 불편함을 종종 드러낸다. 진리의 관념은 정체를 초월해 존재의 궁극적 기원과 목적을 파악하고자 하는 플라토니즘과 이에 따른 전통적 형이상학의 산물에 불과하며, 다양한 사상과 의견의 자유를 보장하고자 하는 정치의 현실에 부합하지 않는다는

* 이 장은 2016년 대한민국 교육부와 한국연구재단의 지원을 받아 수행된 연구이며(NRF-2016S1A3A2923970), 『한국정치학회보』 53집 5호(2019)에 게재된 논문을 일부 수정보완한 것이다.

것이다(Arendt 2006, 233-235; 표광민 2019, 11). 이러한 입장에 따르면 정치적 삶은 진리의 지배가 아니라 결국 평등한 개인들이 제시하는 자유로운 의견 개진, 대화, 설득에 따라 끝없이 합의되는 과정일 뿐이다. 그러나 우리는 여기서 민주주의적 다원성 추구에 깊게 내재한 철학적 문제와 직면하게 된다(Schmidt 2008, 236f.). 우선 논리적 관점에서, 민주주의가 원칙적 기반이라고 주장하는 다양성의 명제는 결국 삶의 궁극적 목적과 원리 제시라는 차원에서 이름만 달리할 뿐 사실상 또 다른 차원의 '진리'일 수밖에 없다는 모순성을 내재한다. 더 실천적 관점에서는, 민주주의하에서 누구나 자유로운 의견과 사상을 개진할 수 있다는 미명하에 배타적인 담론과 교리가 확산될 때 이것이 잘못되었다고 저항할 적극적 근거를 내세우기 어렵다. 결국 절대적인 기준을 내세우며 스스로를 진리라고 주장하는 특정 교리가 위험한 것처럼, 자신이 진리임을 주장할 수 없는 상대적 다원주의는 그 출발점에 스스로를 방어하기 어려운 모순과 취약성에 노출되어 있다(김주형 2018, 77-79).

그렇다면 오늘날 민주주의 자체를 지키기 위해서라도 우리는 다시금 '진리'의 문제를 거론할 수밖에 없다. 진리의 참된 의미, 가능성과 한계는 무엇인가? 인간 존재가 직면해온 진리의 문제성은 단순히 절대적 원칙의 일방적 제시나 다양성의 섣부른 추구만으로 규정되거나 극복될 수 없다. 이러한 문제의식에서 우리는 진리의 근원적 문제와 치열하게 직면했던 고대 철학의 문제의식에 대한 재해석에 다시 주목할 필요가 있다. 과연 플라톤은 그의 수많은 대화록에서 어떠한 절대적 교리를 주장했는가? 플라톤의 문제의식을 단지 세속을 벗어난 절대적 원칙주의자로 규정하는 것은 텍스트의 일부 내용만으로 그의 사상 전반을 규정하는 오류를 범할 수 있다(Gadamer 1994, 87). 오늘날 새로운 해석들은 플라톤의 대화록에 드러난 진리와 정치의 열린 문제성에 대해 다시금 사유하고자 한다(박성우 2015). 예를 들어, 그의 대화록은 선의 이데아와 철인왕의 가능성에 대한 치밀한 사유과정을 보여 주지만, 그것이 인간의 모든 문제를 해결할 절대적 답이라고 단순하게 제시하지 않는다. 오히려 이러한 개념들 자체는 철학의 근원적 문제로 제시되며, 이러한 관점에서 플라톤은 절대적 독단론자도, 상대주의적 회의론자도 아니다(Strauss 2001, 4-5). 특히 20세기 초반에 플라톤 해석의 새로운 방향을 촉발한 하이데거는 세속을 초월한 순수한 영혼 관념과 형상론을 중시하는 서구 기독교의 전통적 해석을 벗어나, 앎의 절대성과 상대성 문제 자체를 고민했던 플라톤의 기본 문제의식을 다시금 살펴보고자 하였다(Heidegger 2002; 2003; 2010). 플라톤의 사유는 단순히 특정한 진리를 답으로 제시하는 것이 아니라, 우리에게 철학적 삶의 기반을 고민하게 하고, 정치적 존재로서 인간의 열린 가능성을 고민하게 한다(박수인 2017, 24-25). 즉 플라톤의 사유는 끊임없이 진리 추구의 한계를 마주하면서도, 진리의 가능성에 대한 고민을 포기하지 않는다. 이러한 차원에서 하이데거의 플라톤 해석은 고대 철학에 담긴 진리 경험의 역동성과 긴장성의 함의와 함께 그 정치적 문제성을 드러낸다.

이 장에서는 하이데거의 『파르메니데스』에 관한 텍스트 분석을 통해 이에 담긴 진리의 문제와 플라톤 해석의 정치철학적 함의를 논하고자 한다(Heidegger 1996b, 이하 HP).[1] 『파르메니데스』 텍스트는 하이데거가 프라이부르크대학에서 1942-1943년 겨울학기 동안 수행한 강의록을 기초로 한다. 여기서 우리는 파르메니데스의 시 단편들(fragments) 초반부에 나타난 '진리의 여신'(Alētheia)에 대한 사유를 바탕으로, 고대 철

1 이 장에서 인용하는 주 텍스트는 Martin Heidegger, *Parmenides*, trans. André Schuwer and Richard Rojcewicz(Bloomington: Indiana University Press, 1996)이다(이하 HP). 전거가 된 독일어 판본은 *Parmenides*(Frankfurt am Main: Vittorio Klostermann, 1982)로 하이데거 전집 제54권이다.

학의 핵심을 파고드는 하이데거의 사유를 엿볼 수 있다. 그중에서도 특히 플라톤의 『국가(*Politeia*)』의 마지막 10권의 종결 부분 '에르의 신화'에 대한 해석은 현대적 관점에서 조명하는 고대정치철학의 실존적 문제의식을 접할 수 있는 중요한 부분이다(Warnek 2002, 256; Gonzalez 2009, 225-255). 전체 저작의 관점에서 볼 때 『파르메니데스』에 나타난 하이데거의 사유는 보통 1930년대 중후반을 기점으로 분류되는 그의 후기 저작에 속한다.[2] 여기에 나타난 그의 후기 플라톤 이해는 무엇보다 1920년대 중반 플라톤의 『소피스트』 해석, 1930년대 플라톤 『국가』 중 '동굴의 우화', 『테아이테토스』 분석에 이어 플라톤의 대화록을 직접적으로 다루는 사실상 마지막 해석 작업이기에 그 학술적 의미가 크다.[3]

각 시기를 관통하는 하이데거의 플라톤 해석의 핵심 화두는 결국 존재(on; ousia)와 진리(alêtheia)의 연관성에 대한 것이다. 특히 그는 진리

2 1930년대 중반 현대 기술주의 비판에서 표면화되는 하이데거 철학의 사상적 '전회'(Kehre; Turning)는 전기의 대표작인 『존재와 시간』에서 선보인 방법론적 체계화에 대한 의존을 벗어나는 데서 비롯된다(Heidegger 1977, 36-52). 이러한 방법론적 변화에도 불구하고, 이 장에서는 하이데거 철학의 전기와 후기를 관통하는 기본적 문제의식은 그의 플라톤 해석에서 드러나며, 이는 매우 세밀한 텍스트 해석을 요청한다고 본다(박찬국 2007, 139).

3 하이데거의 플라톤 형이상학에 관한 후기의 비판적 해석은 그의 짧은 소고, "Plato's Doctrine of Truth"에 잘 나타나 있다(Heidegger 1998, 155-182). 그의 플라토니즘 비판의 맥락은 주로 플라톤에서 비롯되어 아리스토텔레스로 이어지는 진리 개념의 형식화와 목적론적 교리화 경향에 초점이 맞추어져 있다(McGuirk 2008, 181). 그러나 그의 플라톤 해석의 심층을 더 잘 이해하기 위해서는 플라토니즘의 또 다른 차원, 즉 플라톤에게 여전히 살아 있는 진리 추구의 생동성과 철학적 힘의 부여(empowerment) 문제에 반드시 주목할 필요가 있다(Gadamer 1994, 93; 이상원 2018). 이 장에서는 전자의 비판적 이해의 중요성을 인지하면서도, 하이데거의 후기 사유에서도 여전히 지속되는 긍정적 플라톤 해석의 실천적 의미를 밝히는 데 주목적이 있음을 밝혀 둔다.

개념이 실존적 상황과 분리되어 특정한 논리적 범주로 환원되거나 보편적 판단명제로 공식화되는 경향을 비판적으로 바라본다. 로마, 중세를 거치면서 굳어진 근대적 진리 개념과 달리, 고대 철학적 차원에서 진리의 의미는 존재 자체의 드러남과 감추어짐에 관한 근원적 경험을 내포한다고 보는 것이다(McGuirk 2008, 173). 이러한 하이데거의 문제의식은 존재(being)와 비존재(non-being)의 공존 문제를 다루는 플라톤의 『소피스트』 해석에서도 핵심을 차지한다. 즉 하이데거는 플라톤 철학이 단지 고정적 차원의 순수 진리를 설파하는 것이 아니라 결국 실존이 내포한 차이(difference)와 움직임(motion)을 포괄하는 비존재(non-being)의 이슈를 주요한 문제로 다루고 있다고 본다(Heidegger 1995, 22; 2003, 399-402). 이러한 경향은 그의 플라톤 '동굴의 우화' 해석에서 철학함이 존재의 진실을 추구할 때 일상에서 겪게 되는 어려움과 투쟁의 상조에서도 드러난다. 즉 플라톤에게 태양으로 설정되는 '좋음의 이데아'가 중요한 이유는 어떠한 절대적 진리나 실질적 답을 제시해서가 아니라, 두려움과 좌절 속에서도 참된 존재의 모습을 향한 삶의 노력을 가능하게(empowering) 하는 필연적 근원이기 때문이다(Heidegger 2002, 77-84). 이러한 그의 문제의식은 결국 앎(epistêmê)의 문제에 관한 대화록인 『테아이테토스』에 담긴 감각과 의견에서 비롯되는 비진리(untruth)의 필연성, 그리고 철학 자체를 가능하게 하는 말(logos)의 가능성과 한계에 대한 분석을 통해서도 드러난다(Heidegger 2002, 199-203).

이 장에서는 진리 경험의 역동성과 투쟁성을 강조하는 하이데거의 고대 철학적 관점과 플라톤 해석이 근본적으로 정치적 존재의 긴장성 문제를 함의한다고 주장한다. 하이데거의 『파르메니데스』 강의록에 나타난 플라톤 해석에 주목한 기존 연구는 하이데거의 해석적 사유가 내포한 존재론적 접근의 형이상학적 한계에 대한 비판적 분석에 주로 초점을 둔다(Warnek 2002; Gonzalez 2009, 226-258). 그러나 그의 실존적 사유에 있어서 고전적 정체(polis)의 문제는 『아리스토텔레스 철학의 기본 개념』을 다루는 초기 저작에서 『형이상학 입문』, 프리드리히 횔덜린의 시적 사유를 다루는 후반부 저작에 이르기까지 핵심적 위치를 차지한다(Heidegger 1996a; 2000; 2009). 특히 하이데거는 전기 대표작인 『존재와 시간』의 설계도를 보여 주는 플라톤의 『소피스트』 해석과 그 직전 아리스토텔레스 철학 강의에서도 '정치적 존재'(being in the polis)의 문제를 중요 화두로 제시한다(Heidegger 2003, 96, 159, 400; 2009, 32-36).[4] 따라서 그가 플라톤의 주요 정치 저작인 『국가』의 종결부(제10권, '에르의 신화')를 어떻게 해석하며, 특히 실존적 투쟁(polemos)과 연관해 자유, 정의(dikê)와 같은 정치적 문제들을 어떻게 사유하는지에 대한 분석은 정치철학적으로 많은 시사점을 던져 줄 것이다. 이러한 관점에서 하이데거의 고대 철학적 사유가 담은 삶과 죽음, 존재의 열림과 닫힘을 포괄하는 진리의 문제성과 이것의 정치적 함의를 분석하고자 한다. 본문의 논의는 고전적 진리 개념의 역동성(II장), 이에 기반을 둔 플라톤의 사유('에르의 신화') 해석(III장), 그리고 이를 통해 드러나는 정치적 존재의 긴장성(IV장)의 순으로 전개될 것이다.

4 하이데거의 정치적 존재에 관한 문제의식은 플라톤 『국가』와 『테아이테토스』 해석에서도 진리와 비진리의 긴장, 그리고 의견(doxa)의 실존적 함의와 결부되어 그의 철학적 사유의 핵심을 구성한다(이상원 2017; 2018).

II. 고대 철학적 진리 개념의 역동성

1. 파르메니데스의 시가 담은 진리 개념의 네 가지 고전적 화두

하이데거의 『파르메니데스』 강의록의 핵심 이슈는 고대 그리스적 사유에 나타는 '진리'(alêtheia; truth)의 근원적 의미에 대한 것이다. 이를 위해 하이데거는 플라톤, 소크라테스 시대 이전의 파르메니데스 사상에 나타난 진리 개념의 네 가지 화두(감추어짐, 부정성, 투쟁, 열림)의 제시를 통해 논의를 이끌어간다. 따라서 이 텍스트에 담긴 하이데거의 플라톤 해석을 이해하기 위해서는 우선 그의 파르메니데스 시 해석의 의도를 살펴볼 필요가 있다. 하이데거에 따르면, 파르메니데스의 시 서두에서 진리는 '여신'(thea; sight)을 통해 전달된다. '진리의 여신'을 둘러싼 시적 상황 묘사는 진리가 일종의 여신과 같은 신성한 존재를 통해 드러나고 경험되고 있음을 의미한다(HP, 5). 참되고 진실한 것(the true; alêthes)의 본질을 지칭하는 여신 '알레테이아'는 단지 진리의 특정한 은유에 그치지 않고 존재의 근원적 가능성을 시각화한다. 하이데거에게 진리의 어원(a-lêtheia)은 무언가 '감추어진 것의 드러남'(un-concealment; *Un-verborgenheit*)이라는 실제적 현상을 의미한다. 진리, 즉 존재의 드러남이라는 근원적 현상의 경험은 특정의 논리적 범주나 개념으로 정의되거나 환원되기 어렵다. 따라서 진리의 신성성은 어떤 종교적 의미를 띠기보다는, 인간의 한계 너머에서 존재 자체를 가능하게 하는 무언가를 갈망하는 자연적이고 원초적인(primordial) 사유와 삶의 방식을 표현한다. 하이데거에게 『파르메니데스』 텍스트를 관통하는 '진리 경험'의 네 가지 주요 양상을 정리하면 다음과 같다.

1) 감추어짐(lêthê; concealedness): 존재가 드러난다는 것은 그 이면의 감

추어짐을 동시에 의미한다. 진리가 드러나기 이전의 감추어짐은 "무엇이 감추어져 있고, 누가 감추어짐을 행하며, 어떻게 그것이 발생하는지"에 대한 질문을 필연적으로 초래한다. 고대 그리스의 원초적 사유는 진리라는 말을 통해 존재의 가리워짐이 초래하는 다양한 실존적 상황에 대한 문제성을 표현한다(HP, 13).

2) 부정성(a): 고대적 진리 개념(a-lêtheia; un-concealment)은 부정적 접두어(a; un)를 통해 무언가가 지속적으로 부정되는 운동성을 표현한다. 하이데거에게 진리는 존재의 참모습이 드러나는 실존적 상황으로, 감추어져 있던 기존의 상태가 전복되거나 역전되는 유동적 모습을 지칭한다. 진리의 유동성은 실존 속에서 진리의 감추어짐 혹은 망각(lêthê)이 결코 영원할 수 없고, 진리 경험 자체가 어떤 변화와 저항의 운동성 속에 있음을 함의한다(HP, 14).

3) 투쟁성(polemos; conflict): 이러한 관점에서 하이데거에게 진리는 단순히 논리적 판단 명제로 구성되는 참과 거짓의 고정된 기준 체계나 원리가 아니다. 고전적 의미의 진리는 유동성과 모호함을 수반한 현상으로, 존재가 감추어지고 드러나는 반복적 움직임과 긴장성을 함의한다(HP, 16). 따라서 진리는 단순히 특정 개인의 이성으로 포착되는 절대적 원칙이나 원리가 아니라, 서로 다른 개별자들의 다양한 판단과 그것들의 투쟁 자체를 가능하게 하는 무언가를 의미한다(HP, 17). 즉 진리는 개별자들이 일상 속에서 선(좋음)으로 지칭되는 존재의 참모습을 각자의 방식으로 끊임없이 추구하게 하면서, 충돌하고 좌절하고 또 견디어 나가게 하는 삶의 기반을 표현한다. 이는 진리의 개념을 오직 보편적 이성을 지닌 주체가 도출하는 논리적 판단명제 혹은 확실성(veritas, certitudo)으로 규정하는 근대적 사유의 흐름과 구별된다.

4) 열림(the open): 하이데거는 고대적 사유의 진리 개념이 지닌 이중성

(드러남·은폐)과 투쟁성의 함의를 통해, 진리의 역동성을 통해 경험되는 존재 그 자체의 자유로운 열림과 역동적 힘(dynamis; possibility)의 표출을 강조한다(Heidegger 1995, 40ff.). 다양한 존재자들의 열린 가능성과 이에 따른 충돌의 모습은 일견 자의적으로 보일 수는 있으나 결코 절대적 무질서나 무한정한 혼동을 내포하는 것이 아니다. 존재의 열림과 자유는 각 개별자의 실존과 지속적 변화, 그리고 역동적 관계를 근거 짓는 특정한 기반과 거처를 끊임없이 요청한다. 즉 다양한 존재가 지닌 열린 자유의 실질적 가능성은 개별자들의 존재를 엮는 특정한 삶의 방식의 한계지음과 닫힘(enclosure), 즉 거처함(dwelling)을 통해 실체화된다(HP, 131ff.).[5]

네 가지 고전적 진리 개념의 화두 속에 하이데거가 무엇보다 주목하는 점은 존재의 참된 드러남이 이미 그 열린 가능성 속에 항상 반대방향의 운동, "가리워져 망각됨"(lanthanomai; forgetting)을 내포하고 있다는 점이다. 이러한 망각의 운동성은 단순히 참 혹은 거짓 명제로 포착되는 것이 아니기에 논리적 오류(pseudos; falsity)와는 그 차원을 달리한다. 논리적 오류는 하나의 잘못된 추론이나 명제 속에 존재의 참모습을 감춘다는 의미에서 망각의 한 파생물이라 할 수 있다(HP, 24; Heidegger 2002, 227). 따라서 하이데거에게 망각은 논리적 오류 자체를 가능하게 하는 더 근원적 현상이다. 존재의 은폐 혹은 망각은 단순히 개별적이고 특수한 존재자들(beings)의 부분적 가리워짐이 아니라, 개별적 존재자들을 가능하게 하는 실존적 기반, 즉 '존재 그 자체'(Being)의 잊혀짐을 힘

5 특히 이 네 번째 사항(존재의 열림)에 관해서는 IV절에서 구체적으로 논의할 것이다.

의하기 때문이다. 이에 따라 각 개별자의 존재에 대한 일깨움과 기억의 과정에서도 망각은 항상 일어날 수 있고, 반대로 존재의 잊혀짐 속에서도 이에 저항하는 움직임으로 존재의 드러남은 항상 발생한다(HP, 28).

결국 하이데거에게 존재 자체의 드러남으로서 진리의 경험은 모호하며 항상 어려움에 직면해 있다. 때론 다양성의 발현 속에 진리의 가능성은 아예 존재하지 않는 것처럼 보이는 것이 사실이다. 그러나 진리 경험의 모호함 이면에 흐르는 존재의 역동성은 개별자의 다양성이라는 미명하에 상대주의나 허무주의로의 매몰을 경계하게 한다. 사실상 민주적 다원성과 계몽주의적 진보의 기획은 더 나은 진리의 가능성과 다원적 소통 자체를 거부하는 배타적 교리와 폭력의 발현 앞에 취약한 모습을 보였다(Schmidt 2008, 240). 따라서 하이데거는 진리의 원초적 모호함을 논리적 확실성이라는 판단 명제로 극복하기보다 진리의 가능성과 한계를 둘러싼 일상적 상황의 실존적 기반을 드러내고자 한다(Heidegger 1962, 56f.). 반복적으로 발생하는 진리의 일상적 모호함은 어떻게 발생하며, 어디에 근거하고 있는가? 확실한 것은 끊임없는 진실의 은폐 속에서도, 존재의 드러남(disclosedness)은 진실의 지속적 드러냄(disclosing)이라는 실제적 사건(event)과 이를 위한 존재자들의 활동을 보여 준다는 것이다(HP, 34).

하이데거의 관점에서 고대 철학적 진리 개념은 플라톤을 거쳐 아리스토텔레스의 형이상학에 이르기까지 진실의 논리적 체계화를 수반하는 와중에도 여전히 실존적 경험으로서 진리의 문제성을 끌어안고 있었다. 고대적 사유에서 진리는 단지 개별적 현상들에 관한 논리적 인식과 판단의 체계 속에 가둘 수 없는 현상이자 경험이었다(HP, 34). 그러나 그리스 시대 이후 진리 개념은 고정된 형이상학적 질서의 원리이자 합리적 범주화의 대상으로 고정되었다. 하이데거에 따르면, 로마적 관점의 진리(veritas)는 중세의 엄격한 교부철학적 사유의 맥락을 거치며 근대에 이르기까지 적절성(adaequatio), 올바름(rectitudo), 정의(iustitia), 확실성(certitudo) 등 논리적 판단명제의 확증성과 고정불변의 일관성만을 강조하는 방향으로 굳어져 왔다(HP, 57). 이러한 진리 관념의 변화는 고대적 사유가 담고 있던 존재의 열린 경험과 그 한계가 보여 주는 역동적 긴장과 사건성을 은폐하고 망각시키는 결과를 초래했다.

2. 플라톤 사유의 역동성과 신화적 언어

하이데거에게 플라톤 철학은 아리스토텔레스 이후 본격화된 진리의 형이상학적 체계화와 소크라테스 이전 자연적 진리 경험의 기억 사이에 배태된 역동적 긴장의 산물이다(Heidegger 2010, 96-97). 또한 플라톤의 사유는 소크라테스 이전의 철학을 접근하는 데 있어서도 단순히 특정 학파에 의존하거나 귀속되지 않는다. 즉 플라톤의 철학은 영원한 하나의 절대적 기반을 강조하는 파르메니데스 학파의 순수존재론과 헤라클레이토스로 대표되는 존재의 변화와 다원성을 강조하는 상대주의적 담론 사이에서 드러나는 간극의 심연을 파고드는 사상적 도전의 산물이다(Heidegger 2003, 321f.).

이러한 맥락에서 하이데거는 플라톤을 위시한 고대 철학의 사유방식을 이해하기 위한 중요한 단서 중 하나로 신화(mythos)적 사유에 주목한다. 대화록의 중요한 맥락에서 신화를 언급하는 플라톤 철학의 면모를 이해하기 위해서는 고대 신화에 함의된 삶과 죽음의 문제의식에 대한 해석이 요청된다. 하이데거에 따르면, 호머의 『일리아드』는 생이 움트는 이승과 사후 지하세계의 미묘한 연관성을 안치(cheuthômai; sheltering)라는 말이 함의하는 가리워짐과 덮음(concealing)을 통해 표현한다(HP, 60; Iliad XXIII, 244). 고대 그리스적 맥락에서 삶과 죽음은 단지 생물학적인 관점에서 이분법적으로 이해되지 않는다. 삶과 죽음은 존재의 드러남과 은폐됨의 연속적 과정이다. 나아가 인간의 삶이 영위되는 지구의 땅은 존재의 경계로서 죽음이 맞이하는 지하세계의 어둠과 은폐, 그리고 밝은 빛을 머금은 천상의 드러냄 사이의 연관성을 함의한다(HP, 60). 파르메니데스의 시에서 인간이 처한 "낮과 밤의 문"은 기본적으로 존재 자체가 포괄하는 빛과 어둠, 드러남과 감추어짐의 이중성과 이에 대한 필연적 경험을 함의한다. 시적 화자가 밤의 어둠에서 낮의 밝음으로 이어지는 길 끝에 마침내 조우한 진리라는 여신은 세상에 존재하는 것들의 기원을 표현한다. 따라서 파르메니데스의 사유가 구사하는 신화적 언어는 결국 모든 언어적 표현과 논리 이전에 선재하는 무언가를 드러내기 위한 것이다. 하이데거에게 이러한 신화적 사유와 언어의 발현은 궁극적으로 진리의 원초적 경험에 기초한다.

신화는 원초적 언어를 통해 일상적 '로고스'(logos: 말, 논리, 이성)의 움직임 이면 존재의 모습을 그려 내고자 한다. 즉 신화적 언어는 모든 존재자의 표현 이전에, 이미 표현의 변화와 다양성 자체를 가능하게 하면서도 개별자 속에 스스로를 감추는 '존재 그 자체'(Being)의 본성(physis)을 보게 한다. 이러한 신화적 사유 방식은 오늘날까지 전승되는 고대 시가와 고전 철학의 사유 속에 생생히 살아 움직이고 있다(HP, 60). 신화적 언어가 표현하는 출생, 삶, 죽음, 밤, 빛, 낮, 지하, 땅, 천상 등은 존재 자체의 드러남과 감추어짐의 근원적 맥락들을 지칭한다(HP, 67). 따라서 하이데거에게 고대 그리스적 신화의 메시지는 단순히 당대의 역사적 교리나 지나간 과거의 표상이 아니라, 자연(physis) 그 자체가 인간 존재자들과의 관계 속에서 스스로를 표현하는 방식이다(HP, 68; Heidegger 2000, 14-15). 말(logos)을 지니고 살아 있는 존재(zôon)로서 '이성적 인간'(zôon logon echon)의 함의는 인간이 언어와 사유를 통해 스스로를 존재 전체의 관계 속에 위치시킬 힘과 가능성을 지닌 존재라는 것이다(Heidegger 2003, 12). 고대 그리스적 관점에서 인간의 가능성은 '합리적 동물'(animal rationale)로서 (로마 이후 근대를 거치며 형성된) 보편적 주체 개념이 담지 못하는 존재 자체의 원초적 연계성을 담고 있다(HP, 68). 이러한 차원에서 하이데거에게 신화(mythos)는 단순히 원시적인 관념의 기록이 아니라, 존재 자체와의 근원적 관계를 드러내는 '언어의 언어'(logos)로서 그의 플라톤 철학 이해의 핵심을 차지한다. 고전적 진리 개념과 신화적 언어에 대한 관점을 바탕으로, 하이데거는 플라톤의 주요 정치 저작인 『국가』의 종결 부분(제10권)에 나타난 신화적 사유(에르의 신화)에 대한 해석을 시도한다. 다음 절에서는 정체의 본성에 대한 질문에 내포한 신성성에 주목하여, 하이데거가 탐구하는 정치적 존재의 근원적 함의를 밝혀 보고자 한다.

III. 하이데거의 정치체에 관한 고전적 사유와 플라톤 '에르의 신화' 해석

1. 고대적 사유에서 정치체(polis)의 존재 의미와 본성(politeia)[6]

하이데거의 관점에서 플라톤 철학은 존재 자체의 원초적 경험을 진지하게 다루는 고대 그리스적 사유방식의 절정으로, 이 특징은 '대화' 형식

6 'polis'는 역사적 의미로 그리스 도시국가를 뜻하고, 일반적 함의를 추구하는 철학적 해석에서는 도시, 나라 혹은 국가로 종종 번역된다. 다만 여기서는 하이데거의 실존적 해석을 따라 정치적 존재성의 근간이라는 함의를 부각하고자 '정치체' 혹은 '정체'라는 말로 번역한다. 나아가 정치체 자체의 진정한 의미와 본질이라는 함의를 담은 말로 'politeia'를 쓰고자 한다('politeia'는 통상적으로 국가, 공화국, 헌법, 정체 등으로 번역된다).

으로 표현된다. 플라톤의 대화록은 존재 그 자체의 참모습을 말과 소통을 통해 드러내고자 하는 인간의 자연적 지향성(욕망)을 담는다. 특히 주요 대화록 중 하나인 『국가』는 존재의 광범위한 문제들을 다루면서도 그 핵심은 정치체의 본성에 초점이 맞추어져 있다. 이는 로마시대 이후 종종 '공화국'(Republic)으로 널리 번역되었다. 그러나 하이데거는 그리스어 'politeia'가 번역된 용어인 'republic'은 로마법 전통의 관점에서 정의(iustitium) 혹은 올바름(rectitudo)의 특정한 진리관을 반영한 개념이라고 지적한다(HP, 89).[7] 그에 따르면, 정체의 본성에 대한 플라톤의 사유는 이와 달리 고대적 진리(alêtheia) 경험의 맥락에서 이해되어야 한다.

앞서 살펴보았듯이, 그리스적 관점의 진리는 어떤 정의나 옳음에 대한 고정적 인식이나 규정의 산물이 아니다. 이는 존재 자체의 드러남 속에서 밝혀지는 개별적 존재자들의 다양한 현전(presence)의 양상과 변화에 관한 근원적 경험을 일컫는다. 특히 인간 삶의 방식이 특정한 공동체의 권위하에 규율되는 정치체는 진리의 드러남(과 가리워짐)이라는 역동적 사건의 중심적 맥락에 있으며, 그리스적 인간성(humanity)의 핵심을 차지한다(HP, 89). 따라서 여기서 '정치체'(polis)라는 말은 과거 한 시점의 역사적 도시국가(city-state)가 아니라 고전적 관점에서 인간 존재의 진리에 관한 원초적 경험의 맥락을 내포한다. 하이데거에 따르면, 어원적으로 볼 때 'polis'(정체)의 의미는 하나의 중심적 기둥(polos; pole)으로서 이를 둘러싸고 다양한 개별적 존재들이 특정한 방식으로 모여 움직

---

7 공화국(republic 혹은 commonwealth)의 어원인 라틴어 'res publica'는 어원적으로 '공동의 것'(common things) 혹은 '공공의 일'(public affair)을 의미하는 말로서, 특정 정치공동체의 실존적 분열과 파벌성, 그리고 공존을 위한 각 세력 간 조화 추구의 필연성을 포괄적으로 함의한다.

이는 역동적 현상을 함의한다(HP, 90; Heidegger 1996a, 86). 정체를 중심으로 인간 존재는 끊임없이 스스로를 드러내면서 서로 연계되고 충돌하는 실존적 상황에 처하고, 이를 통해 역사를 형성해 나간다. 이때 정체의 존재는 인간의 삶과 떨어진 절대적 창조물이 아니라, 이를 기반으로 개별적 존재자들이 무언가를 산출하고 스스로를 유지하게 하는 중심적 거처로서 의미를 지닌다. 그러므로 그리스적 맥락에서 정체의 본성에 대한 질문은 각 '개별자들의 존재 기반으로서 존재 그 자체'(Being of the beings)의 역동적 드러남을 표현하는 진리의 경험과 직결된다.

한편 정체는 단지 고정된 실체가 아니기에 기둥이라는 말은 정체의 존재를 다 표현해 내지 못한다. 하이데거에 따르면 'polis'와 연관된 또 다른 어원은 'pelein'으로, 이 말은 무언가가 "떨쳐 일어나고 드러남"을 의미한다(HP, 90; cf. Sophoclos, *Antigone* 332f.). 정체는 다양한 존재자들이 일상적으로 공존하기 위한 실존적 조건을 드러내며, 이들을 지속적으로 모으고 통합한다. 그러나 이러한 통합의 운동성은 단순한 동질화나 손쉬운 조화를 의미하기보다는 진리의 드러남과 감추어짐이 갖는 투쟁적 본성과 어려움을 반영한다. 따라서 고전적 관점에서 진리의 문제는 정체의 역사가 보여 주는 공포스러움, 두려움, 잔혹성 등의 여러 비극적 모습들을 통해서도 표현된다(Thucidydes, *The War of Peloponnesos* II 49; Heidegger 2002, 101). 이는 정체 속에서 존재의 참된 진실에 대한 추구뿐만 아니라 진실의 망각(oblivion), 왜곡(distortion), 은폐 등 반대 움직임에 비롯한 갈등과 충돌이 언제든 극단적으로 발현될 수 있음을 의미한다(HP, 90). 하이데거의 관점에서, 정체의 본질에 관한 대화록인 플라톤의 『국가』도 이러한 존재와 진리의 문제의식에 서 있다. 이 대화록에서도 진리의 역동적 차원과 실존의 근원적 문제는 결정적 국면에서 논리적 분석의 한계를 넘어 우화와 신화적 언어를 통해 표현된다.[8] 하이데거에게 이러한 플라톤의 사유와 문제의식은 특히 『국가』 제10권 종결 부분

(에르의 신화)에서 가장 선명하게 드러난다(614b2-621b7).[9] 소크라테스는 글라우콘과 선과 영혼의 본질에 관한 대화 중에 본인이 전해 들은 에르의 신화를 언급한다. 이 신화는 에르(Er)라는 전사가 전장에서 죽은 것으로 되어 송환되었으나 12일 만에 기적처럼 살아나 자신이 겪은 사후세계의 경험을 고백한 이야기다.

하이데거는 에르의 신화가 담은 존재의 은폐와 망각(lêthê)의 상황을 통해 삶과 죽음의 연관성에 주목한다. 인간 존재가 어떤 정체에 거처함은 이곳 지구의 땅에서 일어나는 필연적 삶의 여정이면서 동시에 죽음이라는 예정된 끝을 향하며 거치는 자연적 과정이다. 플라톤에게 정치적 존재로서 인간적 삶의 가능성과 한계는 지구상에서 한정된 시간과 존재, 그 이후에 대한 근원적 질문을 내포한다(*Republic*, 617d7). 죽음이라는 필연적 한계를 지닌 인간 존재의 불완전성은 결코 이를 가능하게 하는 존재 그 자체에 대한 온전한 답을 규정해 내지 못한다. 그러나 플라톤의 신화적 사유는 인간의 존재성은 단지 죽음 앞에 소멸해 버리는 일시적 현상으로 그치지 않음을 드러낸다. 에르의 사후세계 경험은 죽음 이후 새로운 방식으로 또 다른 개별적 삶의 시작과 영혼의 여정을 가능하게 하는 존재의 끝(혹은 기원)을 그리고 있다. 즉 고대 그리스적 사유에서 죽음에 직면한 존재자(being)의 한계는 그것이 속한 존재 그 자체

8 『국가』 제7권에서는 동굴의 비유를 통해 인간 존재가 내포한 진리 추구의 가능성, 그리고 진리의 망각과 왜곡의 움직임이 공존하는 실존적 상황을 묘사하는 우화가 등장한다. 여기에 담긴 정치적 존재와 철학적 투쟁에 관한 플라톤의 문제의식은 특히 1930년대 초반을 전후로 한 하이데거의 주요 연구주제로서 당시 강의록 텍스트에 잘 반영되어 있다(Heidegger 2002; 2010).

9 플라톤 텍스트의 구체적 인용은 스테파누스 번호(Stephanus pagination)를 따른다.

의 끝을 의미하지 않는다. 개별자의 죽음 이후에도 세상의 다른 존재자들은 정체 속에서 일상적 삶을 유지한다.[10] 과연 죽음은 일상의 존재성에 어떠한 의미를 제시하는가? 플라톤의 정체에 대한 다양한 질문과 사유는 『국가』의 마지막 부분에서 결국 이러한 근원적 질문과 맞닥뜨릴 수밖에 없다(HP, 93; 614a6). 하이데거의 해석은 플라톤이 특정한 논리나 개념적 범주로 삶과 죽음의 의미를 구분하지 않음에 주목한다. 우리는 정치적 존재로서 '여기'(enthade; here)에서의 삶, 그리고 바로 이어진 죽음 이후의 '거기'(echei; there)에서의 경험이라는 연속적 존재 지평의 차원에서 플라톤의 신화적 사유를 접근할 필요가 있다. 특히 하이데거의 시각은 기존에 철학사를 규정해 왔던 기독교적 플라토니즘과 진리관에서 탈피를 제안한다. 그에 따르면, 사후세계의 초월성을 강조하는 기독교적 신학개념에 갇힌 전통적 플라토니즘의 기본적 전제들은 그리스적 진리 경험이 지닌 삶과 죽음의 경계에 관한 열린 질문의 가능성을 차단한다. 진리의 고전적 문제성에 대한 새로운 탐구 없이 단지 역사적·신학적 관점에 기댄 오늘날 플라톤 해석은 마치 살아 있는 나무의 생생한 잎을 지난 계절의 '떨어진 낙엽'을 가지고 설명하는 것에 다를 바 없다(HP, 94).

『국가』에서 플라톤이 보여 주는 정체에 대한 사유는 오늘날에도 존재 그 자체의 기반의 모호한 의미와 문제성을 여전히 생생하게 드러내고 있다. 하이데거에게 존재의 진실과 결부된 정체의 본성에 대한 사유는 인간적 삶의 방식의 조직과 배열을 의미하는 'politeia'라는 말 속에 담겨 있다. 『국가』에 대한 비판적 해석들은 주로 플라톤의 정치적 사유

10 따라서 하이데거에게 존재 자체가 지닌 새로운 시작의 가능성은 종교적 환생(reincarnation) 같은 특정한 신학적 관점으로만 규정될 수 없는 것이다.

가 궁극적으로 현실에서 존재할 수 없는 유토피아를 제시하는 것이라 설명해 왔다(Arendt 1990, 73-74). 그러나 하이데거의 관점에서 플라톤의 『국가』는 결국 개별적 존재자들(beings)의 현전을 가능하게 하는 필연적 거처이자 자리(topos)로서 정체, 그리고 존재 그 자체(Being)의 진정한 의미에 대한 열린 질문과 사유의 노력을 담고 있다. 이것은 현실과 유리된 것이 아니라, 실존하는 정체의 참된 모습, 즉 다양한 정치적 현상 이면의 더 깊은 현실을 드러내고자 하는 실천적 사유의 산물이다(Heidegger 1996a, 81, 85-86). 즉 하이데거에게 『국가』의 사유는 정치적 존재의 가능성과 한계의 치열한 조명의 시도로서, 단순한 이상적 공동체의 답안 제시로 환원되기 어려운 차원들을 내포한다.

정체는 시간의 흐름 속에서 언어와 사유 능력을 가진 존재들이 특정한 자리에 모여 각자 생의 길을 마련하면서 역사를 이루어 나가는 필수적 거처다. 여기서 존재가 지닌 아름답고 조화로운 질서의 가능성, 즉 정의(dikê)는 밝게 드러나기도 하고 때론 어둠 속에 뒤틀리고 감추어지기도 한다(HP, 95). 정체 속에서 인간의 존재는 특정한 방향으로 굳어진 역사의 담론에 갇히기도 하지만, 여기에 질문을 던지고 이탈해 새로운 존재의 가능성을 드러내기도 한다. 따라서 하이데거의 관점에서 다양한 정치적 존재의 양상을 결정짓는 '정체의 열린 본성'(politeia)은 보편적 명제나 특정한 이론 체계로 고정되지도, 역사적 실천에만 의존해 매 순간 구성되지도 않는다(HP, 96). 정치적 존재로서 인간적 삶의 다양성과 충돌, 즉 공존의 열린 상황을 조건 짓는 것은 드러남과 은폐의 긴장 속에 처한 존재 그 자체의 역동성이다. 정체는 인간이 죽음에 이르기까지의 생의 여정 속에서 존재의 진실을 각자의 방식으로 추구하고 후대를 통해 또 다른 삶의 시작을 확보하기 위한 필연적 영역이자 중심축이다. 따라서 정체의 알맞은 질서로서 정의, 즉 진리의 실체적 본질도 특정 정체나 개별적 인간들이 단지 역사적으로 혹은 철학적으로 규정할 수 있는 것이 아니다. 오히려 정의는 개별자의 삶과 고유한 활동 자체를 가능하게 하는 무언가(진리)를 향한 끊임없는 요청, 즉 존재 그 자체의 드러남과 감추어짐의 역동적 경험 속에서 이해되어야 한다.

2. 정치체에 관한 사유의 결말로서 '에르의 신화'의 의미

『국가』 10권에서 플라톤의 사유는 삶과 죽음으로 이어진 존재의 모습을 특정하게 구분 짓기보다 '여기'(enthade)와 '저기'(echei)의 모호한 구분으로 이어진 연속선상에서 바라본다. 하이데거는 '여기'에서 정치적 지혜를 좇는 플라톤의 철학적 사유가 어떻게 '거기'에 대한 앎까지 추구하고 논할 수 있는지를 묻는다(HP, 97). 우선 세계에 관한 플라톤의 언어들은 신학적 이론에서 제시하는 세속과 천국, 지옥, 연옥 등의 범주나 개념 구분과는 다르다. 하이데거의 관점에서 고대 그리스적 의미의 '거기'는 '여기'의 일상 이면에 감추어진 존재 그 자체에 대한 경험의 가능성과 그 자리를 의미한다. 이 맥락에서 앞서 언급한 플라톤의 신화(mythos)적 사유방식의 함의를 다시 고찰할 필요가 있다. 정체의 본질을 논하는 『국가』 텍스트의 말미에 플라톤은 대화 속 소크라테스의 캐릭터를 통해 신화적 이야기를 전한다. 합리주의와 역사주의에 기댄 해석은 플라톤의 신화적 언급을 자신만의 철학적 논리와 전략을 방기한 결과라고 설명한다(Popper 2013, 132-133). 그러나 하이데거의 시각에서 플라톤의 신화적 언어와 사유의 형식은 오히려 형이상학적 사유의 일관된 발현이다. 그에게 형이상학의 본질은 현실을 방기하거나 초월하기 위한 것이 아니라, 오히려 인간의 이성적 판단이 온전히 규정하기 어려운 실존의 원초적 영역에 관한 엄밀한 사유의 가능성을 보전하기 위한 것이다(김용민 2004, 114). 신화의 시작 부분에서 소크라테스는 아르메니오스의 아들, 에르라 불리는 용감한 자의 경험에 대한 '변호'(apologos; apology)를 시도하겠다고 말한다(*Republic*, 614b). 하이데거는 신화의 시작 부분에서 '변호'라는 말의 사용에 주목한다. 그는 영혼과 정의 추구의 신성성을 상기하며 『국가』를 종결하는 플라톤의 태도가 단순한 부가적 의미나 재미를 전하기 위한 것이 아님을 독자에게 상기한다고 본다(HP, 98; Warnek 2002, 263). 이것은 이 신화적 사유가 담은 인간적 삶과 정체의 현실적 근간에 대한 진지한 해석의 요청인 것이다.

소크라테스에 따르면, 에르는 전장에서 용감하게 싸우다 생을 마감하였으나 12일 후 마지막 장례식을 치르려 할 때 되살아나 죽음 이후의 '거기'에서 겪은 일에 대해 전하게 되었다. 그의 영혼(psyche)은 죽음 이후 '여기'에서 벗어나 어떤 신성한(daimonios) 곳으로 상승했다. 그리고는 거기에서 듣고 본 일들을 다시 이승의 인간들에게 전하는 통보자가 될 것을 저승의 판관들 명받는다. 하이데거는 이 맥락에서 '영혼'의 함의를 단순히 종교적 개념으로 해석하지 않는다. 고대 그리스적 의미에서 영혼은 생의 본질적 가능성이자, 다양한 존재자들 간 관계성의 기반이다. 인간 존재의 내면적 대화로서 사유, 그리고 다른 존재들과의 소통은 말(logos)의 힘을 통해서 구현되고 표현될 수 있다. 말과 이에 바탕을 둔 사유능력을 결여한 다른 동식물들과 달리, 말을 통해 존재들의 관계와 존재 그 자체의 기반을 추구할 수 있는 것이 바로 '인간적 영혼의 신성한 능력'(daimonion)이다. 에르의 영혼은 죽음 이후에 이렇게 생의 본질과 기원이 자리한 '신성한 곳'(topos tis daimonios)에 다다르게 된 것이다(HP, 99).

하이데거는 고대 그리스적 관점의 '신성한 정신'(daimonion)을 이해할 때 소위 사악한(demonic) 영혼 등 부정적인 신학적 개념이나 공허한 추상 관념으로 규정하는 시각을 벗어날 것을 주장한다. 아리스토텔레스가 그의 윤리학에서 제시하듯이, 'daimonion'은 철학적 사유의 실질적 근원과 가능성을 지칭하는 개념이다(HP, 102; Aristotle, *Ethics*, 1141b7ff.).

고대 철학에서 신성한 정신은 단지 세속에서 이탈한 것이 아니라 존재의 참된 진실에 대한 지향으로, 일상적 관점에서 보았을 때 쉽게 이해될 수 없는 낯설고 경이로운 경험으로 드러난다. 모든 다양한 존재자들을 포괄하는 존재 그 자체에 대한 추구는 익숙한 현상들을 통해서만 설명되기 어려운, 두렵고 생경한(uncanny) 과정이다. 이렇게 관습적 시각에서 바로 이해될 수 없는, 각 존재자 속에 내재하면서도 스스로를 넘어선 존재의 열린 가능성을 지향하는 영혼의 힘이 '신성한 정신'의 의미다. 따라서 인간의 신성성을 향한 움직임은 단지 초자연적 가능성이 아니라 모든 일상적 삶의 모습에 깊숙이 깃들여 있는 가장 자연스러운 것이다(Blitz 2010, 116). 하이데거에 따르면 '자연'(physis)은 일상에서 쉽게 파악될 수는 없지만, 궁극적으로 모든 일상적인 것을 가능하게 하고, 또 이 모든 것이 회귀하는 존재의 경이로운 본성을 의미한다(HP, 102; Heidegger 2009, 16). 따라서 일상의 다양한 개별자들을 통해 자신을 드러내는 자연의 힘과 존재의 참모습을 밝히고자 하는 신성한 사유의 가능성은 서로 일맥상통한다.

고대 그리스적 의미에서 사유의 기원은 이렇듯 인간 정신이 무언가를 꿰뚫어 볼 가능성을 지닌 것에 바탕을 둔다. 이러한 정신의 힘은 존재 자체에 대한 통찰(insight)의 기반이 된다. 하이데거에게 여신(thea)의 의미와 연관되는 그리스어 'theaô'는 기본적으로 '보다'(to look)를 의미하는 것으로 사색과 숙고를 지칭하는 'theomai'의 어원이다(HP, 103). 인간 존재는 다양한 존재자들의 본성에 관한 사고의 통찰 속에서 존재 그 자체의 자기현시(self-showing)를 경험한다. 오랜 사유의 훈련을 요청하는 고대적 진리 경험은 주관과 객관 사이의 동일에 기반을 둔 논리적 판단과 표상(representation)으로 진리를 규정하는 근대적 관념과 구별된다(HP, 103). 고대 철학적 관점에서 사유는 다양한 존재자들과의 관계 속에서 개별자의 존재성이 드러나고, 개별적 존재 경험이 존재 그 자체에 대한 응시(thea)를 통해 더 깊고 넓은 '진실'(truth)을 향해 열려 가는 지속적 상호 과정이다. 이러한 사유의 경험은 결국 시간 속에서 다양한 존재자들의 형상(eidos; form) 혹은 아이디어(idea)를 통해 스스로를 끊임없이 드러내는 존재의 역동적 양상(alêtheia)을 함의한다(Heidegger 2002, 69-70, 184). '신적인 것'(theion)은 이러한 관계적 시선과 '상호 바라봄'(theaon) 속에서 드러나는 존재 그 자체의 경이로움을 지칭하며, 인간 정신의 신성한 가능성과 직결된다(HP, 104). 신적인 것들에 관한 인간의 말(logos), 신화는 이러한 존재의 경이로운 형상에 대한 다양한 방식의 묘사를 통해 인간적인 것의 기원과 끝을 드러내고자 한다. 이처럼 영혼이 지닌 신성한 능력(daimonion)은 개별자가 지속적으로 삶의 참된 의미를 질문하고 더 깊게 통찰할 수 있게 한다. 고대 철학적 관점에서 이렇게 삶 속에서 사유를 통해 최선의 존재가능성을 추구하고 있는 개별자의 상태를 '행복'(eudaimonia)이라고 칭할 수 있다(HP, 117; Aristotle, *Ethics*, 1095a15-22.).

이러한 맥락에서 하이데거는 정체의 본성에 관한 플라톤 『국가』의 궁극적 논의가 어떻게 신성한 정신의 장소(daimonios topos)에 관한 이야기로 종결되는지 풀어내고자 한다. 죽음 이후 여기를 떠나 저 멀리 신성한 곳에서 새로운 삶의 가능성을 부여받은 에르와 다른 이들의 영혼은 다시 이곳으로 돌아오기 전에 마지막으로 '망각의 들판'(to tês lêthês pedion)을 거치게 된다. 망각의 땅에 이르는 길은 모든 것이 뜨거움 속에 불타고 말라버려 생명의 자라남이 거의 불가능한 곳이다(621a3f.). 하이데거에 따르면 이 망각의 들판은 존재를 생동하게 하는 자연과 반대되는 움직임을 내포한다. 생동의 가능성을 잊은 망각의 상태는 존재 스스로가 떨쳐 일어남(phuein)을 허락하지 않으며, 다양한 존재자들의 일상적 발현을 방해한다(HP, 118). 망각의 들판은 존재 자체의 잊혀짐 속에 지속되는 텅 빔과 부재의 가능성을 묘사한다. 그럼에도 불구하고, 그곳은 완벽한 '무'(nothingness)의 공간이 아니다. 이 속에서도 끊임없이 움직이며 스스로의 존재를 드러내는 단 하나의 자연적 존재인 강이 무심히 흐르고 있다. 망각의 땅에 다다른 모든 방랑하는 영혼들은 거기를 떠나 새로운 생의 시작을 위해 강 주변에 모여든다. 이 강은 '무관심(amelês; carefree)의 강'으로 불리운다(621a4ff.).

망각의 땅에 흐르는 무관심의 강물은 그 어떤 그릇에도 담을 수 없으며, 환생하기 전 이 강물을 먹은 영혼들은 '거기'에서의 기억을 상실하게 된다. 이러한 강물의 존재는 새로운 생의 가능성이 발현되기 전, 인간 존재의 근원에 대한 원초적 경험의 잊혀짐을 의미한다. 망각의 필연성은 개별적 영혼이 '이곳'으로 돌아와 삶을 새롭게 시작할 때 존재 지체의 진실에 대한 관심 혹은 배려(meletê; care)를 상실한 상태에서 출발함을 표현한 것으로 해석될 수 있다(HP, 119). 하이데거에게 개별적 삶 속에서 '관심'(care)의 형성은 존재 자체의 드러남(진리)에 기반을 둔 현상으로서 인간에 내재한 '신성한 정신'의 발현을 함의한다. 따라서 관심의 결여는 단순한 인식적 오류의 문제가 아니라 존재의 진정한 의미 추구가 망각된 상황을 일컫는다(Heidegger 1962, 236-238). 망각의 들판을 흐르는 강물은 특정한 용기나 제한된 장소에 보관할 수 없다. 망각의 강은 항상 개별적 존재자의 좁은 영역과 한계지음을 압도하며 존재의 완전한 시작과 끝을 포착할 수 없게 한다. 그러나 죽음의 기억과 저승에서의 경험을 잊고 지구상에서 새로운 삶을 시작해야 하는 영혼은 이 망각의 강물을 일정 정도 반드시 마셔야 한다(621a6f.). 그곳의 망각은 경험하면서 여기로 다시 환생한 인간 존재는 무관심의 속성을 어느 정도 유지하면서도, 동시에 신성한 장소를 향해 진리를 추구할 수 있는 이중적 가능성을 지니게 된다. 그러나 망각의 물을 지나치게 들이킨 사람은 존재의 관심과 배려에 바탕을 둔 '실천적 지혜'(phronêsis)를 심각하게 결여하여, 영혼은 다시 신성한 그곳으로 돌아가지 못한 채 구원받지(sôzomenous) 못하게 된다(621a7f.). 따라서 서로의 삶에 대한 관심과 배려가 미비한 상황은 인간의 일상적 영역을 넘어 존재의 근원에 관한 사유 노력을 통해서만이 제대로 파악될 수 있다.

에르의 신화 말미에 언급되는 실천적 지혜는 플라톤이 지향하는 진정한 철학함(philosophizing)의 가능성과 연계된다(621c). 진정한 의미의 지혜는 존재자들에 관한 개별적 아이디어나 이론에 머무르지 않고, 일상 속에서 이 모두를 가능하게 하는 존재 그 자체에 대한 통찰을 지속적으로 추구한다. 신화적 관점에 따르면, 이러한 실천적 지혜를 갈망하는 인간 존재는 삶 속에서 신성한 힘에 의해 구원받는 자가 된다. 그러나 지혜로운 삶은 단지 개인적 믿음에 의한 종교적 구원으로 규정되지 않는다. 지혜에 대한 사랑, 즉 철학함이 보여 주는 구원의 가능성은 지금 바로 여기서 존재 그 자체, 즉 거기에 대한 질문을 포기하지 않으며, 삶의 근원에 대한 관심을 일깨우는 데 있다. 하이데거에게 고대 철학이 보여 주는 사유의 원초적 힘은 바로 일상 속에서 보이는 진리(alêtheia)의 가능성을 추구하는 것, 즉 "존재의 드러남을 구하는 것"(sôzein ta phainomena: to save what appears)이다(HP, 120). 이는 단지 현상의 경험적 파악이나 이론 체계의 수립이 아니라, 우리의 삶 자체를 가능하게 하는 존재의 의미 추구를 일상적 왜곡과 은폐의 움직임에서 지켜 나가는 것이다.

이러한 관점에서 플라톤적 철학함은 단순히 절대적 아이디어와 보편적인 개념들을 제시하기 위한 특정한 형이상학적 사유방식을 의미하는 것이 아니다. 철학함은 일상 속에서 비치는 존재의 참모습에 대한 끊임없는 응시와 함께 각 개별자의 다양한 진리 추구의 방식이 내재하는 투쟁성의 한계를 망각하지 않는 태도다. 이때 철학적 태도의 결여는 단지 논리와 지식의 부족이 아니라, 인간의 삶과 죽음을 가능케 하는 존재 자체의 의미에 대한 관심의 부재와 미약함을 의미한다. 결국 하이데거에게 철학적 문제의식의 결여라는 것은 일상적 삶의 기반으로서 존재의 참된 가능성과 한계에 대한 통찰 노력의 방기다. 이러한 실존적 사유와 통찰의 태도 부족은 일상에서 대다수의 인간이 겪는 진리에 대한 망각과 무관심, 거부에서 비롯된 허무주의 혹은 극단주의의 상태로 표출된다(HP, 120; Heidegger 1962, 163-168). 이러한 부정적 경향 속에서는 다양한 존재자들 간의 소통과 대화의 노력이 지속되기 어렵다. 그러므로 하이데거의 관점에서 철학의 진보는 합리적 지식의 획득을 통한 과학기술 문명의 심화를 의미하지 않는다(HP, 121). 진정한 철학함은 바로 기술 발달 이전에 이를 이끌어야 할 인간의 존재 의미에 대한 관심의 회복에 있다. 이러한 인간적 관심(care)의 노력은 다양한 개별사들의 존재를 지탱하고 발현하게 하는 삶의 자리(topos)이자 중심(poros), 즉 정체(polis)의 의미와 진리의 가능성, 그리고 정치적 존재에 대한 신중한 사유를 요청한다.

IV. 진리의 열림과 닫힘, 그리고 정치적 존재의 긴장성

망각의 땅에서의 경험을 마지막으로 에르는 되살아나기 직전 자신이 겪은 사후세계의 이야기를 마무리 짓는다. 망각의 들판에서 강물을 마신 영혼들이 잠든 바로 그 밤에 천둥과 지진이 일어나고, 갑자기 모든 영혼은 미치 별똥별처럼 지구상으로 다시 떨어진다. 마침내 에르는 장례 직전 다시 살아난 자신을 발견하게 되었다고 전한다(621b1ff.). 하이데거에 따르면, 이러한 영혼의 망각과 일깨움의 급작스러운 전환은 삶의 시원이 담고 있는 존재 자체의 은폐, 그리고 드러남의 공존 상태를 함의한다(HP, 125). 에르의 신화에서 원초적 존재 경험의 잊혀진 혹은 가리워짐(lêthê)은 단지 '망각의 강'이라는 은유 장치로 환원되는 것이 아니다. 망각의 가능성은 인간적 삶의 재탄생을 가능케 하는 존재의 영역(pedion; region) 자체에 이미 내포해 있다. 망각의 들판과 무관심의 강을 경계로 인간의 영혼은 존재 근원의 가리워짐과 삶의 드러남 모두를 경험한다. 존재의 은폐와 발현이라는 두 경향 간의 모호한 경계와 긴장성은 여기의 일상 속에서 펼쳐지는 진리를 둘러싼 인간 영혼의 투쟁과 갈등, 거부와 좌절, 저항과 희망으로 이어진다(HP, 126). 따라서 하이데거에게 에르의 신화적 사유는 단지 플라톤이 창출한 것이 아니라, 이전의 호머와 그 이전 시대부터 전해 내려오는 존재 자체의 잊혀짐과 드러남에 대한 통찰의 기억(memnêmai)이다(Heidegger 2004, 10-11).

에르의 신화 끝에서 영혼들은 망각의 땅에서 여기로 돌아와 다양한 방식으로 인간의 생을 다시 시작한다. 그리고 삶에서 각자의 방식으로 존재의 진실을 추구하거나 감춘다. 결국 인간의 역사적 숙명 속에서 진리와 망각의 움직임은 한데 얽혀 있다(HP, 130). 『국가』 말미에 플라톤의 신화적 사유가 지칭하는 바는 존재의 발현과 드러남(alêtheia)이 항상 모호한 경계 속에서 그 반대의 움직임인 망각 혹은 은폐(lêthê)와 결부된 채 진행된다는 점이다. 존재 자체가 보여 주는 이 두 가지 가능성의 역동적 공존과 긴장은 단순한 논리적 이분법이나 인과관계로 규정되지 않는다. 하이데거에 따르면, 플라톤의 사유는 깊숙한 내부에서 인간적 사유의 원초적 열림과 논리적 체계화의 가둠이라는 두 가지 경향성이 서로 공존하며 충돌한다. 그리고 이 역동성은 정체의 본성과 정의에 관한 사유인 『국가』의 대화 흐름에서도 중요한 역할을 한다. 이러한 맥락은 종결부의 신화적 이야기 속에서 삶과 죽음의 경계와 연속성에 관한 새로운 질문을 야기하며, 정치적 존재에 관한 열린 사유의 가능성을 제시한다.

플라톤 철학에 담긴 진리의 원초적 경험에 대한 분석을 통해 하이데거는 고대 그리스적 사유가 직면한 인간의 모순적 지평, 즉 존재의 망각과 드러남 사이의 심연으로 우리의 시선을 유도한다(Heidegger 2002, 89-94). 거기는 근대적 의미의 논리적 일관성이나 기술적 확실성의 추구가 결코 담아내지 못하는 실존적 한계와 가능성의 영역이다. 정치체의 본성(politcia)에 관한 치열한 사유를 통해 드러나는 인간 존재의 진정한 열림(alêthes)은 이미 그 기원에서부터 존재의 은폐(lêthê)와의 연관성 속에서 펼쳐진다. 무지와 망각의 상태에서 일깨우고 벗어남은 단순한 보편적 지식의 추구가 아니라, 반드시 진리 추구의 운동이 담은 진실의 은폐와 왜곡의 가능성에 대한 통찰 속에서만 그 출발점을 찾을 수 있다(HP, 132). 따라서 진리 추구는 단순히 존재의 은폐가능성을 회피하려는 시도만으로 달성되기 어렵다. 진리의 망각은 사실상 억압이나 제거가 불가능한 존재의 본질적 발현 양상이다. 하이데거의 시각에서 플라톤의 정치적 사유가 보여 주는 문제성은 존재의 드러남(dis-closure; Ent-bergung)이 결국 존재의 가둠 혹은 둘러쌈(en-closure)과 함께할 수밖에 없다는 것이다. 진실의 발현은 이를 지속적으로 행하는 힘과 이를 통해 드러나는 존재의 모습이 특정한 안치(sheltering; Bergung) 속에서 결정되고 보존되고 현전(presence)할 때 가능하다(HP, 133).

존재 그 자체(Being)는 어떤 특정한 존재(a being)의 제한적 둘러쌈(enclosure)과 안정적 거처함의 상태 속에서 그 스스로를 현시한다. 이 실존적 필연성은 존재의 드러남(진리)을 향한 투쟁 속에서 특정 정체(polis)의 성립을 둘러싼 다양한 존재자들의 발현과 조화, 분열, 갈등이라는 정치적 양상으로 반영된다. 이는 한 정체 속에서 진실의 드러남과 덮여짐에 처한 인간적 삶의 숙명이 담은 당파적 충돌과 역사적 갈등의 모습으로 표현되기도 한다. 진리와 비진리의 투쟁성은 단순한 이분법적 구분을 의미하는 것이 아니라 이 모두를 껴안은 인간적 삶의 표현이자 정치적 존재의 발현인 것이다. 하이데거에 따르면, 아리스토텔레스는 특정한 논리적 사고를 통한 현상(phainomenon)의 판단을 'apophainesthai'

라 규정한다(HP, 143; Heidegger 1962, 58). 그러나 플라톤과 그 이전의 그리스적 사유에서는 더 원초적인 차원에서 '존재의 보여짐'을 의미하는 'deloun'이라는 용어를 종종 사용한다. 이 말(deloun)이 담고 있는 자연적인 의미의 드러남이란 특정한 언어나 논리(logos)로 규정하기 이전에 존재 그 자체를 어떤 '열림'(the open) 속에 바라본다는 의미다. 이러한 존재의 자연적 '열림'은 인간의 원초적 진리 경험으로서 논리적 사유와 합리성 추구 자체를 가능하게 하는 힘이다. 이렇게 자기 스스로를 원초적 열림 속에 드러내는 무언가는 동시에 '자유로운 것'(the free)이다(HP, 143; Gonzalez 2009, 252). 고대적 사유에서 진리(alêtheia)가 표현하는 실존적 상황은 보편적 개인의 의지, 주체성 혹은 이성을 강조하는 근대적 의미의 자유 개념과 다르다(Nietzsche 1989, 27-29). 자유롭다는 것은 단순히 합리적 의식이나 행동 이전에, 인간의 삶 그 자체를 가능하게 하는 존재의 열림과 그 유지를 위한 노력을 함의한다. 그리고 그 열림의 진정한 가능성과 한계는 진리, 즉 정의(dikê)와 정체의 본성에 대한 탐구를 포기하지 않는 인간의 실천적 지성 속에서 비로소 본 모습을 드러낸다.

V. 결론: 진리의 가능성과 정치철학

오늘날 민주주의가 추구하는 다양한 존재 방식의 자유로운 표현은 과연 진리의 부재를 함의하는가? 만약 자유롭고 평등한 존재의 공존과 소통을 추구하는 민주주의가 스스로를 진리라고 방어할 수 없다면, 과연 참다운 존재 방식의 정치적 기반은 어디서 찾아야 하는가? 하이데거의 사유는 고대 철학의 재해석을 통해 진리의 추구를 방기한 채 허무주의에 물든 현대의 사상체계에 문제제기를 시도한다. 여기서 인간 존재가 결국 정체라는 출발점 속에서 존재의 가능성을 고민할 수밖에 없다는 그의 시각은 많은 함의를 던져 준다. 비록 그 스스로가 독일이라는 정체의 중요성을 강조한 초기 국가사회주의의 정풍에 가담하게 된 실천적 오류를 범하기도 했지만, 바로 그 이유로 인해 그의 철학적 사유는 우리에게 더욱 엄밀한 정치사상적 해석의 과제를 던져 준다(Gadamer 1994, 11, 20-21; Blitz 2000, 167).[11] 특히 하이데거의 플라톤 해석은 기술적 이성과 논리 체계에 대한 믿음이 지배하는 근대적 사유의 틀에 의해 가리워진 존재 자체의 원초성과 그 지속적 문제의 재발견을 시도한다. 이때 그의 고대 철학적 사유는 온갖 역사적 왜곡과 좌절 속에서도 여전히 각자의 방식으로 정의를 갈망하거나 요청하는 인간 존재의 정치적 숙명을 이해하는데 도움이 된다. 역사 속에서 드러나는 존재의 열린 가능성은 단지 개별적 행위와 사회적 관계의 이론적 범주들로 환원되거나 규정될 수 없다. 또한 실천적 차원에서도, 진리 추구의 열림과 자유는 특정한 영토나 인종, 종교 등에 근거한 배타적 생존의 문제와 역사적 결단으로 결코 제거될 수 없다(HP, 150). 존재 자체의 드러남이 지닌 초월성과 신성성은 그 어떤 의미에서도 진리를 특정한 방식으로 규정하는 인간적 관점의 틀에 가두어지지 않는다. 하이데거에게 고전적 의미의 진리 경험, 즉 존재의 드러남이라는 사건은 오히려 다양한 개별자들이 지닌 특정한 가능

11 하이데거의 존재에 관한 급진적 사유와 철학적 열정이 그 자신의 삶을 정치적으로 올바른 길로 이끌지 못했음은 주지의 사실이다. 그러나 나치즘의 정풍 초기에 가담한 그의 역사적 행적 자체를 철학적 이해 없이 섣불리 비난하거나, 그의 철학과 정치적 결단을 단순히 분리해서 사유하는 것은 모두 그가 드러내는 실존적 사유의 문제성에 접근하는 데 한계가 있다(Strauss 1986, 31). 무엇보다 그의 철학적 사유에 깊게 내재한 정치적 한계와 가능성을 치밀하게 이해하는 것이 필요하다. 이 장에서 다룬 하이데거의 플라톤 해석을 비롯한 고대 철학적 사유 기반에 관한 연구는 이러한 정치와 철학의 문제적 연관성을 이해하는 기초 작업으로서 의미가 있을 것이다.

성의 기반이다.

진리의 가능성은 인간 존재가 정체를 중심으로 다양한 정치적 공존의 시도를 지속하게 하는 동시에, 이를 시간의 흐름 속에 여러 양상으로 변화시킨다. 존재의 자유로운 열림은 무근거적 불안정성, 무정형적 움직임이나 무한한 흩어짐 속에서 현전할 수 없다. 하이데거의 관점에서 열린 진리 추구는 반드시 이를 지탱할 수 있는 어떤 실존적 기반을 동시에 필요로 한다. 플라톤에게 개별적 존재자들이 스스로의 의미를 고찰할 가능성은 일상의 통찰 속에 드러나는 존재의 특정한 형상(form)과 아이디어(idea)를 통해서 발현된다. 다양한 아이디어로 표현되는 존재자들(beings)의 서로 다른 삶의 방식은 존재 그 자체(Being)의 빛과 그것을 나름의 방식으로 반영하는 존재자의 개별적 활동 속에 드러난다(HP, 144).[12] 이때 개별적 삶의 활동과 그것이 담은 아이디어들은 각자의 거처와 이를 포괄하는 정체라는 특정한 기반 속에서 지속적으로 창출되고 유지될 수 있다. 이것이 바로 정치공동체 속에서 자유로운 실존의 가능성을 발현하고자 하는 인간이라는 존재가 스스로를 드러내는 모습이다. 그러나 하이데거에 따르면, 역사 속에서 펼쳐지는 삶의 다양한 발현과 충돌, 왜곡, 망각의 움직임 속에 존재의 궁극적 기반은 종종 잊혀지고, 그 스스로를 감춘다(HP, 151). 정치적 삶의 본질은 결국 존재 자체의 열림이자 닫힘이다. 개별자들의 생과 사가 반복되는 끊임없는 시간의 흐

12 이러한 맥락에서 하이데거는 플라톤의 『국가』 7권의 '동굴의 우화'도 이러한 진리의 드러남과 감추어짐을 둘러싼 존재의 여러 가능성과 함의들을 보여 준다고 본다. 결국 동굴 밖 태양의 빛이 상징하는 '선의 이데아'(idea of the good)는 어떠한 절대적 진리체계를 지칭하기보다 동굴 안에서도 진리를 지속적으로 추구하게 하는 힘의 궁극적 근원을 함의한다(Heidegger 2002, 69-84; 이상원 2018, 129-132).

름에서 인간은 존재 그 자체의 일깨움과 망각을 동시에 경험한다. 한편 무수한 정체들의 성립과 붕괴의 반복 속에서도 인간은 정치적 존재로서의 숙명과 본성을 간직할 수밖에 없다(Heidegger 1996a, 82-83). 오직 정체를 통한 정치적인 삶을 통해서만 인간 존재는 스스로를 지탱하는 존재 그 자체의 의미와 신성한 자유를 향한 열린 투쟁을 지속할 수 있기 때문이다.

하이데거에게 철학함은 이 투쟁의 핵심적 양상으로, 존재의 열린 투쟁성을 생생히 담은 고대 그리스의 진리 개념과 원초적 사유는 오늘날에도 여전히 살아 있는 상록수와 같다. 철학사의 여러 아름드리 상록수 중 플라톤의 나무는 풍성한 모습으로 여전히 지금, 여기 역사의 지평에 뿌리내리고 서 있다. 특히 플라톤의 『국가』를 중심으로 한 정치적 사유는 현대의 과학기술적 이성, 경제적 합리성 추구 혹은 극단적 종교적 갈등이라는 도그마들을 넘어서, 존재 자체의 의미를 묻는 열린 대화의 방식들을 보여 준다. 이에 따라 하이데거의 플라톤 해석은 오늘날 많은 논리적·역사적 인공물들에 가려진 채 여전히 살아 숨 쉬는 고대 철학이라는 오래된 나무를 새롭게 대면하고자 한다. 그리고 우리 앞에 손쉽게 주어진 죽은 나뭇잎을 통한 쉬운 접근이 아니라, 어렵지만 익숙한 틀을 벗어나 직접 살아 있는 나무 자체에 좀 더 다가가라고 요청한다. 햇살에 빛나는 생생한 잎을 직접 만져보고 플라톤의 사상이라는 나무가 간직한 사유의 열매를 맛보라고 권유한다. 그러나 새로운 철학적 사유와 실천의 시도는 결코 쉬운 일이 아니다. 하이데거 자신은 존재의 의미를 철저히 이해하려는 시도 속에서도, 플라톤이 제기한 폭정의 위험성과 정치체의 구체적 양상을 탐구하는 데까지는 이르지 못했다.[13] 새로운 정치

13 이 장은 이러한 모순점을 극복할 구체적 방안을 제안하는 데 있어 한계를 지

철학적 사유는 바로 하이데거가 다가갔지만 멈춰 서고 오류를 범한 그 지점에서, 살아 있는 플라톤 나무를 향한 발걸음을 더 신중히 내딛을 때 비로소 시작될 수 있을 것이다.

참고문헌

김용민, 2004, 「플라톤의 세계에서 신화의 의미: 정치적 신화를 중심으로」, 『정치사상연구』 10집 1호: 111-128.

김주형, 2018, 「숙의와 민주주의: 토의민주주의의 관점에서 본 공론화위원회」, 『현대정치연구』 11권 3호: 69-104.

박성우, 2015, 「플라톤 정치철학 연구에 있어서 비(非)역사주의적 접근과 새로운 플라톤 읽기를 위한 예비 고찰」, 『한국정치연구』 24권 1호: 251-276.

박수인, 2017, 「아테네, 플라톤, 민주주의: 플라톤의 아테네 정치 비판의 역사적 맥락과 철학적 맥락」, 『한국정치연구』 26권 3호: 1-29.

박찬국, 2007, 「하이데거의 플라톤 해석」, 『철학사상』 26권: 137-170.

이상원, 2017, "The Platonic Doctrine of Untruth: Heidegger's Thoughts on Plato's *Theaetetus* and the Natural Possibility of Opinion," 『인문과학』 111집: 183-211.

______, 2018, "The Empowerment of Philosophizing: Heidegger's Thoughts on Plato's Cave Allegory and the Political Problem of Being," 『정치사상연구』 24집 2호: 119-142.

표광민, 2019, 「아렌트의 플라톤 비판에 대한 고찰: 목적-수단 논리를 중심으로」, 『사회과학연구』 27집 2호: 8-37.

Arendt, Hannah, 1990, "Philosophy and Politics," *Social Research* 57(1): 73-103.

니다. 향후 현대적 플라톤 해석이 추구하는 철학적 역량 강화가 더 실천적 관점에서 어떻게 민주주의를 명분으로 한 대중 선동의 문제와 상대주의의 현실적 취약성을 극복해 나갈 수 있을지를 고민해야 한다. 이때 무엇보다 중요한 것은 철학적 지향이 독단적 진리의 지배로 함몰되지 않을 수 있도록 정치적으로 신중한 사유의 길을 모색하는 것이다.

______, 2006, "Truth and Politics," In *Between Past and Future: Eight Exercises in Political Thought*. New York: Penguin Books.

Aristotle, 2003, *Nicomachean Ethics*, Trans. Harris Rachham, Cambridge: Harvard University Press.

Blitz, Mark, 2000, "Heidegger and the Political," *Political Theory* 28(2): 167-196.

______, 2010, *Plato's Political Philosophy*, Baltimore: Johns Hopkins University Press.

Gadamer, Hans-Georg, 1994, *Heidegger's Ways*, Trans. John Stanley, Albany: State University of New York Press.

Gonzalez, Francisco, 2009, *Plato and Heidegger: A Question of Dialogue*, University Park: Penn State University Press.

Heidegger, Martin, 1962, *Being and Time*, Trans. J. Macquarrie and E. Robinson, New York: Harper & Row.

______, 1977, *The Question Concerning Technology and Other Essays*, Trans. William Lovitt, New York: Harper Colophon Books.

______, 1995, *Aristotle's Metaphysics Θ1-3: On the Essence and Actuality of Force*, Trans. W. Brogan and P. Warnek, Bloomington: Indiana University Press.

______, 1996a, *Hölderlin's Hymn "The Ister,"* Trans. W. McNeill and J. Davis, Bloomington: Indiana University Press.

______, 1996b, *Parmenides*, Trans. A. Schuwer and R. Rojcewicz, Bloomington: Indiana University Press.

______, 1998, *Pathmarks*, Ed. William McNeill, Cambridge: Cambridge University Press.

______, 2000, *Introduction to Metaphysics*, Trans. G. Fried and R. Polt, New Haven: Yale University Press.

______, 2002, *The Essence of Truth: On Plato's Cave Allegory and Theaetetus*, Trans. T. Sadler, New York: Continuum.

______, 2003, *Plato's Sophist*, Trans. R. Rojcewicz and A. Schuwer, Bloomington: Indiana University Press.

______, 2004, *What Is Called Thinking?*, Trans. J. Gray, New York: Harper Torch Books.

______, 2009, *Basic Concepts of Aristotelian Philosophy*, Trans. R. Metcalf and M. Tanzer, Bloomington: Indiana University Press.

______, 2010, *Being and Truth*, Trans. G. Fried and R. Polt, Bloomington: Indiana

University Press.

McGuirk, James, 2008, "*Alêtheia* and Heidegger's Transitional Readings of Plato's Cave Allegory," *Journal of the British Society for Phenomenology* 39(2): 167-185.

Nietzsche, Friedrich, 1989, *Beyond Good and Evil: Prelude to a Philosophy of the Future*, Trans. Walter Kaufman, New York: Vintage Books.

Plato, 1991, *Republic*, Trans. A. Bloom, New York: Basic Books.

______, 2006, *The Being of the Beautiful: Plato's Theaetetus, Sophist, and Statesman*, Trans. Seth Benardete, Chicago: University of Chicago Press.

Popper, Karl, 2003, *The Open Society and Its Enemies, Volume 1: The Spell of Plato*, New York: Routledge Classics.

Schmidt, Dennis, 2008, "Who Counts? On Democracy, Power, and the Incalculable," *Research in Phenomenology* 38(2): 228-243.

Strauss, Leo, 1986, *Studies in Platonic Political Philosophy*, Chicago: University of Chicago Press.

______, 2001, *On Plato's Symposium*, Ed. Seth Benardete, Chicago: University of Chicago Press.

Warnek, Peter, 2002, "Saving the Last Word: Heidegger and the Concluding Myth of Plato's *Republic*," *Philosophy Today* 46(3): 255-273.

2

스트라우스의 플라톤주의

스트라우스 정치철학의 두 테마와 관련하여*

박성우

I. 서론

레오 스트라우스(Leo Strauss, 1899-1973)라는 정치철학자가 20세기 자유주의 위기의 근본 원인을 근대정치철학의 타락으로 진단하고, 그 해법으로 고전정치철학, 특히 플라톤 정치철학으로의 회귀를 주장했던 것은 비교적 널리 알려진 사실이다(Strauss 1983, 2; Pangle 2006, 43-68; Zuckert 2006, 30-32; 2009). 스트라우스는 자신의 주장을 몸소 실현하듯 연구의 상당 부분을 플라톤 연구에 할애했다(Strauss 1952; 1954; 1964; 1966; 1975; 1983; 1989a; 1989b).[1] 주지하는 바와 같이 스트라우스는 20세기 정치철학

---

* 이 장은 『정치사상연구』 26집 1호(2020)에 게재된 논문을 일부 수정보완한 것이다.

1 플라톤에 대한 스트라우스의 각별한 관심은 말년에 그의 유고 논문집의 표제를 'Studies in Platonic Political Philosophy'로 붙여 달라고 유언한 것에서도 엿볼 수 있다(Strauss 1983, Foreword).

사에서 논란의 중심에 서 있었다. 그럼에도 불구하고, 그의 플라톤 해석은 플라톤 연구자들에게 대체로 무시되어 온 경향이 있다.[2] 표면적인 이유는 스트라우스의 플라톤 해석이 왜곡되고 편파적이기 때문이라고 한다(Hall 1977; Klosko 1986; Drury 1988; 1997).[3] 그러나 필자가 보기에 스트라우스의 플라톤주의가 배척되어 온 근본적인 이유는 그에 대한 오래된 편견과 오해 때문이다(박성우 2012). 스트라우스는 종종, 소수 엘리트와 대중을 엄격히 구분하는 반(反)자유주의적이고 반민주적인 성향을 가진 정치철학자로 비난받았으며(Drury 1988; Pippin 1992; Holmes 1993; Norton 2004), 그에 대한 부정적인 인상은 그의 플라톤 해석 역시 매우 왜곡되고 결함투성이일 것이라는 편견을 낳았다.[4] 이러한 편견은 급기야 마일

---

2 스트라우스 저작 중 상당 부분이 고대정치철학, 특히 플라톤에 대한 해석임에도 불구하고, 이를 인용하는 고전학자들은 매우 드물었고, 인용하더라도 매우 이례적인 해석으로 소개되는 경우가 많았다(예컨대, Kraut 1992; 1997; Ferrari 2007). 물론 '스트라우시안'(Straussian)으로 불리는 학자들에 의해서 그의 플라톤 연구는 일종의 전범(典範) 역할을 했다(예컨대, Cropsey 1995; Rosen 2005; Zuckert 2009; Blitz 2010; Lampert 2010). 일반적으로 스트라우시안이라고 하면, 스트라우스가 고전정치철학에 접근하는 방식에 동의하거나, 비슷한 방식으로 고전정치철학을 해석하는 이들을 의미한다. 그러나 스트라우스 정치철학의 여러 테마 가운데 어디까지 동조해야 스트라우시안으로 규정될 수 있는가에 대해서는 논쟁적인 부분이 있다(Strauss 1989b, xi). 한편 토머스 팽글(Thomas Pangle)은 스트라우스가 제시한 철학자의 속성을 인용하며(Strauss 1959, 114-116), 당파적 의미의 스트라우시안은 스트라우스에 대해서 우호적이건 적대적이건 상관없이 스트라우스의 취지에서 벗어난다고 힐책한다(Pangle 2006, 24).

3 플라톤 해석의 정통성을 서구의 기독교적 전통에서 찾고 있는 이들에게 이러한 스트라우스의 태도는 '이단적'이다. 대표적으로 스트라우스의 '이단성'은 형이상학의 중심성을 거부하는 것이다. 아울러 그 근거를 중세 이슬람 철학자 알-파라비(Al-Farabi, 827-950)나 유대인 철학자 모세스 마이모니데스(Moses Maimonides, 1135-1204)에게서 찾고 있다(Strauss [1936] 1990; 1945).

스 버니옛(Myles Burnyeat)이라는 저명한 플라톤 연구자조차 스트라우스의 플라톤 해석을 학문적으로 "부주의하고 기이한" 해석이며, 특정한 정치적 목적을 가진 "사악한" 해석이라고 단정해 버리는 지경에 이르게 했다(Burnyeat 1985). 사실 버니옛뿐 아니라 스트라우스에 대한 편견으로 그의 플라톤 해석을 무시하거나 폄훼하는 영미권의 플라톤 연구자들이 적지 않다(Annas 1981; Griswold 1988; Reeve 1988; Kahn 1996; Kraut 1997; Ober 1998; Monoson 2000; Schofield 2006).[5] 그러나 스트라우스의 플라톤주의에 대한 비난과 비판의 학문적 근거는 여전히 미약하다. 적어도 일군의 학자들은 그의 플라톤주의야말로 플라톤 정치철학의 본질에 접근하는 길이라는 설득력 있는 해석을 제시한다(Cropsey 1995; Pangle 2006; Smith 2006; Zuckert 2006).[6]

필자는 어떤 학자에 대한 선입견을 전제로 그의 학문적 성과를 일방적으로 무시하거나 배격하는 것은 학문의 발전을 저해하는 태도라고 생각한다. 더구나 플라톤 해석은 주지하는 바와 같이 2,500여 년 동안 끊임없이 새롭게 재해석되는 과정을 겪었다. 어느 학자의 해석이 매우 특이하고, 설령 이단적으로 보일지라도, 처음부터 그 해석을 배제하는

4 2003년 이라크 전쟁 당시 스트라우스 정치철학이 네오콘 외교정책의 배후로 지목됐던 것도 이러한 분위기의 연장선에서 빚어진 '해프닝'으로 볼 수 있다(박성우 2012; Zuckert 2012).

5 이와 대조적으로 가다머는 스트라우스를 플라톤 해석에 있어서 중요한 사상가로 평가한 바 있다(Gadamer 1989, 532-541). 앨런은 이례적으로 스트라우스를 포함하여 지난 20세기의 플라톤 연구의 동향을 정리하고 있다(Allen 2006).

6 버니옛의 글(Burnyeat 1985)은 Strauss(1983)에 대한 리뷰였는데, 이 글이 *New York Review of Books*(*NYRB*)에 실린 후, "The Studies of Leo Strauss: An Exchange"(Oct. 10, 1985); "Lessons of Leo Strauss"(Oct. 24, 1985); "Further Lessons of Leo Strauss: the Exchange"(Apr. 24, 1986)가 연재되면서 학계의 파상을 일으켰다.

일은 학문적인 행위가 아니다. 스트라우스 정치철학 전반에 대한 평가는 논외로 하더라도, 그의 플라톤 해석만큼은 편견이나 선입견에서 벗어나 객관적으로 재검토해 볼 필요가 있다.

한편, 스트라우스의 플라톤주의에 대한 재조명은 스트라우스의 정치철학 전반에 대한 평가와도 연결된다. 이를테면, 스트라우스의 비판자들은 그의 정치철학이 극단적으로 보수적이고 반자유주의적이며 반민주적인 성향을 띠는 것으로 간주하는데, 이들은 스트라우스의 이러한 성향이 그의 플라톤 해석에 기인한다고 믿는다(Drury 1988). 필자도 스트라우스의 플라톤주의와 그의 정치철학이 형성되는 과정 사이에는 모종의 길항관계가 존재하다고 생각한다. 그러나 스트라우스의 정치철학을 '반자유주의적'이라고 단정하는 것에는 동의하기 어렵다.[7] 또한 20세기 중반 칼 포퍼가 '낙인찍은' 바 그대로 플라톤을 '열린 사회의 적'으로 간주해야 하는지도 의문스럽다.[8] 플라톤과 스트라우스 정치철학 전반에 대해 평가를 내리는 것은 이 장의 범위를 벗어난다. 그러나 그의 정치철학에 대한 부정적인 인상이 그의 플라톤 해석에 기인한 것이라고 한다면, 적어도 '어떤' 플라톤 해석이 그러한 결과를 초래했는가를 확실히 밝힐 필요가 있다(Zuckert 1996; Robertson 1999). 필자는 이런 맥락에서 스트라우스의 플라톤 해석, 그의 플라톤주의의 특징적인 요소들을 면밀히 검토하고자 한다.

7 물론 스트라우스를 자유주의의 칭송자로 간주하긴 어렵다. 스트라우스는 스스로를 자유주의의 '아첨꾼'이 아닌 자유주의의 '친구'로 규정한 바 있다(Strauss 1968, 24).

8 포퍼는 플라톤을 20세기 전체주의의 기원으로 간주하는 반면(Popper 1971), 그리스올드(Griswold 1995)와 스미스(Smith 2006, Ch.4)는 '플라톤적 자유주의'(Platonic liberalism)라는 용어를 써 가며 플라톤에게서 자유주의의 원천을 찾고 있다.

필자는 스트라우스의 비판자들과 마찬가지로, 그의 플라톤주의가 그것 자체로 독립적인 것이 아니라, 그의 정치철학이 태동하고 전개되는 과정과 밀접히 연관되어 있다고 가정한다. 필자는 특별히 스트라우스 정치철학의 두 테마와 연결시켜 그의 플라톤주의를 해석해 보고자 한다. 첫 번째 테마는 비교적 '잘 알려져 있는' 스트라우스 정치철학의 주제로서 자유주의 비판, 그리고 근대성 비판에 관한 것이다. 이는 스트라우스가 반자유주의적인 정치철학자라는 오해를 불러일으킨 테마이기도 하다. 두 번째 테마는 스트라우스 정치철학에서 상대적으로 덜 주목받았던 것으로서 '이성과 계시'의 갈등, 혹은 '아테네와 예루살렘'의 갈등에 관한 것이다.

필자는 우선 다음 절에서 스트라우스 정치철학의 두 테마가 각각 스트라우스의 플라톤 해석과 어떤 연관성을 갖는가를 확인할 것이다. 그런데 스트라우스 정치철학의 테마가 학계의 주목을 끌었던 시점은 그가 이 학문적 주제를 포착하고 발전시킨 시기와 다소 차이가 있다. 스트라우스의 자유주의 비판이 부각된 시점은 이성과 계시의 테마가 주목받게 된 시점보다 이르다. 그러나 전자의 테마는 스트라우스 개인의 사상적 이력으로 보자면, 오히려 후반기에 해당한다. 반면, 후자의 테마는 비교적 최근에야 스트라우스 정치철학의 핵심적인 특징으로 주목받기 시작했으나[9] 사실 스트라우스의 초기 사상에 해당한다. 필자는 스트라우스 정치철학이 학계의 주목을 받은 순서대로, 자유주의 비판의 테마를 먼저 다루고, 그다음에 이성과 계시의 갈등이라는 테마를 다룰 것

9 학계가 스트라우스의 신학정치적 문제를 주목하게 된 결정적인 계기는 마이어(Meier 2006)를 통해서다. 이후 스트라우스의 초기 저작에 대한 관심이 높아졌다(Tanguay 2007; Janssens 2008 참고).

이다. 편의상 순서를 정한 측면도 있지만, 두 번째 테마가 스트라우스의 초기 사상에서 유래한 것이면서 동시에 그의 말년까지 지속된 주제라는 사실을 반영한 것이기도 하다. 마지막으로 필자는 스트라우스의 플라톤 해석이 갖는 특징적 요소가 무엇이며, 그것이 그의 정치철학의 두 테마를 구성하는 데 어떤 영향을 주고받았는가를 검토할 것이다.

II. 자유주의의 위기 테마와 스트라우스의 플라톤주의

유대인 학자였던 스트라우스는 나치의 위협에서 벗어나기 위해 1937년 미국으로 망명했다. 그가 정식으로 학계의 주목을 끌기 시작한 것은 그로부터 약 10년 뒤, '근대성의 위기'를 20세기 전반에 경험한 세계 비극의 근본적인 원인이라고 주장하면서다. 이 시기는 스트라우스가 독일인 망명 학자들의 메카였던 뉴욕의 뉴스쿨(New School)에서 시카고대학으로 자리를 옮기게 된 1948년 전후에 해당한다.[10] 그는 자유주의 위기의 기저에 근대성의 위기가 존재한다고 지적하고, 또한 근대정치철학의 심각한 결함이 근대성의 위기를 초래했다고 주장한다. 기본적으로 스트라우스는 홀로코스트로 극명하게 드러난 인간성 말살 현상은 근대 이후 타락의 길을 걸어온 근대정치철학의 유산으로 본다. 요컨대, 홀로코스트나 전체주의의 대두는 특정 정치집단이나 정치이념의 사악함 때문이 아니라, 근대정치철학에 내재해 있던 역사주의 문제가 하이데거에 의해

10 물론 슈미트는 일찍부터 그의 진가를 알아보고 1920년대 스트라우스에게 『정치적인 것의 개념』(Schmitt 1976)에 대한 논평을 의뢰했고, 슈미트는 스트라우스만이 그의 의도를 제대로 파악하고 있다고 진술한 바 있다(Meier 1995).

대표되는 '급진적 역사주의'로 표출됐기 때문이라는 것이다(Strauss 1953, 31-33).

스트라우스에 따르면, 이성과 계몽, 그리고 진보에 대한 믿음에 기초한 근대정치철학은 역사주의와 상대주의에 점령당해, 정치철학을 더 이상 공동체 문제의 '궁극적 심판자'(umpire)로 기능할 수 없도록 추락시켰다(Strauss 1959, Ch.1). 스트라우스는 정치철학이 이처럼 그 고유한 역할을 상실한 상황을 근대성의 위기로 진단한다(Strauss 1989a, 81-98). 이에 대응하기 위해 스트라우스가 제시한 처방은 근대 이전의 고전정치철학으로 돌아가는 것이다(Strauss 1959, 27-40). 근대정치철학에 심각한 결함이 있었고 이로 인해 위기가 초래됐으니, 정치철학 고유의 기능이 제대로 작동됐던 고전정치철학으로 돌아가야 한다는 주장은 자연스러운 결론이다(Strauss 1959, Ch.3).[11]

스트라우스에 따르면, 근대정치철학이 근대적 자연과학을 매개로 정치생활을 들여다봄으로써 무엇이 좀 더 '과학적 방법'인가에만 치중하는 것과 달리, 고전정치철학은 소위 '과학'이나 '철학'을 매개하지 않고 정치생활의 일상적인 경험에서 정치생활을 해석하고 분석한다(Strauss 1959, 78). 정치생활은 기본적으로 무엇이 공동체를 위해서 좋은 것인가에 관해서 갈등하는 견해들이 존재하는 것으로부터 출발한다. 정치철학자는 바로 이러한 갈등을 중재하고 심판하는 역할을 해야 하는데(Strauss 1959, 81), 근대정치철학, 그리고 그 연장선에 있는 정치과학

11 스트라우스의 근대 진단, 그리고 고전정치철학의 회복이라고 하는 그의 처방이 얼마나 타당한가, 그리고 20세기 중반의 그의 주장이 21세기의 현 정치 상황에도 여전히 유효한가에 대해서는 면밀한 검토가 필요하다. 그러나 오늘날에도 여전히 도덕적 상대주의와 역사주의가 팽배해 있고, 자유주의의 취약성이 극복되지 못한 상황을 고려하면, 스트라우스의 수상은 새로 조명될 가치가 있다.

(political science)은 이러한 정치철학의 기능을 망각하고, '방법'(method)의 타당성만을 따지고 있다는 것이 스트라우스의 한탄 섞인 진단이다(Strauss 1954, 4; 1959, 17-19). 이에 반해, 고전정치철학은 정치철학에 필요한 '근본적인 질문'을 던지고 있다고 스트라우스는 평가한다(Strauss 1959, 77-78).

스트라우스는 이러한 근본적인 질문을 가능하게 한 고전정치철학의 출발점에 소크라테스가 있다고 지적한다. 문제는 고전정치철학의 출발점으로서의 소크라테스는 그의 재판과 죽음으로 상징되는 바와 같이 정치와 철학의 갈등에 휩싸여 있다는 점이다(Strauss 1959, 84-85). 스트라우스에게 소크라테스의 죽음은 소크라테스라는 일개 철학자와 아테네 민주정이라는 특정한 역사적 시점에 발생한 우발적인 사건이 아니다.[12] 누구든지 소크라테스처럼 정의 자체가 무엇이고, 용기 자체가 무엇인가를 '캐물'으면, 아테네가 아니더라도 어디서나 정치적 핍박을 받을 위험에 노출된다. 소크라테스가 행한 '캐물음'(ἐξέτασις)이 철학적 활동의 본질이라면, 철학과 정치공동체 간의 갈등은 불가피한 것이다. 스트라우스에 따르면, 정치는 기본적으로 공동체의 연대성을 필요로 하고, 이

12 스트라우스는 소크라테스의 죽음 이전부터 정치와 철학의 갈등을 예견한 아리스토파네스의 희곡을 주목한다(Strauss 1989b, Ch.7). 이 내용은 1958년 시카고대학에서 '소크라테스 문제'라는 이름으로 수행한 여섯 개의 시리즈 강연에 포함되어 있다. 1989년에 발간된 책에는 이 여섯 개의 강연 중 다섯 편만 수록되어 있다. 책의 편집자인 팽글은 첫 번째 강연을 생략했는데, 이 내용은 이 편집본의 다른 챕터와 중복되기 때문이라는 이유를 달고 있다(Strauss 1989b, xxxii). 스트라우스는 1970년 4월 17일 같은 이름의 강연을 애나폴리스의 세인트존스대학에서 행한 바 있는데, 그 강의록은 *Interpretation* 23(2)(1995)에 재수록되어 있다. 스트라우스와 달리 아렌트는 소크라테스의 죽음을 우발적인 사건으로 보고, 플라톤이 이를 근본적인 갈등으로 오해했다고 주장한다(Arendt 1990).

를 위해서 절대적인 지식과는 거리가 있는 믿음과 신화에 의존해야 하는 반면, 철학은 원론적으로 공동체의 유지에 개의치 않고, 설령 공동체의 연대성을 해치는 한이 있더라도 진리만을 추구하는 특성을 보인다(Strauss 1952, 34). 스트라우스에게 소크라테스의 죽음이라는 사건은 정치와 철학 간의 불가피하고 근본적인 갈등의 표출이다.

스트라우스의 고전정치철학 해석은 바로 이런 정치와 철학의 불가피한 갈등을 전제한다. 그의 독특한 텍스트 읽기는 여기서 시작한다. 즉 정치와 철학의 갈등이 불가피한 것이라면, 철학자들은 이를 의식했을 것이고, 이들에 의해 저술된 텍스트들은 적어도 정치적 핍박을 전제로[13] 매우 '조심스럽게' 쓰였다고 봐야 한다는 것이다. 그에 따르면 소크라테스 이래 철학자들은 정치적 핍박으로부터 안전을 확보하면서 철학적 지혜를 전달하기 위해 비밀스런 글쓰기, 즉 비전적(祕傳的, esoteric) 글쓰기를 시도할 수밖에 없었다(Strauss 1952, 28).

스트라우스는 철학자들이 철학적 지혜의 전수뿐 아니라, 공동체의 건전한 유지를 위해서도 조심스러운 글쓰기를 했다고 지적한다. 그 동기는 이러하다. 철학자들이 지상에서의 삶을 완전히 부정하지 않는 한, 공동체 내의 존재를 부정할 수 없다. 철학자들은 자신들의 저술이 공동체를 파괴하는 결과를 초래하는 것을 경계하게 된다. 스트라우스는 철학자들이 공동체가 건강하게 유지되도록 자신들의 철학적 활동과는 별도로 대중적(exoteric) 글쓰기를 시도했다고 본다(Strauss 1952, 111). 스트라우스에 따르면 고전정치철학을 해석하는 자는, 철학자가 비전적 글쓰

13 철학자가 우려하는 정치적 핍박은 신체적 위해나 재산상의 피해로 이어질 수도 있지만, 무엇보다 철학적 활동으로 얻어진 저작이 불태워지거나 금서로 낙인찍혀 후대에 전달되지 못하는 것이다.

기와 대중적 글쓰기를 동시에 활용하고 있다는 것을 전제로, 매우 조심스럽고 세밀하게 "행간을 읽는"(reading between the lines) 작업을 수행해야 한다(Strauss 1952, 24-27, 30-36).[14]

스트라우스의 플라톤 해석은 정확하게 이러한 '행간 읽기' 작업과 맥을 같이한다. 즉 플라톤 정치철학도 정치와 철학의 근본적인 갈등이라는 큰 틀 안에서 놓여 있다고 봐야 하며, 플라톤의 대화편도 비전적·대중적 글쓰기의 결과물로 봐야 한다는 것이다.

이 대목에서 우리는 스트라우스는 왜 정치와 철학의 갈등을 우연한 사건이 아닌 필연적인 갈등이라고 믿었는가를 살펴볼 필요가 있다. 기본적으로 정치와 철학은 각각 독립된 원칙을 갖는다. 정치가 공동체의 운영을 위해 구체적인 실천 원칙이 필요하다면, 철학은 특정한 공동체의 조건을 초월하는 보편적인 의미의 좋은 삶을 추구한다. 또한 정치는 공동체의 구성원이 공동의 이익을 추구할 수 있도록 하는 공동체적 믿음에 의존하는 반면, 철학은 불변하는 지식, 즉 좋은 삶에 대한 확고한 지식을 추구한다. 스트라우스는 양자가 이처럼 독립적인 목표를 갖고 있음에도 불구하고, 상대의 존재 이유를 인정하고, 상대를 필요로 하는 사정을 설명한다.

스트라우스는 정치 영역이 철학을 필요로 하는 사정을 이렇게 설명

14 esoteric을 "비전적", exoteric을 "대중적"으로 옮긴 것은 의역이다. 그리스 어원에 충실하게 내연적·외피적(esōteros·exōteros)으로 할 수도 있을 것 같다. 더욱 중요한 것은 양자는 동전의 양면과도 같다는 점이다. 물론 무엇을 위한, 어떤 비전주의(esotericism)인가는 논란의 여지가 있다. 멜저는 철학적·정치적·교육적 비전주의를 구분하여 제시한다(Melzer 2014, 1-8). 스트라우스의 고전해석 방식을 따른 비교적 최근의 연구로는 Blitz(2010); Lampert(2010); Howland(2011) 참고.

한다. 정치공동체가 구성원에게 법의 복종을 요구할 때, 그 정당성은 공동체의 법이 인위적인 것이 아닌 '자연적'이라는 데서 찾는데, 철학이 이 자연성에 대한 호소를 지원할 수 있다는 것이다. 문제는 철학자에게 자연은 '전체로서의 자연'을 의미하므로, 공동체가 믿고 (공동체에 필요한) 신념이나 가치와는 거리가 있다는 점이다(Strauss 1964, 102). 예컨대, 소크라테스가 제기했던 '정의란 무엇인가', '절제란 무엇인가', '용기란 무엇인가'라는 질문은 정치생활을 하는 아테네인들도 관심을 가질 법한 질문이지만, 소크라테스의 철학적 태도는 다수의 아테네인의 기대와 달리, 기왕의 견해에 근본적인 회의(懷疑)를 보이는 것에서 나아가 '덕 차체가 무엇인가?'에 대한 질문, 어찌 보면 아테네인들에게 '무용한' 질문으로 '변질'된다는 것이다. 정치가 필요로 하는 '철학'은 공동체의 지배를 용이하게 하는 소피스트적 지혜인 반면, 전체로서의 자연에 대한 지식을 추구하는 철학은 이러한 정치의 원리를 근본적으로 부정하는 측면이 있다.

한편, 스트라우스는 철학의 영역에서도 정치를 간단히 외면할 수 없는 이유가 있음을 설명한다. 소크라테스의 삶을 모델로 하는 철학적 활동은 좋은 삶에 대한 근본 질문을 던지는 것을 핵심으로 하는데, 이는 정치생활과 결코 분리될 수 없다. 소크라테스는 이전 철학자들(pre-Socratic philosophers)과 달리 자신이 속한 공동체 안에서 (소크라테스는 전쟁에 참여한 것을 제외하고는 아테네를 떠난 적이 없다고 고백한 바 있다) 동료 시민들을 대상으로 철학적 활동을 시작했다.[15] 만일 소크라테스가 이전 철학자들처럼 공동체의 구성원들과 무관하게 독립적으로 철학적 활동을 진

15 그럼에도 불구하고, 정작 플라톤의 대화편 가운데 엘리트가 아닌 아테네의 일반 시민들과의 대화를 기록한 것은 없다.

개했다면, 정치적 핍박에서 자유로웠을지 모른다. 만일 그랬다면, 소크라테스적 정치철학은 존재하지 않았을 것이고, 서구 문명에서 정치철학 자체가 탄생하지 않았을지 모른다. 정치철학의 본질이 소크라테스에게서 비롯됐다고 믿었던 스트라우스에게(Strauss 1959, 92) 정치와 철학의 갈등은 정치철학의 탄생을 위한 필연적인 과정이다.

스트라우스는 플라톤 정치철학이 정치와 철학의 갈등을 수반한 소크라테스 정치철학을 계승했다고 본다. 소크라테스의 철학적 활동을 기록한 플라톤의 대화편은 정치와 철학의 갈등 표출이자, 한편으로 이러한 갈등에 대한 경고 또는 경계라고 할 수 있다. 즉 플라톤의 대화편은 철학자와 공동체 간의 사회학적·심리학적 현상의 표현이라는 것이다(Strauss 1952, 21; 1989a, 179-180). 이런 맥락에서 스트라우스는 정치철학이란 "정치에 대한 철학적 조치라기보다, 철학에 정치를 도입하는 것, 즉 철학에 대한 정치적·대중적 조치"라고 규정한 바 있다(Strauss 1959, 93-94). 스트라우스는 플라톤이 대화편의 저술을 통해 이러한 정치철학을 수행했다고 이해한다. 정치와 철학의 갈등의 불가피성을 인식한 플라톤은 더 이상 소크라테스의 죽음과 같은 비극적인 사건이 되풀이되지 않도록 대화편이라는 저술 형식을 통해 모종의 조치를 취했다는 것이다.

III. 이성과 계시의 갈등 테마와 스트라우스의 플라톤주의

스트라우스 정치철학에서 이성과 계시의 갈등이라는 테마는 그의 초기 저작에서 발견되는 주제다. 그러나 이 주제가 학계의 주목을 받게 된 것은 비교적 최근의 일이다(Meier 2006; Janssens 2008). 앞 절에서 소개한 자유주의 비판과 근대성 위기, 그리고 고대정치철학으로의 회귀로 이어지는 테마가 스트라우스의 미국 망명 이후 형성된 것이라고 한다면, 이성과 계시의 갈등이라는 테마는 미국 망명 이전부터 '유대인 문제'를 출발점으로 소위 '신학정치적 문제'(theologico-political problem)의 연장선에서 형성된 것이다. 스트라우스에게 '유대인 문제'는 유대교의 교설들(예컨대, 신에 의한 천지창조, 기적의 실재, 계시의 권위)을 비유대인들과 함께 살 수밖에 없는 자유주의 국가 안에서 어떻게 온전히 유지하고 정당화할 것인가의 문제로 수렴한다. 유대인 문제의 기저에는 유대인들이 유대교의 교설을 온전히 준수하기 위해서는, 다원주의적 자유주의 국가가 관용하는 범위 안에서만 믿음을 추구하는 것으로 충분하지 않다는 의식이 존재한다.

1920년대의 젊은 스트라우스에게 자유주의적 동화(同化)는 유대인 문제를 해결하는 올바른 방향이 아니었다. 자유주의 국가란 근대적 이성의 토대 위에 세워진 국가인데, 이 근대적 이성이 유대교의 계시를 본질적으로 부정하고 있다면(이성이 비이성적인 믿음에 기초한 계시를 부정하는 것은 당연하다), 이러한 자유주의 국가에서 유대교의 전통을 온전히 유지하는 것은 사실상 불가능하기 때문이다. 자유주의가 관용하는 범위 안에서 유대교적 신념을 유지할 수 있다고 하는 자유주의적 동화는 자기기만과 다르지 않다. 한때 스트라우스는 유대교 전통을 온전히 유지할 수 있는 국가를 만들자는 정치적 시온주의에 가담한 바 있다. 그러나 스트라우스는 유대교의 전통을 유지하기 위해서 비(非)유대인과 공존하는 세속국가를 세우는 것은 결국 또 다른 자유주의 국가를 만드는 것과 다르지 않다는 것을 깨닫고, 시오니즘과 결별한다(Strauss 2002, 84)("The Zionism of Nordau," 1923).

스트라우스는 근대적 계몽주의를 기반에 두고 유대인 문제를 해결하려고 시도한 바뤼흐 스피노자(Baruch Spinoza)가 결코 이상적인 모델이 될 수 없다고 본다. 대신 그는 마이모니데스로 대표되는 중세적 계몽주의로 눈을 돌린다. 스트라우스는 중세적 계몽주의에서 철학이 행한 대중적 가르침(exoteric teaching)의 전형을 발견한다. 즉 중세적 계몽주의는 정치적 박해로부터 철학을 보호함과 동시에, 철학이 가진 파괴적인 속성에서 공동체를 보호하는 시도를 성공적으로 수행했다는 것이다(Smith 2006, 37). 여기서 주목할 것은 중세적 계몽주의가 이성과 계시의 갈등을 근원적으로 해소한 것은 아니며, 중세철학자들도 이 점을 잘 알고 있었다는 사실이다. 중세적 계몽주의가 대중적 교훈의 필요성을 역설한 것은 근대적 계몽주의의 착각과 달리, 이성과 계시의 갈등이 근본적으로 해소될 수 없음을 인정한 것이나 다름없다.

이성과 계시의 갈등은 스트라우스의 사상적 이력 전체를 지배한다. 1920년대의 스트라우스의 '정치신학적 문제'의 맹아는 1930-1940년대의 중세철학자들의 연구를 통해서 이어졌고, 1950년대의 '진보 혹은 회귀'라는 강연을 통해서 지속됐다.[16] 스트라우스에 따르면, 서구 문명은 이성에 대한 믿음을 전제로 진보를 추구할 것인가, 아니면 인간이 아직 타락하기 이전의 상태로의 회귀를 염원할 것인가의 선택지를 놓고 갈등을 거듭해 온 역사다(Strauss 1989b, 270). 문제는 이성과 계시의 갈등, 혹은 아테네와 예루살렘의 대립은 여전히 현재 진행형이라고 하는 사실이다. 단적으로, 인간사에서 빈번하게 논란이 되는 정의(justice)의 근원적인 기초를 철학에 둘 것인가, 성경에 둘 것인가는 여전히 논란거리일 수밖에 없다는 것이다(Strauss, 1989b, 245-6).

이성과 계시의 근본적인 대립은 스트라우스의 독특한 플라톤주의가 출현하는 또 하나의 배경이다. 주목할 만한 것은 이 과정에서 나타난

16 팽글에 따르면, 이 글은 스트라우스가 시카고대학의 힐렐 하우스(Hilel House)에서 강연한 세 개의 강의를 묶은 것이다. 이 강연들의 추후 출판 이력에 대해서는 Strauss 1989b, 272, fn.17 참고.

스트라우스의 플라톤주의는 플라톤 정치철학에 대한 독특한 관점을 제시하는 중세의 유대 및 이슬람 철학자들을 경유했다는 점이다.[17]

스트라우스는 1935년 『철학과 법』이라는 저서에서 중세 이슬람의 철학자들에 의해서 대표되는 문제의식이란 "어떻게 계시에 의한 법을 이성적으로 정당화할 수 있는가" 즉, "계시에 의해 만들어진 법의 철학적 토대를 구축하는 것"이라고 밝힌 바 있다(Strauss 1995, 60-61). 계시가 정당화될 필요성이 있다는 것은 이미 계시에 대한 의심이 존재한다는 것을 의미한다. 스트라우스는 여기서 마이모니데스를 위시한 유대이슬람 철학자들은 플라톤과 일정 정도 거리를 둠으로써 계시의 정당화 문제를 해결했다고 지적한다. 유대-이슬람 법의 철학적 토대가 플라톤과 거리를 두고서 만들어졌다는 것이 무엇을 의미하는가? 우선 스트라우스는 플라톤이 철인왕과 이상국가를 '(잠재적) 가능성'의 기준으로만 바라봄으로써, 현실적 실현가능성을 거의 부정하고 있음에 반해, 유대-이슬람의 토대는 이미 이상국가가 실재하고 있다는 것을 지적한다. 유대-이슬람의 종교적 배경에서 철인왕은 모세나 마호메트라는 구체적인 역사적 인물로 이해되고, 이상국가는 모세나 마호메트가 계시의 법으로 세운 국가를 의미한다. 따라서 플라톤이 이상국가의 가능성 문제를 미해결 상태로 남겨 놓은 반면, 유대-이슬람의 철학은 이 문제를 이미 해결된 상태로 본다. 스트라우스는 이런 측면에서 유대-이슬람의 토대가 플라톤의 결함을 해소한 진일보한 입장이라고 해석한다(Strauss 1995, 71-74).

17 스트라우스는 1930-1940년대에 이 중세철학자들에 대한 일련의 연구들을 내놓았고, 이 과정에서 플라톤 정치철학으로의 회귀를 역설한다(Strauss [1936] 1990, 3-30; 1937, 93-129; [1937] 2004, 537-549, 1945, 357-393).

스트라우스는 11세기 마이모니데스가 계시에 대한 합리적(이성적) 정당화에 성공할 수 있었던 것은 당시의 이성이 근대적 이성과 차별성을 가졌기 때문이라고 지적한다. 근대적 이성과 근대적 계몽주의에 따르면, 계시는 결코 합리적일 수 없다. 스트라우스가 '온건한 계몽주의자들'이라고 일컫는 일단의 사상가들(Mendelssohn, Cohen, Rosenzweig)조차 계시를 기껏해야 인간의 의식 속에서만 인정하는 정도에 그친다. 스트라우스는 계시를 인간의 의식에만 묶어 둔 채 내면적으로만 정당화하는 것은 사실상 계시의 실체를 부정하는 것이나 다름없다고 지적한다. 스트라우스의 중세적 전환은 이러한 근대 계몽주의의 한계를 극복하기 위한 시도다(Strauss 1995, 38)

중세 계몽주의의 가장 큰 특징은 계시를 인간의 의식 내에 존재하는 것으로 보는 것이 아니라, 법의 형태로 존재한다고 본다는 점이다. 법은 이미 객관적으로 주어진 실체다. 뿐만 아니라, 계시에 의한 법은 무조건적인 권위를 상징한다. 따라서 계시에 의한 법은 더 이상 정당화를 필요로 하지 않는다. 스트라우스는 이와 같은 당위적인 설명을 예언자의 출현을 설명하는 방식으로 풀어낸다. 스트라우스에 따르면, 예언자의 출현은 다음과 같은 기원을 갖는다. 1) 인간은 모두 법이 필요하다. 2) 법에는 두 종류가 있는데, 하나는 육체의 완성을 지향하는 인간법이고, 다른 하나는 지성(intellect)의 완성을 지향하는 신법이다. 3) 예언자는 신법의 선언자가 될 수 있다. 4) 기본적으로 예언자는 이상국가의 법을 알아낼 수 있다는 측면에서 철학자와 동일하다. 철학자와 마찬가지로 예언자도 지성의 완성을 지향한다. 5) 그러나 그는 단지 철학자의 성격에 그치지 않는다. 철학자는 법을 실효화할 능력이 없는 반면, 예언자는 법의 실효성을 담보할 수 있다. 요컨대, 신법은 그것이 실효성을 가질 만한 법령을 가질 필요가 있는데, 예언자에 의해서 제시되는 계시가 바로 강제력을 확보할 법령의 역할을 할 수 있다는 것이다(Shaw 2017).

다음 절에서 더 상세히 다루겠지만, 플라톤은 이상국가의 법을 실효화할 수단을 마련하지 않았다. 그러나 플라톤도 이상국가가 지성의 완성, 지혜의 완성이며, 이를 현실화하기 위해서는 신법을 통한 정치권력의 수반이 필요하다는 것을 인식했을 것이다. 스트라우스는 플라톤의 철학이 신법을 정당화할 수단을 갖지 못했지만, 적어도 중세의 철학자에게 문제의 핵심을 안내하는 역할을 했다고 본다. 이런 관점에서 모세나 마호마트와 같은 유대-이슬람의 예언자는 한편으로 플라톤의 철인왕과 동일하게 이상국가를 구상했지만, 철인왕과 달리 이상국가의 법의 효력을 강제할 능력을 갖추고 있다. 이상국가를 실현하지 못하는 철인왕이란, 사실 아직 왕이 되지 못한 철학자와 동일하다. 반면 예언자는 이미 이상국가의 실현을 현실화한 사람이다(Strauss 1995, 75).

스트라우스는 플라톤 역시 이런 맥락에서 법을 신성화할 필요성, 달리 말하자면 계시의 필요성을 의식했다고 본다. 계시야말로 법의 실효성을 발휘할 수 있는 확실한 경로기 때문이다. 그러나 스트라우스에 따르면, 플라톤은 철학이 그 본질상 가장 이상적인 법을 찾아낼 수는 있어도 그것을 강제할 수 있는 수단을 가질 수 없다는 것을 잘 알고 있었다고 한다. 다시 말해, 플라톤은 '신학정치적 문제'의 본질에 접근했지만, 철학의 토대가 되는 이성은 결코 계시를 정당화할 수 없으므로 '신학정치적 문제'를 근본적으로 해결할 수 없다는 것을 알고 있었다는 것이다. 이 점에서 스트라우스는 플라톤이 근대의 계몽주의자, 근대적 합리주의와 구분된다고 지적한다. 플라톤 역시 철학의 토대가 이성이며, 계시가 아닌 이성을 지지하는 철학자지만, 철학이 계시에 직면했을 때, 근대의 계몽주의자들과 달리 철학의 한계를 잘 인식하고 있었다고 해석한다(Strauss 2006).

IV. 스트라우스의 플라톤주의의 주요 쟁점들

이 절에서는 스트라우스의 플라톤주의에서 가장 큰 논란이 되는 세 가지 쟁점을 검토하고자 한다. 첫째는, 저술의 형식을 주목하는 독특한 '플라톤 읽기'에 관한 것이고, 둘째는, 플라톤의 이상국가론에 대한 역설적 해석에 관한 것이고, 셋째는, 플라톤의 이데아론에 대한 비(非)전통적인 해석에 관한 것이다. 이제 이 세 쟁점을 하나씩 살펴보면서, 이것들이 앞에서 살펴본 스트라우스의 정치철학의 두 테마와 어떤 연관성을 갖는가를 검토하고자 한다.

1. 플라톤 읽기 방법론

스트라우스의 플라톤 읽기가 전통적인 방식과 가장 큰 차별성을 보이는 것은 플라톤의 저술이 대화편이라는 점을 의식적으로 고려하고 있다는 점이다. 스트라우스는 플라톤이 대화편이라는 형식을 선택한 의도를 문헌적 소통이 갖는 근본적인 한계에서 찾는다.[18] 스트라우스는 플라톤이 문헌적 소통과 구술적 대화의 중간 형태인 대화편이라는 저술방식을 택했다고 해석한다. 대화편이라는 형식이 이렇게 의도적으로 선택된 것이라면, 플라톤의 저술 의도는 대화편의 형식과 내용을 동시에 고려할 때 온전히 이해될 수 있다(Strauss 1964, 52, 60; 1989, 155). 특히 스트라우스는 등장인물들에 의해서 행해진 말과 대화편 밖에서 행해진 행적이 동시에

18 『파이드로스』(257d-e)에서 소크라테스는 문서 소통보다 대화 소통이 갖는 우월성에 대해 역설한 바 있다. 또한 플라톤은 『제7편지』에서 직접 '대중적' 교훈이라면 몰라도 철학적 지혜는 결코 문서를 통해서 전달할 수 없다고 언급한 바 있다(341d-e).

고려되어야 함을 강조한다. 그것이 등장인물을 명시한 이유가 되기 때문이다. 예컨대 『국가』에 등장하는 폴레마르코스라는 인물을 대할 때, 플라톤은 독자로 하여금 그가 아테네의 과두정 혁명기에 처형당했던 사실을 떠올리기를 기대한다는 것이다.[19] 대화편의 형식(등장인물, 시간, 장소, 나레이션 방식)과 내용을 어떤 방식으로 연결시켜 플라톤의 의도를 파악할 것인가에 대해서는 개별 대화편의 특수성을 심도 있게 논의할 때 가능할 것이다.[20] 그러나 플라톤의 모든 대화편에 직간접적으로 연결되어 있는 공통적인 배경은 소크라테스의 재판과 죽음이라는 역사적 사건이다. 이런 맥락에서 스트라우스는 등장인물들의 말과 행위가 이 역사적 사건에 대해 어떤 태도를 취하는가가 대화편을 해석하는 중요한 기준이 된다고 지적한다(Strauss 1989a, 153-154).

플라톤 해석에 있어서 문학적 형식성의 의의는, 스트라우스가 유사한 주장을 내놓은 지 반세기가 지나고 나서야, 일군의 학자들에 의해서도 제기된 바 있다(Kahn 1996; Nehamas 1998; Blondell 2002). 이들은 19세기 이래 '전통적인' 플라톤 해석이 지나치게 형이상학적 요소만을 강조하고, 플라톤 대화편의 문학적 요소, 특히 등장인물을 중심으로 한 극적 요소를 경시했음을 비판한다. 그럼에도 불구하고, 이들이 결정적으로 스트라우스와 구별되는 지점은 플라톤 대화편의 극적 요소들이 소크

19 이와 연관된 배경으로, 『국가』에는 '페이라이에우스의 10인의 행정관'을 떠올리게 하는 대목이 있는데(324c), 스트라우스는 이 10인의 행정관을 『국가』 대화편에서 이름이 거론된 10인의 등장인물에 비유한다(Strauss 1964, 63, fn.16).

20 이례적으로 저커트는 플라톤의 대화편 전체를 하나의 드라마로 간주하고 각 국면별로 어떤 극적 전환이 이뤄지고 있는가를 고려하면서 개별 대화편을 해석한다(Zuckert 2009).

라테스의 죽음에서 비롯된 정치와 철학의 갈등과 깊이 연관되어 있다는 점을 충분히 평가하지 못한다는 점이다. 스트라우스는 플라톤이 대화편을 저술할 때 여러 극적인 장치를 가미한 근본적인 동기가 정치적 핍박에서 철학자를 보호하기 위함이라는 점을 잊지 않는다. 대화편에 등장하는 인물의 목소리는 설령 소크라테스라고 하더라도 플라톤 본인의 목소리와는 구분된다. 소크라테스가 플라톤의 단순한 대변자가 아니라는 사실은 플라톤의 대화편 중에는 소크라테스가 아예 등장하지 않는 대화편도, 또 소크라테스가 열등한 지위에 있는 대화편도 존재한다는 것을 상기하는 것으로 확인할 수 있다. 더욱이 소크라테스가 잘 알려진 아이러니스트(ironist)라는 사실은 소크라테스의 발언 중 어떤 것이 플라톤의 의도를 반영하는 것인지를 판단하는 데 어려움을 가중시킨다(Strauss 1989a, 152). 이런 사정을 종합해 보면, 플라톤은 대화편이라는 형식을 빌려 철학에 대한 정치적 혐오에서 자신과 후대의 철학자들을 보호하는 장치를 마련한 것이라고 할 수 있다.

뿐만 아니라, 스트라우스는 대화편이야말로 동일한 텍스트 안에서, "다른 계층의 독자들에게 각각 다른 메시지"를 전달할 효과적인 수단이라고 간주한다(Strauss 1989a, 151). 즉 플라톤의 대화편은 한편으로 후대의 철학자들에게 전달할 비전적 가르침(esoteric teaching)을 담고 있지만, 다른 한편으로 공동체를 이롭게 하고, 공동선의 추구를 독려하는 대중적 가르침(exoteric teaching)을 포함할 수 있다는 것이다(Strauss 1952, 111). 스트라우스는 대화편이라는 형식이야말로, 이질적 교훈을 이질적 독자에게 전달할 수 있는 '저술의 기술'(art of writing)이라고 본다.

스트라우스는 이러한 플라톤의 저술의 기술을 중세 이슬람 철학이 계승했다고 본다. 스트라우스에 따르면, 중세 이슬람 철학은 플라톤과 마찬가지로 저술의 기술을 필요로 하는 정치와 철학의 심각한 갈등 상황을 공유한다. 법의 근원을 종교적 교리에서 찾는 이슬람 정치공동체에서, 공동체의 정치적 원리에 대해서 철학적 기준을 제시하는 것은 정치적 핍박의 위험을 감수해야 하는 일이다. 스트라우스는 이런 상황에서 이슬람 철학자들은 '비전적' 글쓰기 기술을 적용할 필요가 있었고, 그 모델을 플라톤에게서 발견했다는 것이다(Strauss 1952, 22-37). 이슬람 철학자들이 그들의 생존을 모색하는 과정에서 플라톤의 비전주의(esotericism)가 전수됐다고 보는 것은, 이들의 플라톤 해석이 플라톤의 정치철학을 제대로 이해할 수 있는 경로라고 주장하는 것과 맞닿아 있다. 이런 맥락에서 스트라우스는 알파라비의 플라톤 해석을 통해서 플라톤의 의도에 도달할 수 있다고 주장한 것이다(Strauss 1945).[21]

스트라우스는 플라톤 자신도 소크라테스의 철학을 전수받는 과정에서 정치와 철학의 갈등을 이해하는 과정을 거쳤다고 해석한다. 그에 따르면, 플라톤에게 철학자에 대한 정치적 핍박을 대비할 필요성을 최초로 각성시켰던 인물은 희극작가 아리스토파네스다. 즉, 정치와 철학의 갈등을 충분히 의식하지 못한 '순진한' 소크라테스가 양자의 갈등 존재를 의식하고, 이에 따라 비전적 저술이 필요하다는 것을 인지하는 '성숙한' 소크라테스, 다시 말해 '플라톤적 소크라테스'(Platonic Socrates)로 전환되는 과정에는, 아리스토파네스의 희극이 일정한 역할을 했다는 것이다(Strauss 1989b, 103-117). 아리스토파네스가 묘사한 소크라테스는 충분한 준비 없이 신의 한계를 폭로하고 제우스의 자리를 감히 '소용돌이, 구름, 대기' 등으로 대체하는 순진함을 보였다. 아리스토파네스의 '호의적' 경고를 받아들인 '플라톤적 소크라테스'는 순진한 폭로가 자신의 안전을 위태롭게 할 뿐 아니라, 공동체 전체의 근간을 해칠 수도 있다는

21 탕거(Tanguay)는 이러한 스트라우스의 태도를 강조하며, 스트라우스에게 '파라비안 전회'(Farabian Turn)가 있었다고 지적한다(Tanguay 2007, 80-84).

것을 깨닫는 성숙함을 갖추게 되었다는 것이다. '성숙한 소크라테스'는 우선 철학자들이 정치적 핍박에서 자신을 보호할 수 있는 '안전한 발언자'가 되는 것을 의미한다(Strauss 1964, 53). 안전한 발언자는 모든 진리를 폭로하는 것이 아니라, 때와 장소를 가리고, 침묵해야 할 때 침묵한다.[22]

요약하면, 스트라우스는 정치와 철학에 근원적으로 내재한 갈등을 조건으로 플라톤의 대화편을 해석한다. 양자의 갈등을 전제로 할 때, 철학자는 철학자의 안전, 그리고 공동체의 안위를 위해서 미묘하고 섬세한 대응을 해야 한다. 따라서 스트라우스의 플라톤주의는 플라톤이 이러한 섬세한 대응의 일환으로 독특한 글쓰기를 했음을 전제하고, 이러한 전제를 바탕으로 플라톤의 정치철학을 해석해야 한다는 문제의식에 기초해 있다.

2. 이상국가의 실현가능성에 대한 해석

플라톤 정치철학에서 이상국가의 위상 문제는 가장 큰 논란거리였다. 20세기 초반의 학계는 종종 플라톤의 이상국가를 모든 것이 엄격하게 검열되고, 규율되는 전체주의 국가로 묘사했다. 뒤이어 포퍼를 중심으로 하는 일군의 학자들은 플라톤의 이상국가를 실현할 수 없는 유토피아로 간주했다(Popper 1945). 플라톤의 이상국가를 전체주의 국가로 보든, 혹은 유토피아로 보든 20세기 학계가 플라톤을 자유민주주의의 적

22 예컨대, 자명한 실수, 혹은 텍스트의 전후반부 입장의 불일치가 발견되거나, 맥락상 어떤 발언이 기대됨에도 불구하고 침묵하는 상황이라면, 비전적·대중적 가르침이 들어 있다고 의심할 만하다(Strauss 1959, 222-223). 비전주의를 전제로 정치사상 텍스트를 해석해야 하는가에 대한 비판적 논쟁에 관해서는 Gunnell(1978); Tarcov(1983) 참고.

이자 권위주의의 표상으로 간주하는 데에는 전혀 문제가 없었다(Thorson 1963). 주지하는 바와 같이 플라톤의 이상국가는 철인왕이 실현한다. 플라톤의 이상국가론을 둘러싼 논란은 플라톤이 과연 철인왕 통치를 실현 가능한 것으로 봤냐는 것이다. 포퍼를 따르는 일군의 학자들은 플라톤이 철인왕에 의한 통치를 가능한 것으로 믿는 '과격한 유토피아니스트'였다고 해석한다(Burnyeat 1985). 스트라우스는 이러한 해석을 정면으로 반대한다. 플라톤은 결코 철인왕에 의한 통치를 가능한 것으로 여기지 않았고, 오히려 어떤 형태이든 이상국가가 가능하다고 여기는 것을 가장 경계했다는 것이다. 그에 따르면, 플라톤은 글라우콘이라는 등장인물의 정치적 야심을 경계하기 위해서, 뻔히 모순적으로 드러나는 이상국가론을 제시했다. 이 대목이 많은 학자가 스트라우스의 플라톤 해석이 자의적이라고 간주하는 지점이다.

텍스트로 잠시 돌아가 보면, 철인왕은 소크라테스에게 이상국가의 실현가능성을 입증해 달라는 글라우콘의 요청에 대한 답이자 정치권력과 철학의 결합을 의미한다(473d). 글라우콘은 원칙적으로 지혜만을 사랑하고 철학 이외에 어떤 것에도 가치를 두지 않는 철학자에게 정치를 떠맡기는 것이 부당한 일이 아닌가라는 의문을 제기하지만, 소크라테스는 최선의 국가는 철학자만을 위한 것이 아니라 공동체 전체를 위해 존재하는 것이므로 그들에게 정치를 하도록 강제하는 것은 적어도 공동체적 관점에서 정당하다고 답한다(519e).

스트라우스의 해석에 반대하는 영미의 분석철학적 전통은, 『국가』에 나타난 철인왕의 기획은 다소 난점을 포함하고 있지만, 이상국가의 실현가능성을 증명하기에는 충분한 논변을 갖추고 있다고 해석한다(박성우 2014). 철인왕의 기획에서 난점이란, 자발적으로는 지배자가 되려고 하지 않는 철학자들을 누가 강제할 수 있는가의 문제다. 그 유명한 플라톤의 '동굴의 비유'에 빗대어 말하자면, 지난한 과성(이 과정은 사실 거의

50년의 교육에 해당한다)을 거쳐 드디어 동굴을 탈출한 철학자들은 태양과 그 아래 존재하는 만물의 경이로움에 도취되어 다시금 동굴 밑으로 내려가는 것을 꺼린다. 따라서 이들을 강제로 다시 동굴로 돌려보낼 이들이 필요한데, 동굴 밖에는 사실 철학자들 이외에 아무도 존재하지 않는다는 문제가 있다. 따라서 철학자들이 자발적으로 동굴로의 귀환을 결심하지 않는 한 철인왕은 성립할 수 없다. 만일 자발적인 귀환이라면, 소크라테스는 '강제'라는 용어를 쓰지 말았어야 한다. 그러나 이는 단순히 표현상의 문제가 아니다. 철학자라면 철학 이외에 어떤 것도 자발적으로 선택하지 않을 것이므로 철학자에게 통치를 맡기기 위해서는 강제가 동원되어야 하는 것은 필수적인 조건이다.

앞서 언급한 영미의 학자들은 '자기강제'의 개념을 활용하여 이 난점을 해소하려고 한다. 즉 동굴 밖으로 탈출한 철학자가 자발적으로 다시 동굴 안으로 들어가는 것은 꺼리지만, 철학자로서 위반할 수 없는 도덕적 기준에 의해서, 통치의 역할을 '마지못해' 받아들일 수 있다는 것이다(Kraut 1997). 이를테면, 학자들은 철학자들이 공동체가 제공한 교육의 혜택을 입어 철학의 기쁨이 무엇인지 알게 됐으므로 공동체에 빚진 상태고, 자신들에게 부여된 지배의 의무를 저버리지 않을 것이라고 지적한다. 또 만약 누군가 통치의 필요성을 인정하면서도 자신만은 그 역할을 하지 않겠다고 한다면, 결국 다른 철학자에게 부담을 떠넘기는 무임승차자가 되겠다는 것이므로, 철학자의 도덕적 양심이 이를 용납하지 않을 것이라고도 지적한다.[23] 그 밖에도 학자들은 다른 보충적 논점들

23 그 밖에도 학자들은 철학자들이 자발적으로 정치에 참여해야 할 이유에 대해서 언급한다. 예컨대 그들이 국가로부터 엄청난 교육 혜택을 받았다든지 (520a-d), 정치를 하더라도 순번을 정해서 맡으면 된다든지, 그들이 정치를 담당하지 않으면, 그들은 훨씬 못한 사람들에 의해 지배받게 된다는 것 등이

을 제시하기도 하고, 그러한 논점들의 문제점들을 지적하기도 하지만, 플라톤이 이상국가의 실현을 추구했다는 점에는 이견이 없다.

플라톤의 이상국가론에 대한 스트라우스의 해석은 이들과 극명한 대조를 보인다. 스트라우스에 따르면, 플라톤의 이상국가는 실현가능성이 없을 뿐 아니라, 바람직하지도 않다. 뿐만 아니라, 스트라우스는 이렇게 해석하는 것이 바로 플라톤이 『국가』 저술을 통해서 전달하고자 한 의도를 제대로 파악한 것이라고 주장한다. 스트라우스 역시 이상국가의 실현가능성에 대한 글라우콘의 도전(소크라테스는 이를 "세 번째 파도"라고 한다)과[24] 이에 대한 소크라테스의 대답을 상세히 다룬다. 그러나 스트라우스의 해석은, 어떻게 하면 소크라테스의 대답을 일관성 있게 만들 것인가를 골몰하는 지배적인 해석과 달리, 철인왕의 기획이 문제적이라는 것을 알아차리는 것이 플라톤의 의도에 접근하는 것이라고 해석한다. 이런 맥락에서 스트라우스는 철인왕의 기획을 면밀히 해부하고, 그 결과 이상국가의 실현가능성은 사실상 부정됐다고 결론 내린다.

철인왕 문제에 대한 스트라우스 해석의 출발점은 철학에 대한 혐오가 사회적으로 만연하다는 사실이다. 다수 대중에게 철학은 종종 무용지물이거나 해로운 것으로 인식된다. 스트라우스는 다수를 설득시킬 유일한 가능성은 설득의 기술을 가진 트라시마코스의 기예를 활용하는 것이라고 암시한다. 이런 맥락에서 스트라우스는 소크라테스가 트라시마코스와 방금 친구가 됐다고 선언하는 대목을 주목한다(Strauss 1964, 123).

여기에 해당한다(Kraut 1997). 이에 대한 다양한 해석은 박성우 2004, fn.13-14 참고.

24 『국가』의 독자들에게는 익숙한 내용이지만, 첫 번째 도전은 수호자들을 성별과 관계없이 평등하게 다뤄야 하는가의 문제고, 두 번째는 수호자들에게 재산은 물론 가족을 허용하지 않는 것이 정당한가의 문제다.

그러나 주의해야 할 것은 이 '중재자로서의 트라시마코스'는 대중을 선동하는 소피스트로서의 트라시마코스가 아니라, 소크라테스의 인도 아래, 대중을 길들이는 역할을 맡고 있는 트라시마코스라는 점이다.

이렇게 수사학적 지원이 가능하다면, 왜 스트라우스는 철인왕의 출현을 부정하는가?(Strauss 1964, 124). 스트라우스는 다수를 설득시키는 것보다 철학자들을 설득시키는 것이 더 어렵다는 점을 지적한다. 즉 트라시마코스는 철학자가 통치해야 한다는 것에 대해 대중을 설득할 수는 있을지 몰라도, 철학자가 스스로 통치를 선택하도록 설득할 수는 없다는 것이다. 유일한 방법은 그들을 강제하는 것뿐인데, 유일한 방법은 철학자가 비철학들에게 철학자를 강제하여 지배의 의무를 떠안게 하는 것을 설득해야 한다는 것이다(Strauss 1964, 124). 스트라우스는 사실상 이런 가정은 무의미하다고 지적한다. 지배의 임무를 거부하는 철학자들이 비철학자들을 먼저 설득할 이유가 없고, 비철학자들도 철학에 대한 혐오가 만연한 상태에서 자발적으로 철학자를 강제할 이유가 없기 때문이다. 특히 스트라우스는 동굴 안에서 다수가 보여 준 철학자에 대한 혐오를 상기시키며(517a) 이상국가가 실현될 일말의 가능성을 부정한다(Strauss 1964, 124). 『국가』에 암시되는 유일한 가능성은 10세 이상의 거주민을 추방하고 완전히 새로운 세상에서 이상국가의 토대를 세우는 것이다(541a). 그러나 이는 인간 본성에 부합하는 조치가 아니고, '자연에 반하는' 조치다. 결론적으로 이상국가의 출현을 시도하는 것 자체가 자연에 반하는 행위로까지 묘사됐다는 것이 스트라우스의 해석이다.

스트라우스는 플라톤이 철인왕의 기획 안에 역설적인 요소를 포함시킴으로써 사실상 이상국가의 실현가능성을 부정한 것은 글라우콘이 정치적 야망을 포기하고 철학적 삶을 선택하도록 하기 위함이라고 해석한다. 글라우콘은 한편으로 철학적 성향이 있으면서도, 다른 한편 정치적 야욕을 가졌을 법한 인물이다. 『국가』의 극적 배경에 드러나 있는 글라우콘의 성격을 상기해 볼 필요가 있다. 그는 대화편이 시작되는 시점에 유일하게 소크라테스와 동행한 인물이다. 그만큼 그는 소크라테스의 철학적 성향을 동경한 인물이다. 그러나 그는 현실주의적 정의관을 누구보다 정교하게 대변한 인물이다. 2권 전반부에 글라우콘은 정의는 결코 자발적으로 행해지는 것이 아니라 마지못해 행해지고 있으며, 다만 다수의 사람들은 부정의를 행하고도 처벌이나 비난을 두려워하지 않을 정도의 권력의지를 갖지 못해서 적당히 타협하며 산다는 세간의 견해를 잘 대변한다(358e-361d). 글라우콘은 권력의 생래를 잘 아는 인물이다. 스스로 권력에의 의지, 정치적 야심도 갖고 있음 직하다. 다만 그의 철학적 성향으로 그의 권력의지는 잠시 유보된 상태일지 모른다. 그런 글라우콘 앞에 이상국가를 실현하기 위해서 철인왕의 필요하다는 논변이 세워진 것이다. 철학적 성향과 권력의지를 동시에 갖고 있는 글라우콘으로서 철인왕의 기획은 매우 반길 만한 제안일 수 있다. 스트라우스는 이러한 잠재적 글라우콘의 정치적 야심을 누그러뜨리는 것이 플라톤이 철인왕의 기획을 통해서 의도한 목표라고 해석한다.

스트라우스는 이상국가의 실현이 이처럼 불가능한데도, 만일 글라우콘과 같이 정치적 야망을 가진 이가 어떤 수단을 동원해서라도 이상국가를 실현하려고 든다면 반드시 비극적 결과를 초래할 수 있음을 경고한다. 스트라우스는 정치적 신중함을 겸비한 이는 정치와 철학은 근본적인 갈등 관계에 놓일 수밖에 없음을 알고, 정치의 한계를 인정할 줄 알아야 한다고 결론 내린다(Strauss 1964, 138). 여기서 놓치지 말아야 할 것은 『국가』에서 글라우콘은 정치에 가담하지 않고, 철학적 활동을 이어가겠다고 선언하는 점이다(592a). 글라우콘은 어떤 설득에도 넘어가지 않고 철학적 삶을 선택한 것이다. 스트라우스는 이 점을 전면에 부각하지는 않지만, 글라우콘의 선택이 철학을 지향하는 잠재적인 철학자들이 어떤 선택을 해야 하는가를 보여 주기에는 충분하다고 본다. 정치와 철학의 갈등은 철학자에게 주어진 불가피한 조건이다. 지나친 이상주의에 대한 경고가 스트라우스의 플라톤주의가 드러낸 대중적 가르침이라고 한다면, 어떤 경우에도 철학자는 철학 이외의 삶을 선택하지 않는다는 것, 철학적 삶이 최고의 삶이라는 것에 대한 재확인이 스트라우스의 플라톤주의의 비전적 가르침에 해당한다.

3. 이데아론 해석

스트라우스의 플라톤 해석에 있어서 가장 논란이 되는 것 가운데 하나가 이데아론에 관한 것이다. 『국가』에 대한 전통적인 해석은 기본적으로 이데아론을 중심으로 전개된다. 플라톤의 '변호자들'은 불안정하고 가변적인 정치현실에서 도덕적·정치적 판단 기준을 확고한 토대에 올려놓은 이데아의 역할을 긍정적으로 평가하며 플라톤 정치철학을 칭송한다. 한편, 플라톤의 비판자들은 이와 같은 이데아의 정치가 폐쇄적이고, 위계적이며, 결국 반자유주의적 사회를 양산하게 된다고 비판한다. 어느 쪽이든 플라톤 정치철학 해석에 있어서 이데아론이 중심에 서 있다. 스트라우스는 이러한 해석에 정면으로 도전한다. 그는 적어도 『국가』에서 플라톤의 이데아론은 매우 불안정하게 제시되어 있으며, 따라서 이데아론을 중심에 놓고 플라톤 정치철학을 해석하는 것은 어리석다고 판단한다. 스트라우스는 오히려 이러한 불안정한 이데아론을 제시한 이면의 정치철학적 의도를 파악해야 한다고 주장한다. 어째서 스트라우스는 이런 이례적인 주장을 하는가를 이해하기 위해 우선 그가 이데아론에 대해서 논평한 부분을 꼼꼼히 따져 볼 필요가 있다.

놀랍게도 스트라우스는 『국가』 주석서에 해당하는 저술에서 이데아론을 설명하기 위해 단 두 단락밖에 할애하지 않는다.[25] 스트라우스는 『국가』에서 소크라테스가 이데아론을 제시한 맥락을 소개한다. 즉 글라우콘의 문제제기에 의해 소크라테스가 '세 개의 파도', 즉 수호자의 남녀평등 문제, 처자공유 문제, 그리고 이상국가의 실현가능성 문제를 극복하는 과정이 그것이다. 글라우콘이 제기한 실현가능성 문제는 최선의 국가가 실제로 존재할 가능성이 있다는 것을 구체적으로 입증해 달라는 것이다(Strauss 1964, 118). 스트라우스는 바로 이 대목에서 소크라테스가 이데아론을 처음 제시했다고 지적한다.

> 정의란 무엇인가를 찾아내기 위한 우리의 전체적인 노력은 '본'(pattern)으로서의 '정의 자체'에 대한 탐구였다. 정의를 하나의 본으로 본다는 것은 정의로운 인간과 정의로운 도시는 완벽하게 정의로울 수 없고 다만 독특한 의미에서 정의 자체에 근접하는 수준에 그친다라고 보는 것과 동일하다(472a-b): 정의는 그것 자체만이 완벽하게 정의롭다(479a; cf. 538cff.). 이에 따르면, 우리는 최선의 국가의 특징들(절대적 공산주의, 남녀성의 평등 그리고 철학자의 지배)조차 순수한 의미에서 정의로운 것은 아니라는 것을 알게 된다. 정의 그 자체(justice itself)는 생겨나는 것(capable of coming into being)라는 의미에서 '가능하지' 않다. 왜냐하면 그것은 어떤 변화도 겪어서는 안 되고 항상 그러한 것이어야 하기 때문이다. [따라서] 정의는 여러 이데아 가운데 하나의 '형상'(form), 혹은 하나의 '이데아'다.

원론적으로 완벽한 최선의 국가는 정의의 경우와 마찬가지로 하나

25 스트라우스가 쓴 『국가』 주석서라고 할 수 있는 *The City and Man*의 2장 "On Plato's Republic"은 총 78단락, 89페이지로 구성되어 있다. 이데아론을 논평한 단락은 62번째, 63번째 단락이다(Strauss 1964).

의 '이데아'로서 '항시적이며 변함없이'(always and unchangeable) 존재해야 한다. 이와 관련하여 『국가』 5권의 말미에서 소크라테스는 글라우콘에게 이데아에 대해서 설명하고, 그것과 이상국가의 관계를 해명한 바 있다(478e-479d). 스트라우스에 따르면, 이 긴 논의의 목적은 결국 세상에는 존재의 영역과 비존재의 영역, 그리고 중간 영역에 해당하는 존재이면서 동시에 비존재인 세 영역이 존재하는데, 이데아는 비존재의 영역이 될 수 없는 것은 물론이거니와 세 번째 영역도 될 수 없음을 강조하기 위함이다. 이데아는 결코 변화할 수 없기 때문이다. 예컨대, 정의의 이데아는 인간, 도시, 법을 정의롭게 만드는 원인이다. 따라서 모든 이데아(들)는 항시적이며, 자기충족적(self-subsisting)인 존재고, 가장 완벽하다. 그런데 이러한 이데아들은 육체의 눈으로는 볼 수 없으며, 다만 정신(mind)의 눈으로만 봐야 한다. 이때, 이데아들과 그것을 지각할 수 있는 정신은 엄격히 분리된다. 따라서 모든 이데아의 원인이 되고, 동시에 그것을 지각하는 정신의 원인이 되는 무언가가 필요한데, 이것이 '좋음의 이데아'(idea of the good)라고 스트라우스는 설명한다. 여기까지는 『국가』에서 확인할 수 있는 이데아론에 대한 일반적인 해석에서 크게 벗어나지 않는다(517c1-5).

그러나 이어지는 단락에서 스트라우스는 이데아론에 여러 의문스러운 지점이 있다는 것을 강조하며 일반적인 해석과 거리를 둔다(Strauss 1964, 119). 우선 스트라우스는 플라톤이 아리스토텔레스와 마찬가지로, '완벽하게 아는 자'(the perfect knower)와 '완벽하게 알려진 것'(the perfect known)은 최고의 것 안에서 결합되어야 한다는 점에서 동의한다고 지적한다. 그러나 곧바로 스트라우스는 플라톤과 아리스토텔레스를 분리시킨다. 즉 아리스토텔레스는 최고의 것(the highest)을 지식(knowledge)이나 사유 그 자체(thought itself)와 동일한 것으로 취급하는 반면, 플라톤은 최고의 것이 이 양자의 차이를 초월한다고 간주하며, 사유를 존재와 구분한다고 지적한다. 또한 스트라우스는 플라톤이 최고의 것을 여전히 이데아로 보고 있는지, 아니면 이데아와는 질적으로 구별되는 다른 존재로 보고 있는지가 불분명하다고 지적한다. 마침내 스트라우스는 이러한 이데아에 대한 의문점으로 인해, "최선의 국가가 실현되고 얼마만이라도 그것이 유지되기 위해서는 '좋음'에 대한 인식을 갖춘 인간" 즉 철학자의 존재가 선행되어야 한다고 하면서, 좋음의 이데아와 최선의 국가 관계를 일단락 짓는다(Strauss 1964, 119).

이 결론은 전통적인 해석을 뒤집어 놓은 것이다. 전통적인 해석에 따르면, 철학자는 좋음의 이데아를 전제로 철학적 활동을 전개할 수 있고, 이어서 철학왕의 기획에도 참여할 수 있다. 이와 대조적으로 스트라우스는 최선의 국가뿐 아니라, 좋음의 이데아를 위해서도 철학자가 선행해야 함을 강조한다. 여기서 우리는 스트라우스가 좋음의 이데아와 최선의 국가의 성립 간에는 상당히 큰 간극을 암시하고 있음을 주목해야 한다. 좋음이라는 최고의 것이 이데아인가, 혹은 별도의 어떤 것인지 모르는데 어떻게 그것을 인식할 수 있겠는가. 설령 그런 인식이 가능한 자, 예컨대 철학자가 있다고 하더라도, 그리하여 그가 최선의 국가가 무엇인지 알 수 있다고 하더라도, 그런 최선의 국가를 현실에서 실현할 수 있는지는 여전히 미지수다. 가장 근본적인 문제는 좋음의 이데아를 인식할 수 있는 자는 최선의 국가에서만 길러질 수 있는데, 최선의 국가가 성립할 수 없다는 것이 밝혀졌다면(앞 절에서 밝혀진 바와 같이) 좋음의 이데아도 최선의 국가의 실현도 영영 불가능해진다는 점이다.

이어서 스트라우스는 이데아론에 대한 부정적인 평가를 노골적으로 드러낸다. 즉 스트라우스는 "소크라테스가 그의 대화 상대자들에게 제시한 이데아론(doctrine of idea)은 매우 이해하기 어려워서 그것을 환영(幻影)이라고까지 말할 수는 없지만, 쉽게 믿을 만한 것이 못된다"라고 발언한 것이다. 그 근거로 다음과 같은 내용을 덧붙인다.

> 지금까지 정의는 근본적으로 인간의 영혼 혹은 도시, 즉 자기충족적이지는 않은 어떤 것으로서의 특성이 있는 것으로 이해되었다. 그러나 이제 정의는 마치 자기충족적인 것으로 믿어지기를 요청받고 있다. 마치 정의라는 것이 인간들과 실제로 정의에 참여하는 모든 것과는 다른 곳에 정주해 있는 것처럼…… 따라서 지금까지 아무도 이데아의 원리에 대해서 만족스럽고 확실한 설명을 하지 못했다. 다만 이러한 중대한 난점이 있다고 지적할 수 있을 뿐이다(Strauss 1964, 119).

스트라우스가 여기서 지적하는 것은 4권까지의 로고폴리스에서 얘기해 온 정의와 방금 이데아론이 제시된 후의 정의는 근본적으로 차이가 있다는 것이다. 앞서 언급했듯이, 이데아는 근본적으로 불변의 동일한 특징, 동일한 형상, 동일한 동력, 동일한 본성을 지닌다. 스트라우스는 소크라테스가 '무엇'(what is it)에 대한 질문을 한 것도 이러한 동일성을 추구한 질문으로 본다. 이런 관점에서 이데아는 항상 불변하는 자연 혹은 본성(nature)과 연결된다(Strauss 1964, 120). 이 본성이라는 것은 그것을 포함하고 있는 자연에 존재하는 실물과는 구분되는 것으로, 스트라우스는 바로 이 지점에서 이데아론의 난제가 숨어 있다고 지적한다. 즉 지금까지 제시된 이데아론은 왜 이데아가 그것에 참여함으로써 그것답게 된 실물과 분리되어 존재해야 하는지를 납득시키지 못했다는 것이다. 왜 '개다움'(dog-ness)이 어떤 실물의 개보다도 '진정한 개'인가를 이해하기 어렵다는 것이다.

물론 스트라우스는 『국가』에 제시되어 있는 이데아와 실물의 관계의 이해할 수 있는 경로를 거론한다. 하나는 수학적인 정의(定義)가 이 정의에 참여하는 어떤 실물보다 진정하다(true)는 증거가 될 수 있다는 것이다. 종이에 그려진 어떤 선도 수학적 정의로서의 선분보다 선분다울 수는 없다. 두 번째는 정의 같은 덕은 순수하고 완벽한 것이어서 설령 정의로운 인간이나 정의로운 사회라고 하더라도 결함이 있을 수밖에 없다는 것이다. 가장 정의로운 사람이라도 자신이 정의 자체에는 미달된다는 사실을 가장 잘 알고 있다. 그러나 스트라우스는 이렇게 이데아와 실물의 관계를 이해해 본다고 하더라도, 만일 이데아론을 더 '보편적인 것'으로 확대해 보면 여전히 어려움에 봉착하게 된다고 지적한다. 만일 선분의 이데아와 정의의 이데아가 존재하는 것처럼 침대의 이데아도 존재한다면, 누구도 사용한 적도 없고, 할 수도 없는 이데아로서의 침대가 실물의 침대보다 더 완벽하다고 말할 수 있는지 의문스럽다는 것이다.[26]

플라톤은 왜 이렇게 의문점투성이의 이데아론을 동원해서 정의와 최선의 국가 관계를 설득하려 한 것인가? 스트라우스의 해석이 옳다면, 플라톤의 목적은 글라우콘이 처음에 선호했을 법한 철학이 실코 정치적 야심의 수단으로 변질되어서는 안 된다는 것을 경고하기 위함이다. 이데아론은 여러 의문점을 내포하지만, 적어도 글라우콘의 정치적 야심을 포기시킬 정도로 철학적 매력을 발산하는 데에는 성공했다. 글라우콘과 같은 철학적 성향을 지닌 이에게 의문점 투성이의 이데아론은 오히려 철학적 탐구를 이어갈 동기를 제공한다. 『국가』의 이데아론이 글라우콘의 교육에 초점을 맞추고 있다는 해석이 플라톤의 이데아론을 폄하하는 것은 아니다. 다만, 스트라우스는 이데아론이 갖는 형이상학적 의의와

26 스트라우스는 플라톤 스스로 이데아론의 문제점을 재조명한 『파르메니데스』를 언급하지 않는다. 대신 스트라우스는 이데아론의 이러한 문제에도 불구하고, 글라우콘과 아데이만토스가 너무 쉽게 소크라테스에게 동의했다는 사실을 지적한다. 이와 관련해서 램퍼트는 스트라우스가 세스 베나데트(Seth Benardete)에게 보낸 편지글(1961년 5월 17일)에서 그 실마리를 찾는다(Lampert 2013, 145-146, fn.16).

는 별도로 플라톤이 『국가』에서 의도한 정치철학적 의도를 강조하고 있을 뿐이다.

요약하자면, 스트라우스의 플라톤 해석은 정치철학을 형이상학으로 환원시키는 것을 거부한다. 따라서 『국가』에서 이데아론의 역할은 제한적일 수밖에 없다. 스트라우스는 『국가』에 나타난 이데아론을 형이상학을 중심에 두고 해석하는 대신, 정치철학적 의도를 전달하기 위한 수단으로 한정한다. 이러한 해석은 스트라우스가 플라톤 정치철학을 정치와 철학의 갈등에 정초했기 때문이다. 그럼에도 불구하고 스트라우스는 이데아론의 의의를 완전히 버리지 않았다. 글라우콘이 철학적 삶의 우위를 받아들이게 하는 것은 결국 이데아의 지속적인 탐구를 촉구하는 것이기 때문이다.

V. 결론

필자는 이 장을 통해 스트라우스의 플라톤주의가 스트라우스 자신의 정치철학적 두 테마와 연관되어 있음을 전제로 그의 플라톤주의의 가장 특징적인 요소들을 검토하였다. 스트라우스의 자유주의 비판과 근대성 위기, 그리고 플라톤으로의 회귀를 주장하는 테마는 왜 스트라우스가 적어도 1940년대 말부터 플라톤 정치철학의 '이단적 전도사' 노릇을 자처했는가를 이해할 수 있게 한다. 이 시기 스트라우스는 현대정치에서 플라톤 정치철학을 전면에 내세우며 정치철학의 고유한 기능을 회복하고자 했다. 그러나 20세기 중반 플라톤 정치철학에 대한 이해는 편협한 이미지에 사로잡혀 있었고(예컨대 플라톤은 전체주의자이거나 엘리트주의자라는), 스트라우스의 플라톤주의 역시 기왕의 사고 틀에서 비판받아 왔다. 필자는 스트라우스에 대한 이러한 유형의 비판은 그의 플라톤 해석을 정당하게 평가하는 것이 아님과 동시에 그의 정치철학이 갖는 현대적 유용성도 놓치고 있다는 점을 지적하였다. 플라톤 정치철학의 핵심 가운데 하나가 정치적 이상주의를 경계 내지 경고하는 것이라는 스트라우스의 해석은, 펠로폰네소스 전쟁에서 패하고 획기적인 정치 변혁을 노리고 있었던 아테네에서도, 미소 냉전기에 공산주의에 대항하여 자유주의가 세계를 제패하는 날을 꿈꾸고 있던 20세기 중반의 미국에서도 모두 유의미했고, 진보와 보수로 나뉘어 어느 한쪽의 승리만이 절대 선이라고 믿는 21세기 한국의 상황에서도 의미심장한 시사점을 제공한다.

필자는 또한 스트라우스의 플라톤 해석, 특히 철학의 우위라는 대전제가 이성과 계시의 갈등이라는 그가 서양문명을 바라보는 큰 틀에서 전개되고 있음을 지적하였다. 스트라우스에 따르면, 플라톤은 궁극적으로 철학적 삶의 우위를 지지하지만, 결코 정치에 대한 철학의 지배를 주장할 정도로 순진하지는 않다. 이러한 스트라우스의 해석을 혹자는 그가 정치적 현실주의를 넘어 악의 존재를 정당화하고 칭송하는 증거라고 몰아세우지만(Drury 1988), 스트라우스는 자신도 플라톤도 정치를 상대로 한 철학의 우위만을 주장하는 것이지, 그것이 정치에 대한 철학의 지배를 의도한 것이라고 보기는 어렵다고 말한다. 이는 철인왕에 의한 이상국가의 실현가능성을 부정하는 대목에서도 확인된다. 스트라우스의 플라톤주의가 내세우는 철학의 우위는 삶의 방식으로서의 철학적 삶의 우위를 의미한다. 스트라우스와 플라톤이 공유하는 철학의 개념은 형이상학적 권위를 갖고 정치에 위계적 질서를 부여하는 것과 거리가 멀고, 끊임없이 캐물음을 이어갔던 소크라테스의 탐구적(zetetic) 특징을 갖는다(Smith 2006, 148-149).

철학적 삶과 철학의 우위를 역설하는 스트라우스를 '마키아벨리적' 혹은 '니체주의적' 현실주의자로 규정하는 것은 난센스다. 다만 스트라우스는 철학의 우위를 반드시 모든 사람에게 설득시킬 필요는 없음을 인정한다. 정치공동체가 철학자들로만 구성될 수는 없기 때문이다. 스트라우스는 정치공동체가 정치와는 거리가 먼 철학적 삶을 추구하는 이들, 그리고 이들과는 구분되지만 철학을 동경하며 정치적 이상주의를 자제하는 이들, 그리고 각자 자신이 일을 소명으로 여기고 사는 이들로 구성되는 것이 바람직하다고 여겼다. 이때 이것이 철학자의 이기적인 속내를 드러낸 것인지(Holmes 1993), 공동체를 위해서도 바람직한 것인지(Lampert 2013)는 보는 관점에 따라서 달라질 수 있다.

철학의 우위를 주장하는 스트라우스가 정작 고심하는 부분은 계시와의 대면이다. 중세이슬람 철학은 스트라우스에게 정치화된 계시에 직면해 어떻게 철학을 유지해야 하는가의 단초를 제공했다. 그러나 그것이 이성과 계시의 대립을 근본적으로 해결해 준 것은 아니다. 이성은 계시를 거부하지만, 계시는 이성의 정당화가 필요하지 않기 때문이다. 스트라우스의 플라톤주의는 양자의 화해불가능성을 암묵적으로 인지한다. 그럼에도 불구하고, 스트라우스의 플라톤주의는 플라톤도 스트라우스도 이성을 선택하고 있음을 확인시켜 준다.

스트라우스의 플라톤주의가 이렇게 스트라우스 자신의 정치철학적 테마와 연관되어 있다는 것은 전통적인 패러다임에 속해 있는 학자들이 의심의 눈초리로 바라보는 바와 같이, 스트라우스가 '진정한 플라톤'은 도외시한 채, 자신의 편의에 따라 편파적인 해석을 했다고 볼 여지를 남긴다. 그러나 기본적으로 엄밀한 텍스트 읽기를 기반에 둔 스트라우스의 플라톤주의가 플라톤의 의도를 의도적으로 왜곡했을 가능성은 작다. 오히려 스트라우스의 플라톤주의는 자신의 정치철학적 목표를 대변함과 동시에 플라톤의 의도, 적어도 플라톤의 정치철학적 의도를 일관성 있게 보여 주려는 시도했다. 어떤 플라톤주의가 '진정한' 플라톤주의인가를 논하는 것이 이 장의 목표는 아니었다.[27] 다만 스트라우스의 플라톤주의에 대한 검토는 적어도 플라톤 정치철학 해석의 폭을 넓히고, 정치철학의 본질이 무엇인가를 재고하는 계기가 됐다고 평가한다.

참고문헌

박성우, 2004,「플라톤의『국가』와 철인왕의 패러독스」,『정치사상연구』10집 2호: 111-128.

_____, 2012,「이라크전쟁의 레오스트라우스 책임론에 대한 정치철학적 비판」,『국제지역연구』21권 1호: 155-188.

이상원, 2019,「진리 경험의 역동성과 긴장성: 하이데거의 〈파르메니데스〉에 나타난 플라톤 해석의 정치적 함의」,『한국정치학회보』53집 5호: 31-51.

Allen, Danielle, 2006, "Platonic Quandaries: Recent Scholarship on Plato," *Annual Review of Political Science* 9: 127-141.

Annas, Julia, 1981, *An Introduction to Plato's Republic*, Oxford: Clarendon Press.

Arendt, Hannah, 1990, "Philosophy and Politics," *Social Research* 57: 73-103.

Blitz, Mark, 2010, *Plato's Political Philosophy*, Baltimore: Johns Hopkins University Press.

Blondell, Ruby, 2002, *The Play of Characters of Plato's Dialogues*, Cambridge: Cambridge University Press.

Burnyeat, Myles, 1985, "Sphinx without a Secret," *New York Review of Books*.

Cropsey, Joseph, 1995, *Plato's World: Man's Place in the Cosmos*, Chicago: University of Chicago Press.

Drury, Shadia, 1988, *The Political Ideas of Leo Strauss*, New York: St. Martin's Press.

_____, 1997, *Leo Strauss and the American Right*, New York: St. Martin's Press.

27 전통적으로 플라톤주의의 정통성은 형이상학을 강조해 온 신플라톤주의, 기독교적 플라톤주의가 독점해 온 경향이 있다(Zuckert 1996, 5). 그러나 그것이 과연 '플라톤적'인가는 여전히 의문이다. 형이상학을 중심으로 한 플라톤주의에 대해서는 Heidegger(1962) 참고. 하이데거의 플라톤 해석의 특징을 논구한 국내 연구로 Lee(2018); 이상원(2019) 참고.

Ferrari, G. R. F., 1997, "Strauss's Plato," *Arion: A Journal of Humanities and the Classics* 5(2): 36-65.

______, Ed. 2007, *Cambridge Companion to Plato's Republic*, Cambridge: Cambridge University Press.

Gadamer, Hans-Georg, 1989, *Truth and Method*, Trans. Joel Weinsheimer and Donald G. Marshal, New York: The Continuum Publishing Co.

Griswold, Charles L., 1988, *Platonic Writings/Platonic Readings*, New York: Routledge.

______, 1999, "Platonic Liberalism: Self-Perfection as a Foundation of Political Theory," Ed. J. M. van Ophuijsen, *Plato and Platonism*, Washington, DC: Catholic University of America Press.

Gunnell, John, 1978, "The Myth of the Tradition," *American Political Science Review* 72(1): 122-134.

Hall, Dale, 1977, "The Republic and the Limits of Politics," *Political Theory* 5(3): 293-313.

Heidegger, Martin, 1962, "Plato's Doctrine of the Truth," Trans. John Barlow, In Eds. William Barrett and Henry D. Aiden, *Philosophy in the Twentieth Century: An Anthology*, Volume 3, New York: Random House.

Holmes, Stephen, 1993, *The Anatomy of Antiliberalism*, Cambridge: Harvard University Press.

Howland, Jacob, 2011, *Plato and the Talmud*, New York: Cambridge University Press.

Janssens, David, 2008, *Between Athens and Jerusalem: Philosophy, Prophecy and Politics in Leo Strauss's Early Thought*, Albany: State University of New York Press.

Kahn, Charles H., 1996, *Plato and the Socratic Dialogue: The Philosophical Use of a Literary Form*, Cambridge: Cambridge University Press.

Klosko, George, 1986, "The 'Straussian' Interpretation of Plato's Republic," *History of Political Thought* 7(2): 275-293.

Kraut, Richard, Ed., 1992, *Cambridge Companion to Plato*, Cambridge: Cambridge University Press.

______, 1997, *Plato's Republic: Critical Essays*, *Lanham:* Rowman & Littlefield Publishers.

Lampert, Lawrence, 2010, *How Philosophy became Socratic: A Study of Plato's Protagoras, Charmides and Republic*, Chicago: University of Chicago Press.

______, 2013, *The Endurance Importance of Leo Strauss*, Chicago: University of Chicago

Press.

Meier, Heinrich, 1995, *Carl Schmitt & Leo Strauss: The Hidden Dialogue; Including Strauss's Notes on Schmitt's Concept of the Political & Three Letters from Strauss to Schmitt*, Chicago: University of Chicago Press.

______, 2006, *Leo Strauss and the Theologico-Political Problem*, Trans. Marcus Brainard, Cambridge: Cambridge University Press.

Melzer, Arthur M., 2014, *Philosophy between the Lines: The Lost History of Esoteric Writing*, Chicago: University of Chicago Press.

Monoson, Sara, 2000, *Plato's Democratic Entanglements: Athenian Politics and the Practice of Philosophy*, Princeton: Princeton University Press.

Nehamas, Alexander, 1998, *The Art of Living: Socratic Reflection from Plato to Foucault*, Berkeley: University of California Press.

Norton, Anne, 2004, *Leo Strauss and the Politics of American Empire*, New Haven: Yale University Press.

Ober, Josiah, 1998, *Political Dissent in Democratic Athens: Intellectual Critics of Popular Rule, Martin Classical Lectures*, Princeton: Princeton University Press.

Pangle, Thomas, 2006, *Leo Strauss: An Introduction to His Thought and Intellectual Legacy*, Baltimore: Johns Hopkins University Press.

Pippin, Robert, 1992, "The Modern World of Leo Strauss," *Political Theory* 20(3): 448-472

Plato, 1991, *Republic*, Trans. Allan Bloom, New York: Basic Books.

Popper, Karl, [1945] 1971, *The Open Society and Its Enemies*, Princeton: Princeton University Press.

Reeve, C. D. C., 1988, *Philosopher-Kings: The Argument of Plato's Republic*, Princeton: Princeton University Press.

Robertson, Neil 1999, "Leo Strauss's Platonism," *Animus* 4: 1-10.

Rosen, Stanley, 2005, *Republic*, New York: Yale University Press.

Schmitt, Carl, 1976, *The Concept of the Political*, Trans. George Schwab, New Brunswick: Rutgers University Press.

Schofield, Malcolm, 2006, *Plato: Political Philosophy*, Oxford: Oxford University Press.

Shaw, Beau, 2017, "Ultra-Modern Thoughts: Political Theology in Leo Strauss's Philosophy and Law," History of European Ideas. 43(7): 791-807.

Smith, Steven B., 2006, *Reading Leo Strauss: Politics, Philosophy, Judaism*, Chicago:

University of Chicago Press.

Strauss, Leo, [1936] 1990, "Some Remarks on the Political Science of Maimonides and Farabi by Leo Strauss," Trans. Robert Barlett, *Interpretation* 18. ("Quelques remarques sur la science politique de Maimonide et de Farabi," *Revue des etudes juives* 100).

______, 1937, "On Abravanel's Philosophical Tendency and Political Teaching," Eds. J. B. Trend and H. Loewe, *Isaac Abravanel: Six Lectures*, Cambridge: Cambridge University Press.

______, [1937] 2004, "The Place of the Doctrine of Providence According to Maimonides," Trans. Gabriel Bartlett and Svetozar Minkov, *Review of Metaphysics* 57.

______, 1945, "Farabi's Plato," *Louis Ginzburg: Jubilee Volume*, New York: American Academy for Jewish Research.

______, 1952, *Persecution and the Art of Writing*, Chicago: University of Chicago Press, 1952.

______, 1953, *Natural Right and History*, Chicago: University of Chicago Press.

______, 1959, *What Is Political Philosophy and Other Studies*, Glencoe: The Free Press.

______, 1964, *The City and Man*, Chicago: University of Chicago Press.

______, 1966, *Socrates and Aristophanes*, New York: Basic Books.

______, 1968, *Liberalism: Ancient and Modern*, New York: Basic Books.

______, 1975, *The Argument and Action of Plato's Laws*, Chicago: University of Chicago Press.

______, 1983, *Studies in Platonic Political Philosophy*, Ed. Thomas Pangle, Chicago: University of Chicago Press.

______, 1989a, *An Introduction to Political Philosophy: Ten Essays by Leo Strauss*, Ed. Hilail Gildin, Detroit: Wayne State University Press.

______, 1989b, *The Rebirth of Classical Political Rationalism*, Ed. Thomas Pangle, Chicago: University of Chicago Press.

______, 1995, *Philosophy and Law: Contributions to the Understanding of Maimonides and His Predecessors*, Trans. Eve Adler, Albany: State University of New York Press.

______, 2002, *The Early Writings (1921-32)*, Trans. and Ed. Michael Zank, Albany: State University of New York Press.

______, 2006, "Reason and Revelation," Ed. Heinrich Meier, *Leo Strauss and the*

Theologico-Political Problem, Cambridge: Cambridge University Press.

Tanguay, Daniel, 2007, *Leo Strauss: An Intellectual Biography*, Trans. Christopher Nadon, New Haven: Yale University Press.

Tarcov, Nathan, 1983, "Philosophy and History: Tradition and Interpretation in the Work of Leo Strauss," *Polity* 16(1): 5-29.

______, 1991, "On a Certain Critique of 'Straussianism'," *Review of Politics* 53(1).

______ and Thomas L. Pangle, 1987, "Epilogue: Leo Strauss and the History of Political Philosophy," Eds. Leo Strauss and Joseph Cropsey, *History of Political Philosophy*, Chicago: University of Chicago Press.

Thorson, Thomas Landon, Ed., 1963, *Plato: Totalitarian or Democrat?*, Englewood Cliffs: Prentice-Hall.

Vlastos, George, 1981, *Platonic Studies*, Princeton: Princeton University Press.

______, 1991, *Socrates, Ironist and Moral Philosopher*, Ithaca: Cornell University Press.

Xenos, Nicholas, 2008, *Cloaked in Virtue: Unveiling Leo Strauss and the Rhetoric of American Foreign Policy*, New York: Routledge.

Zuckert, Catherine H., 1996, *Postmodern Platos*, Chicago: University of Chicago Press.

______, 2009, *Plato's Philosophers: The Coherence of the Dialogues*, Chicago: University of Chicago Press.

______, 2009, "Ch. 5. Strauss's Return to Premodern Thought," *The Cambridge Companion to Leo Strauss*, Cambridge: Cambridge University Press, pp. 93-118.

______, 2012, "Is There a 'Straussian' Plato?," *The Review of Politics* 74: 109-126.

______ and Michael Zuckert, 2006, *The Truth about Leo Strauss: Political Philosophy and American Democracy*, Chicago: University of Chicago Press.

3

왜 오크숏은 바벨탑에서 내려와 동굴로 향했는가?

플라톤 정치철학 해석에 비춰 본 오크숏의 합리주의 비판*

김지훈

I. 서론

각 개인이 자유를 맘껏 누리면서도 어떻게 공동체를 구성할 수 있는가? 이 문제는 개인의 자유라는 화두가 본격적으로 개진된 근대 초기 이후 지금까지도 여전히 지속되어 온 논쟁적인 주제다. 마이클 오크숏(Michael Oakeshott, 1901-1990) 역시 이 문제를 고민한 정치철학자이자, 개인적 자율성을 적극적으로 내세운 근대의 옹호자였다. 하지만 오크숏은 여전히 우리에게 다소 낯선 이름의 사상가다.[1] 하지만 오크숏이 사상

* 이 장은 2016년 대한민국 교육부와 한국연구재단의 지원을 받아 수행된 연구이며(NRF-2016S1A3A2924409), 『21세기정치학회보』 30(3)(2020)에 수록된 내용을 일부 수정보완한 것이다.

1 2012년 11월 9일, 10일 양일간 아산정책연구원에서 '마이클 오크숏의 냉전자유주의'라는 주제로 열린 회의 내용을 바탕으로 출간된 영문 단행본에서 김성문은 "오크숏이 내세웠던 정치이론이 영미 정치이론가들에게조차 한동안 주목빋

적 차원에서든 현실적 차원에서든 중요한 문제제기를 하고 있다는 점은 오늘날 폭넓게 받아들여지고 있다.[2] 오크숏에 따르면, 자유를 향유하는 독립적인(autonomous) 개인은 모든 굴레를 거부하는 방종 상태에 있지 않다. 오히려 개인은 사회 내에서 이미 존재하는 도덕적 규칙을 따르는, 자신이 행할 수 있는 한계를 아는 존재다. 이에 오크숏은 이러한 개인을 스스로를 규제하는(self-enacting) 독립적인 존재라고 규정한다. 그런데 개인의 자율성을 내세우는 소위 자유주의 사상가들과는 달리 오크숏은 이러한 인간상을 우리가 지금 마주하는 유일한 존재로 여기지 않는다. 오히려 개인화되는 역사적 흐름 속에서 반대 급부로 나타난, 개인화를 거부한 사람들(individual manqué)이 있음을 내세웠다. 이들은 여전히 과거 공동체적 유대를 그리워하며, 종종 반개인주의적인(anti-individual) 성향을 보인다. 이들은 개인이 스스로 삶을 개척해 나가는 모험보다는 서로간의 '다름'을 거부하고 안정적으로 삶을 영위할 수 있는 공동체적 지침을 추구한다.[3] 이렇게 삶의 다른 지향점을 품고 있는 개인들이 어떻게

지 못한 점을 미루어 볼 때, 오크숏 이론이 동아시아 학계에 (알려진 바가 전혀 없지 않다면) 상대적으로 덜 알려진 현 상황은 어찌 보면 당연한 일"이라고 밝히기도 했다(Nardin 2015b, 153). 이후 오크숏의 저서 원본의 번역은 모두 필자가 했음을 밝혀 둔다. 이 장에서 오크숏의 저서를 소개할 때 사용하는 약자는 참고문헌에 밝혀 두었다.

2 최근 국내 학계에서도 오크숏에 대해 더 폭넓은 논의가 필요하다는 일부 연구자들의 목소리가 있었다. 오크숏이 어떤 입장을 견지했는지 정식화된 언어로 규정하기 어려움에도 불구하고, 여전히 그가 의미 있는 (정치)사상적 문제제기를 하고 있다는 공감대가 형성된 것이다. 관련해서 김비환(2006; 2012), 이상원(2007), 김성호(2008)의 연구를 참고할 수 있다. 서구와 동양 학계 간 이러한 공감대 속에서 공동연구 역시 지속적으로 이뤄지고 있다. 예를 들어, Nardin(2015a)의 편집서를 참고할 수 있다.

3 이와 같은 오크숏의 입장을 두고 Neill(2015)은 오크숏이 현실 정치에서는 물론 철학적 차원에서도 다원주의(pluralism)를 내세웠다고 평가했다. 하지만 이

한 공동체 내에서 함께 지낼 수 있을까?

이러한 정치철학적 문제를 다뤘던 오크숏은 점차 20세기 중요한 정치철학자로 인정받고 있으며, 우리에게 더 잘 알려진 당대 사상가인 레오 스트라우스, 한나 아렌트(Hannah Arendt), 칼 포퍼 등과 직·간접적으로 영향을 주고받았던 점이 최근 연구들을 통해 밝혀지고 있다.[4] 그러나 오크숏이 어떠한 사상가로 자리매김할지에 대해서는 여전히 논쟁적이다. 합리주의(rationalism)를 두고 경계의 목소리를 내던 당시 지적 담론에서 오크숏 역시 중요한 역할을 담당했음은 공통적으로 인정하지만, 구체적으로 그가 무엇을 문제시했는지, 그리고 이에 대해 어떠한 해결책을 제시하고 있는지를 두고 여전히 입장이 엇갈리고 있다.

그동안 오크숏이 어떠한 정치철학적 입장을 견지했는지를 밝히려는 기존 연구는 주로 두 가지 차원에서 이뤄졌다. 그중 하나는 오크숏을 '철학자'로 보는 관점으로, 이러한 입장을 견지하는 학자들은 오크숏이 정치나 도덕 영역 문제를 중점적으로 탐구하지 않았고, 노년에 접어들면서 저술 몇 가지만을 남겼다고 주장했다. 그리고 이러한 후기 저작에서 도덕적 '상대주의' 입장을 대변한다고 밝혔다(O'Sullivan 2003; Nardin 2014). 이러한 입장과는 달리 오크숏을 '정치사상가'로 보는 관점으로 그가 초기 저작부터 정치적·도덕적 문제를 중심 탐구 대상으로 두

러한 평가와는 달리 오크숏은 상당히 일관적인 철학적인 입장을 내세우고 있음을 이 장에서 후술하고자 한다.

4 이와 관련해서는 각각 Alexander(2012a), Jacobs and Tregenza(2014), Mcilwain(2019)을 참고할 수 있다. 오크숏이 다른 20세기 정치철학자들과 어떤 문제의식을 공유했고, 어떤 점에서 차이를 보였는지와 관련해서는 다음 연구들을 참고할 수 있다. Franco 1990; Mewes 1992; McIntyre 2010; Neill 2013.

었으며, 이에 따라 하나의 일관적인 이론을 제시했다고 보는 학자들이 있다. 즉, 오크숏이 초기에 개진했던 형이상학적인 탐구가 이후 정치나 도덕을 다루는 저술들과 하나의 큰 체계를 구성하고 있다는 입장이다(MacIntyre 2004; 김비환 2012). 후자의 입장을 견지하는 학자들 내에서는 오크숏이 어떠한 정치적 이념을 내세웠는지를 두고 의견을 달리한다. 일반적으로 전통을 강조했던 오크숏을 보수주의자로 보던 초기 학자들과는 달리, 오크숏이 개인성에 상당한 방점을 두었던 점에 주목하는 최근 연구자들은 그가 자유주의자에 가깝다고 평가한다. 이렇게 다양한 면모를 보이는 오크숏을 두고 일부 학자는 그가 시기에 따라 다른 정치적 입장을 내세웠다고 주장하기도 한다.[5]

이렇게 엇갈리는 평가들 속에서 우리는 만약 오크숏이 진정한 '정치철학자'라면 필수적으로 규명되어야 할 문제에 직면한다. 과연 그는 정치철학적 문제에 대해 어떤 규범적 처방을 저술에 담아내고 있는가, 혹 담고 있다면 이는 충분히 설득력이 있는가 하는 점이다. 이 물음에 답하기 위해 이 장은 기존 연구와는 달리 오크숏이 문제시했던 당대 합리주의를 고대정치철학, 특히 플라톤 정치철학을 해석하면서 좀 더 수월하게 비판할 수 있음을 보여 줄 것이다. 그렇게 해석한 내용을 토대로 자신의 정치철학적 입장을 개진했음을 보이고자 한다.

이러한 연구 방향성은 오크숏이 플라톤을 어떻게 해석했는지에 대한 관심도가 적었던 기존 연구 경향을 살펴본다면 다소 의외일 수 있다. 실제로 오크숏은 고대(정치)철학을 전면적으로 다루는 어떠한 저서

5 오크숏을 보수주의자로 보는 입장과 관련해서는 Devigne(1994)를, 자유주의자로 보는 입장과 관련해서는 Franco(1990)를 참고할 수 있다. 오크숏의 정치적 입장이 시기에 따라 변화였다고 보는 견해와 관련해서는 Lessnoff(1999)를 참고할 수 있다.

도 남기지 않았다. 이에 그동안 학자들이 홉스나 헤겔 등 오크숏이 명시적으로 다룬 사상가들에 대한 해석에 주목한 반면, 그가 플라톤을 어떻게 바라보았는지는 크게 관심을 두지 않았던 경향은 당연한 결과다. 그러나 오크숏이 남긴 노트나 강의 자료를 살펴보면, 그가 본격적인 저술활동을 하기 이전에 고대 사상가들, 특히 플라톤의 저작을 상당히 세세히 검토했으며, 이후 저술 곳곳에서 그 내용을 담아두었음을 확인할 수 있다.[6] 또한 직접적으로 오크숏은 자신과 플라톤 간 견해의 차이를 인지하는 점이 중요하다고 밝힌 바 있다.[7] 이에 캔드레바(Candreva 2005)나 코스(Kos 2008)를 등 일부 연구자들은 오크숏이 플라톤을 어떻게 바라보았는지에 점차 주목하고 있다. 플라톤이란 철학자가 오크숏이 나누었던 철학적 '대화 상대' 중 중요한 위치를 차지했다는 일종의 공감대가 형성된 것이다. 하지만 그동안은 오크숏이 플라톤에 대해 부정과 긍정을 모두 포함한 양가적인 입장을 보였다는 일차원적인 논의 이외에 구체적으로 오크숏이 왜 플라톤에 주목하였고, 이를 통해 어떠한 메시지를 전하고자 했는지는 밝혀지지 않았다. 이 장에서는 오크숏이 어떠한 논의 맥락 속에서 플라톤 정치철학에 주목했는지를 규명하고, 이를 통해 그가 제시하고자 했던 정치철학적 입장은 무엇이었는지를 살펴보고자 한다. 구체적으로 이 장은 다음 물음에서 그의 논의를 다뤄보고자 한다. 왜 마이클 오크숏은 '동굴 안'에서 철학 저서를 저술했는가? 이 질문은 스미

6 일례로 홉스의 저자 『리바이어던』 서문을 작성하며 오크숏은 플라톤의 대화편 구절("We are discussing no trivial subject, but how a man should live", 『국가』 352D)을 인용한다. 오크숏이 출판한 전제 저작에 대한 지형은 Norman(1993)을 참고할 수 있다. 오크숏이 남긴 메모와 강의 기록과 관련해서는 *Lectures in the History of Political Thought* (이하 LHPT, 2006)를 참고할 수 있다.

7 *On Human Conduct*(이하 OHC, 1975), p. 27.

스(Smith 2012, 149)가 그의 저서 말미에서 제기했던 것처럼 오크숏의 저술 활동이 구체적으로 어떤 의미를 지니고 있는지를 묻는 것이다. 스미스는 오크숏의 저작이 동굴 안에서 저술된, 근본적으로 철학 저서라고 정의한다. 필자는 이러한 정의가 타당한지를 되짚고, 한편으로 만약에 그렇다면 왜 오크숏은 동굴 안에서 저술했는지 질문하고자 한다.[8]

이를 위해 필자는 오크숏이 지적했던 문제 상황을 먼저 제시하고, 그가 이 문제를 어떻게 다뤘는지를 알아보기 위해 그의 지적 여정을 살펴본 뒤, 이 모든 논의에 기초가 되는 오크숏의 정치철학적 입장이 무엇이었는지를 고찰하는 방식으로 구성하고자 한다. 그리고 이를 위해 오크숏의 저작을 「바벨탑 이야기(The Tower of Babel)」(1979), 『인간 행동에 관하여(*On Human Conduct*)』(이하 OHC, 1975), 「인류가 나누는 대화 속 시적 음성(The Voice of Poetry in the Conversation of Mankind)」(1959)의 순서로, 즉 출간 연도 역순으로 살펴볼 것을 제안한다. 이렇게 역순으로 오크숏의 문제의식을 살펴보고, 그의 해결책을 규명하고자 하는 데에는 크게 두 가지 전제가 내포되어 있다. 첫째, 오크숏은 삶의 여정 동안 비교적 동일한 문제의식을 품고 있었다는 것이다.[9] 둘째, 사상가는 기본적으로 다음의 순서로 저술활동을 한다는 관점에 따른다는 것이다. 사상가는

8 이러한 점에서 이 장은 플라톤이 왜 대화편을 저술했는가에 대한 답을 찾고자 했던 Allen(2010)의 연구 질문과 맥을 같이한다. 해당 저서에서 앨런은 플라톤이 대화편 저술을 통해 '사회적 영향력'을 행사하려는 목적이 있었음을 주장했다. 앨런의 시도처럼 저자의 저술 목적을 염두에 두고 정치철학 저서를 독해하는 것이 중요함은 오크숏 역시 지적했던 바다.

9 그동안 다수의 연구자는 오크숏이 관심 영역에 따라 자신의 논의를 개별적으로 개진했다고 하거나, 시간에 지남에 따라 생각이 변화했다고 하거나, 혹은 오크숏의 문체적 난해함을 거론하며 그의 사상을 정립하기 어렵다고 지적했다(Podoksik 2012; Nardin 2015b).

형이상학적 전제 혹은 논의 틀을 정립하고, 이를 기초로 하여 자신이 다루고자 했던 문제의 해결 방안을 제시하며, 이러한 노력에도 불구하고 지속되는 어떠한 문제적 상황을 좀 더 구체적으로 설명한다.[10]

II. 바벨탑에서 내려오기: (정치적) 합리주의 비판

오크숏이 바벨탑 이야기를 통해 자신이 염두에 둔 정치철학적인 문제를 전하고자 했음은 비교적 명백해 보인다. 이 글은 1948년 『케임브리지 저널(*Cambridge Journal*)』에 처음 실렸다. 이후 자신이 편집한 저서인 『정치 영역에서 이루어지는 합리주의(*Rationalism in Politics*)』(이하 RP, 1962)에 해당 글을 마지막에서 두 번째 장으로 구성했다.[11] 여기서 오크숏은 도덕적 삶(moral life)이 무엇인지를 밝히며, 이는 어떻게 영위될 수 있는지 논한다. 오크숏에 따르면 "우리의 도덕성은 양극단에 있는 두 이상

---

10 이러한 입장을 총체적으로 규명하는 데에는 더욱 큰 노력이 필요하겠지만, 적어도 오크숏 자신과 그가 정치사상사 내에서 염두에 두었던 정치철학자인 홉스의 경우 비교적 같은 경로로 저술 활동을 했다고 볼 수 있다. 오크숏이 따로 연구서를 낼만큼 관심을 가졌던 홉스의 경우, 형이상학적 전제를 다루는 저서인 『법의 원리(*Elements of Law*)』(1640) 이후, 국가의 수립과 통치성을 다루는 『리바이어던(*Leviathan*)』(1651)을 출판했고, 말년에 당시 영국 내전상황을 서술한 『비히모스(*Behemoth or Long Parliament*)』(1670)를 썼다. 오크숏이 홉스를 어떻게 이해했는지를 다룬 연구로는 Gerencser(2000)와 Tregenza(2003)를 참고할 수 있다.

11 저서의 마지막 장은 필자가 가장 마지막에 다룰 글인 「인류가 나누는 대화 속 시적 음성」이다. 해당 글은 초판이 발간된 이후에 발표한 저술들을 포함하여 1991년에 2판이 나왔다. 오크숏은 재판에 덧붙이는 별다른 서문을 쓰지 않았고, 구성에도 큰 변화를 주지 않았다.

(理想)이 혼합된 형태로 나타난다". 즉, 도덕적 행위란 연민이나 애착 등 감정이 아니면 사색(思索) 등 이성적 판단이란 서로 다른 원리에서 나올 수 있는 행동이다. 그러나 이러한 모든 원리는 본래 가지고 태어난 것이 아닌 교육을 통해 습득된 것이라고 오크숏은 주장한다. 하지만 전자의 경우에는 언어처럼 삶을 영위해 가면서 주변을 통해 자연스럽게 배우는 반면, 후자의 경우에는 철저한 학습을 통해서만 구할 수 있다. 이에 후자의 경우 모든 사람이 이러한 도덕성을 구하는 것이 아닌 '철학자'나 '스스로 분석하는 사람'만이 가능하다(RP, 467-468, 470, 474-475).

여기서 오크숏은 양자에 동일한 가치부여를 하지 않는다. 자연스럽게 감정적으로 도덕성을 체득한 사람의 경우 어떠한 변화에 따라 자신의 행위 원칙을 유연하게 바꿀 수 있는 반면, 이성적 판단을 통해 도덕성을 수립한 사람은 자신의 판단과 다른 행위가 요구되었을 때 완고하게 자신의 입장을 변호하며 고집한다는 것이다. 이에 전자가 우위를 차지하는 개인이나 사회의 경우 비교적 안정적인 상태에서 삶을 영위할 수 있는 반면, 후자가 우위를 차지하는 경우 늘 갈등상태에 놓인다는 주장을 펼친다. 그리고 서구 도덕성이 위기에 놓인 것은 이성적 판단에 따라 도덕적 이상(理想)을 추구하는 목소리가 더욱 크게 자리 잡게 되었고, 사람들이 이를 더욱더 원하는 상황에 기인한다고 판단한다(RP, 470, 473, 477-478, 487).

세월이 흐른 뒤 오크숏은 이러한 바벨탑 이야기를 전면적으로 수정하여 1979년 10월 옥스퍼드대학에서 발표했다. 전체적인 내용에는 큰 변화가 없었으나, 다양한 시기와 장소에서 달리 전해져 온 바벨탑 이야기가 추가로 담겨 있다. 이렇게 수정 및 보강한 오크숏의 의도를 추정해 보자면, 저널에 제출할 논문에는 분량 제약상 누락했던 부분을 이후 형식에 얽매이지 않고 발표할 때에는 좀 더 포괄적으로 이야기할 수 있었을 거라 생각한다. 또 다른 측면으로는 이야기를 더 구체적으로 전달해서 청중의 이해를 높이고자 했을 것이다. 하지만 이러한 다소간의 차이에서 시선을 돌려 우리가 더 주목해야 할 부분은 따로 있다고 생각한다. 바로 오크숏이 이 주제에 대해 처음 글을 쓰고 약 30년이 지난 후에도 동일한 이야기를 통해 자신의 문제의식을 전달하고자 했다는 점이다. 이러한 점은 바벨탑 이야기 속에 오크숏이 문제시했던 내용이 담겨 있음을 재차 확인시켜 주지만, 한편으로는 자신이 제기했던 문제가 여전히 충분히 전달되지 않음을 오크숏 자신이 체감했음을 보여 준다.[12]

오크숏은 자신이 소개하는 바벨탑 이야기가 인간이 늘 놓일 수밖에 없는 곤경을 보여 준다고 말한다. 그와 같은 곤경을 겪는 이유로 오크숏은 인간이 현재 지상에서 누릴 수 있는 많은 즐거움을 뒤로하고, 욕구를 끊임없이 추구하며, 이를 만족시키고자 하는 강한 충동에 휩싸여 있기 때문이라고 설명한다. 오크숏은 바벨탑 이야기가 그 이야기가 선해지는 시기와 장소에 따라 등장인물과 내용이 미묘하게 조금씩 다르지만, 이야기 전체를 통하는 줄거리에는 큰 차이가 없다고 전한다. 바벨탑 이야기는 인간이 스스로가 추구했던 탐욕에 따라 응당 받아야 했던 천벌에 관한 이야기다(OHC, 179-180, 191).[13]

---

12 오크숏의 사후에 『역사에 관하여를 비롯한 다른 소론들(*On History and Other Essays*)』(이하 OH, 1999)을 편집하고 출간했던 티머시 풀러(Timothy Fuller)가 남긴 서문을 통해서 이러한 상황을 짐작해 볼 수 있다. 풀러는 1979년 10월 옥스퍼드대학에서 오크숏이 바벨탑 이야기를 주제로 강연할 때, 여기의 청중 다수는 다소 혼란스러워 했고, 당일 강연을 통해 무엇을 얻어 가야 하는지 어려워 했다고 회고했다(OH, Foreword).

13 여기서 오크숏은 특정한 시대나 시기로 구획되지 않는 인간사를 얘기하는 듯하다. 이어 살펴보겠지만 '바벨탑 이야기'를 전하며 오크숏이 비판의 대상으로 삼은 것은 특정 시대에 나타난 합리주의라기보다는 인간이 스스로 설정하는 합리주의 그 자체에 있는 듯하다. Tseng(2003)의 연구는 이러한 관점을 공유한다. 이렇게 인류 전반에 걸쳐 드러나는 문제를 염두에 두고 있지만, 오크

이야기의 줄거리를 요약하면 다음과 같다. 바벨탑 이야기에서 주인공으로 등장하는 니므롯은 자신의 욕구에 따라 행동하는 방탕한 인물이다. 그를 따르는 바벨(Babel) 도시 거주민들 역시 자신이 현재 소유하고 누리는 것에 불만을 느끼며, 더 많은 것을 취하고자 하는 욕망에 가득 찬 사람들이다. 이들이 추구하는 욕구는 셀 수 없이 많고, 여기에 어떤 한계를 정해 줄 사람도, 그 기준도 찾아볼 수 없었다. 이러한 모습을 두고 오크숏은 바벨을 '자유의 도시'(City of Freedom)이자 모든 제약에서 벗어나 상상할 수 있는 모든 것을 추구할 수 있는 곳으로 칭한다(OHC, 191). 하지만 니므롯을 포함한 바벨 사람들은 어렴풋하게나마 자신의 선조들이 신(God)이 분노하여 내린 홍수 때문에 겪은 고난에 대해 알고 있었다. 당장은 자신들이 어느 정도 괜찮은 삶을 누리고 있지만 언제 닥칠지 모르는 위험요소를 사전에 제거하기로 마음을 모았다. 이에 홍수를 내렸던 하늘에 닿을 만한 높은 탑을 쌓기로 결의했다. 자신들의 손으로 스스로 하늘을 떠받쳐 홍수를 막아내겠다는 생각과 함께, 더 나아가 하늘에 있는 신에게 위협을 가하겠다는 마음을 품은 것이다.

이러한 상황에 대해 오크숏은 바벨 사람들이 신과 자연(Nature)을 굴복시켜 자신의 야망을 이루는 데 걸림돌을 없애겠다는 하나의 (허황한) 이상을 추구하는 노예가 스스로 되었다고 평가한다(OHC, 185). 여기서 오크숏은 과거 알렉산더 대왕인 필립이 과도한 정복 목표를 선언했을 때, "필립, 당신이 언젠가는 죽는 존재라는 것을 기억하라"라며 경고했던 인물이 니므롯 주변에 없었다는 점을 추가로 지적한다. 오히려 바

숏이 제안하는 해결 방식은 장소와 시간에 상당히 한정적이었다고 평가 내리며, 오크숏이 헤겔식의 역사주의(historicism) 아래 있다고 보는 관점이 있다. 이에 대해서는 Covell(1986, 93-143)을 참고할 수 있다.

벨 사람들은 니므롯의 제안을 적극 따랐다. 그들 모두에게는 욕구 추구를 제한할 수 있는 요소가 동일하게 '결여되어' 있었다. 자신들의 마음을 고쳐먹거나 욕구를 줄이는 대신, 오히려 이들은 욕구를 맘껏 채울 수 있는 '다른 방법'에 몰두했다. 이러한 도시 분위기를 전하며 오크숏은 이들이 더 이상 각자의 목표를 추구하는 개별자(individual)가 아니라 하나의 공통된 목적을 추구하는 공동 정체성을 얻었다고 평가한다. 다양한 욕구들을 향유하던 사람들이 이제는 하늘에 이르겠다는 하나의 욕구만을 갖게 된 것이다(OHC, 195-197, 202).

글의 초반부에 오크숏은 바벨탑을 쌓아서 하늘에 이르겠다는 계획은 신의 처벌에 따라 실패로 돌아갔다고 전했다. 니므롯의 사촌 형인 신실한 아브라함은 니므롯과 바벨 도시 사람들이 죄를 범하고 있다고 여겨, 신에게 기도하여 바벨탑을 쌓고 있는 사람들에게 벌을 내려 달라고 부탁했다. 구체적으로 아브라함은 그들에게 서로 다른 언어를 갖게 해 대화할 수 없도록 하여, 탑을 완성시키지 못하게 해 달라고 요청했다. 이를 받아들인 신은 천사들을 지상으로 내려보내 아브라함의 요청처럼 이뤄지도록 명령했다. 이제 대화를 나눌 수 없게 된 바벨 사람들은 혼란에 빠져 지상 여러 곳으로 흩어졌다. 이에 본래 '자유의 도시'라는 명칭을 얻었던 바벨은 '혼란의 도시'라는 역사적 의미를 갖게 되었다(OHC, 186).

오크숏이 글을 마치며 전하는 바벨탑 이야기는 이보다 더 비극적으로 끝난다. 여기서는 바벨을 비극으로 몰아넣은 것이 신의 처벌이 아니라 바벨 사람들 각자의 욕심과 이에 따른 불신이었다는 점이 더 부각되고 있다. 바벨 사람들은 바벨탑이 점차 완성되어 가는 것을 보면서 기뻐하기보다는, 혹시 니므롯과 탑을 짓는 일부 사람들만이 하늘에 있는 사람들과 대화를 나누고 있는 것을 아닐까 의문을 품었다. 또한 그들이 자신을 소외시키고 하늘의 영원함을 누리는 것은 아닐까 의심했다. 이에 니므롯의 행적을 관찰하던 사람들은 어느 날 니므롯이 보이지 않자 분안함을 감추지 못하고 모두 바벨탑 아래로 모여들었다. 그리고 이들은 니므롯이 자신을 두고 혼자 이득을 취하고자 떠나지 않을까 하는 시기심에 모두 바벨탑을 오르기 시작했다. 그런데 가장 빨리 탑 계단을 오르던 사람들이 니므롯을 발견했을 때, 탑은 이 많은 사람이 함께 서 있는 무게를 견디지 못했고 무너지기 시작했다. 결국 누구도 이 사고에서 벗어날 수 없었고, '낙원'에 이르기 위해 고안되었던 곳은 이제 모든 사람들이 잠들게 된 '무덤'이 되었다(OHC, 209-210).

바벨탑 이야기를 통해 오크숏이 전하고자 한 것은 비교적 명확해 보인다. 신과 자연에 맞서 인간이 설정한 이상을 이룩하고자 하는 합리주의에 경도된 오만한 태도를 경계하라는 내용이다. 이 점은 이미 다수의 기존 연구에서도 지적되었다. 오크숏이 합리주의, 특히 정치 영역에서 이뤄지는 합리주의를 끊임없이 비판했다는 것이다.[14] 실제로 편집서 『정치 영역에서 이뤄지는 합리주의』에 실은 동일한 제목의 글에서 오크숏은 오늘날 거의 모든 정치 활동이 합리주의자 혹은 합리주의에 매우 심취된 사람에 의해 이뤄지고 있다고 평가하며 이를 문제시했다.

오크숏이 정의하는 합리주의자의 성향과 태도는 비교적 일관적이다. 합리주의자는 모든 경우에 있어서 '이성'(reason)의 판단이 관습 등

14 이와 관련해서 다수의 연구가 있지만, Ilodigwe(2017), Tseng(2013), Laursen(2005), Franco(1990) 등을 참고할 수 있다. 기존 연구에서는 오크숏이 정치적 합리주의를 비판한다고 공통적으로 지적하지만, 그가 비판하는 합리주의의 범위가 어디까지를 포괄하는지에 대해서는 의견이 엇갈린다. 오크숏은 자신이 다루고자 하는 합리주의가 '근대적 합리주의'임을 명시하지만, 그 원천이 근대에 있다고 단정하지는 않았다(RP, 1; OHC, 15, 11). 다음 절에서 더 논의하겠지만, 이 장은 오크숏 자신이 다루고자 했던 문제가 어느 특정 시대에 한정되는 것은 아니었으며, 다만 그 문제에 대한 대처가 시대적 상황에 따라 달라질 수 있다고 하는 '역사적' 관점을 취했던 것으로 본다.

다른 어떤 판단 기준보다 우월함을 주장한다. 이에 그는 어떠한 의견이나 신념도 그대로 받아들이지 않고 자신의 '이성'을 통해 판단하고자 하는 회의적인 태도를 지닌다. 한편으로 그는 누구보다도 낙관적인데, 자신이 어떠한 가치나 진실을 재단하거나 행위의 올바름 여부를 판단할 때 수단으로 삼고 있는 '이성'의 힘이 무엇보다 강함을 의심하지 않기 때문이다(RP, 1-2). 이렇게 '이성'의 힘을 전혀 의심하지 않는 합리주의자는 인간이 이성을 활용하면 정치 영역에서도 확실한 지침을 세울 수 있다고 믿는다. 그러나 오크숏은 이러한 합리주의자의 믿음과는 달리 정치 영역은 합리주의적 방식만으로는 그 영역에서 일어나는 문제를 해결할 방법을 찾기 가장 어려운 분야임을 지적한다. 정치 영역에서는 합리주의자가 간과하는 전통이 살아 숨 쉬는 한편, 합리적으로 예측하기 어려운 일시적인 상황이 항시 나타나기 때문이다. 이러한 정치 영역의 특성을 간과하고 합리주의자는 정치 영역을 마치 통제가능한 공학(engineering) 영역처럼 여기고 있다고 오크숏은 비판한다. 합리주의자는 경험적으로 얻어지는 실용적 지식(practical knowledge)을 제쳐두고, 이성을 통해 얻은 전문적 지식(technical knowledge)을 유일하고 확실한 지식이라 여기는 오류를 범한다는 것이다.[15]

하지만 오크숏은 합리주의자의 믿음은 정치 영역의 특수성을 간과

15 오크숏은 모든 인간 활동에 적용되는 지식에는 두 가지 종류가 있다고 밝힌다. 하나는 전문적 지식(technical knowledge)이고, 다른 하나는 실용적 지식(practical knowledge)이다. 전문적 지식은 어떤 현상에서 규칙을 찾아내는 흔히 말하는 이론적 지식이며, 실용적 지식은 실제 개별 행위가 이뤄지면서 취득할 수 있는 실천적 지식이라 볼 수 있다. 오크숏은 인간이 어떤 구체적인 행위를 할 때 두 종류의 지식이 모두 동원되어야 한다고 말한다. 하지만 합리주의자는 실용적 지식을 지식이라 여기지 않고, 지식은 모두 전문적 지식이라고 주장한다(RP, 7-10).

한 근거 없는 믿음(myth), 혹은 환상(illusion)에 불과하다고 평가한다(RP, 3-6, 11-2). 이 합리주의자는 자신이 지닌 이성의 한계를 인식하거나 혹은 인정하지 못하고 있는 것이다. 오히려 그는 과도한 야망을 품고 자신이 구한 전문지식을 실제 현실에 반영하려고 시도한다. 오크숏은 이렇게 행동하는 합리주의자가 어떠한 최후를 맞는지를 보여 주고자 했다. 나아가 오크숏은 조언자 역할을 할 현인(賢人)이 니므롯 옆에는 물론 바벨 전체에서도 부재했음을 알려주고자 했던 것으로 보인다. 그렇다면 오크숏은 이 역할을 누가 맡을 수 있다고 여겼을까? 자연스럽게 우리는 이 사람이 정치철학자라고, 혹은 철학자이지만 사회와 정치 문제를 소홀히 하지 않는 사람이라 떠올려 볼 수 있다.

그런데 오크숏이 글을 마치며 전했던 더 비극적인 결말로 이어진 바벨탑 이야기를 상기한다면, 이러한 정치철학자가 도시 내에 존재한다고 하더라도 과연 도시 내 사람들이 그의 조언을 따를지 의문을 제기해 볼 수 있다. 이야기에서 살펴보았듯, 이미 바벨 사람들은 각자의 생각에 몰두해 있었고 무언가 다른 행동을 하거나 다른 목소리를 내는 사람을 불신했다. 만약 정치철학자가 이들의 신념과는 다른 조언을 한다면, 그는 사태를 진정시키기보다는 오히려 의심스러운 사람으로 비쳤을 것이다. 정치철학자가 겪을 이러한 처지는 플라톤이 대화편 『국가』에서 그리고 있는 동굴 밖에서 진리를 경험하고 내려온 철학자가 동굴 속 사람들에게 당하는 수모, 혹은 위기와 크게 다르지 않아 보인다. 흥미롭게도 오크숏은 자신의 철학적·정치적 논의를 가장 체계적으로 정리한 저작으로 알려진 『인간 행동에 관하여』에서 『국가』 대화편에서 등장하는 동굴의 우화를 가져오며, 이러한 정치철학자의 상황을 언급하고 있다. 이에 다음 절에서는 오크숏이 어떠한 논의 속에서 동굴의 우화를 언급했으며, 이를 통해 그가 플라톤 정치철학을 어떻게 이해하고 있었는지 고찰해 볼 것이다.

III. 바벨탑에서 내려와 동굴로: 플라톤 정치철학에 대한 오크숏의 해석

앞 절에서 우리는 인간이 '이성'(reason)을 추구한다고 하면서 그 목표를 과도하게 설정하는 '행동'(behavior)을 오크숏이 비판했음을 살펴보았다. 그렇다면 인간은 '이성'을 통해 무엇을 추구해야 할까? 혹은 무엇을 추구할 수 있을까? 이에 대해 오크숏은 인간이 무언가를 탐구하는 이유는 어떠한 대상에 대한 완벽한 이해에 도달하기 위함이 아니라고 단언한다. 우리가 그러한 노력을 기울이는 이유는 단지 이 세상에서 설명되지 못했던 부분들을 줄여 나아가는 데 그 목적이 있다는 것이다. 다시 말하면, 오크숏은 이러한 "이해(understanding)의 증진 과정을 비판적 탐구(critical inquiry)"라 칭하며, 이는 우리가 이미 알고 있는 것에서 시작한다고 전제한다.[16] 우리가 무언가에 대해 이미 가진 '판단'(verdict), 즉 '사실'(fact)이라고 부르는 것에서 시작한다는 것이다. 더 구체적으로, 오크숏의 인식론적 전제 속에서 우리가 알고 있는 '사실'이란 어떤 대상에 대한 최종적인 판단이어서 더 이상의 논의를 불필요하게 하는 내용이 아니다. 오히려 그 대상에 대한 탐구를 '지속하게'(going-on) 하는 기반이라 볼 수 있다. 이러한 전제에 따라 오크숏이 정의하는 이해의 증진이란 "절대 그 최종 도달점을 물어서는 안 되는" 계속해서 이어지는 비판적 활동인 것이다(OHC, 1-2).

오크숏은 모든 인간이 이러한 비판적 탐구를 한다고 여기지 않

16 오크숏은 이해한다는 것을 "인식가능한 대상에 대해 조금 알고 있는 상태로, 관찰한 대상이 사고(thought)로 전환되고, 대상들 간 유사함과 차이점을 기억하고 구분함으로써 우리가 대상을 식별할 수 있는 세계에 살게 되는 때"로 정의한다(OHC, 3).

는다. 이에 실제로 이러한 활동을 하는 사람을 두고 오크숏은 '이론가'(theorist)라 칭한다. 이 이론가는 자신이 어떠한 것도 최종적으로 알기 어려운 상황에 놓여 있음에도 불구하고, 끊임없이 이 인식론적 '감옥'에서 벗어나기를 원한다. 이때 감옥에서 벗어나기 위해 이론가가 할 수 있는 일은 어떠한 대상에 대한 절대적 이해를 추구하기보다는, '사실'이 기반하고 있는 '전제'(postulate), '조건'(conditionality), 혹은 '가정'(assumption)을 명확히 밝히는 데에 있다(OHC, 8-9). 즉, 이론가는 이해의 확장을 가져오는 탐구의 중요성을 인식하며, 이를 수행하는 일이란 상당히 어려운 과정임을 인지함에도 결코 그 행동을 포기하지 않는다.

이렇게 이론가의 행위를 규정하면서 오크숏은 하늘과 지상의 비유를 든다. 여기서 오크숏은 이론가가 궁극적으로 다다를 귀착점은 하늘에 있다고 주장한다. 앞서 살펴본 바벨탑 이야기에서 하늘로 올라가려는 니므롯과 도시 사람들의 행동이 경솔하고 오만했음을 지적한 것을 떠올린다면, 이는 다소 맞지 않는 주장처럼 여겨진다. 하지만 이때 오크숏이 다음과 같은 단서 조항을 붙이고 있음을 염두에 둘 필요가 있다. 오크숏에 따르면 이 이론가는 하늘을 돌아가야 할 '집'(home)이라 여기지만, 거기에 다다르기 위해 서두르지 않는다는 것이다. 오크숏은 실제로 어떤 이론가가 도덕적 행위(moral conduct)가 무엇인지, 혹은 시민적 결사체(civil association)가 무엇인지 이론을 펼치고자 한다면, 이때 그는 개념을 일관되게 정의하는 보편적인 진리를 찾고자 하는 탐구는 포기해야 한다고 말한다. 그가 지상에서 실제 일어나는 구체적인 도덕적 행위나 시민적 결사체를 탐구하고자 하는 마음을 접고 형이상학적 진리를 추구하고자 '집'으로 돌아가서는 안 된다는 것이다(OHC, 25-26). 바벨탑 이야기를 전할 때처럼 여전히 오크숏은 하늘을 향해 나아가고자, 혹은 돌아가고자 하는 태도를 문제시하고 있다. 하지만 이론가가 가끔 머릿속에서 자신의 '집'을 떠올리는 것, 혹은 그곳을 바라보는 것 자체를 막지는 않는다.

그렇다면 이론가가 집으로 돌아가려는 마음을 품지 않는 것만으로 문제는 해결될 수 있을까? 이에 오크숏은 또 다른 단서 조항을 추가하는데, 바로 여기에 오크숏 정치철학의 핵심이 담겨 있다고 생각한다. 비로소 여기에서 오크숏이 플라톤 정치철학을 어떻게 이해했고, 해석했는지를 알 수 있다. 오크숏은 이론가가 집으로 돌아갈 마음이 없더라도, 여전히 그가 주의해야 할 것이 있다고 말한다. 바로 이론가가 실제 행동(conduct)을 하는 행위자(agent)에게나 공동체 생활이 적절히 유지될 수 있도록 계획하는 제작자(map-maker)에게 어떤 직접적인 행위 지침을 제시할 수 있다고 여겨서는 안 된다는 것이다. 오크숏에 따르면 만약 그렇게 생각하는 사람이 있다면, 이 사람은 자신이 이론가로서 인간이 행동할 때 기반으로 삼는 전제를 탐구한다고 하지만, 실제로는 이에 그치지 않고 타인에게 자신이 탐구한 전제에서 도출되는 '올바른' 행위 원칙만을 따를 것을 주장하는 실수를 범하게 된다. 이러한 이론가는 마치 자신이 행위 판단을 할 수 있는 더 높은 위치에 있어서 어떤 행동이 '옳은'지, 그리고 어떤 행동은 자신의 이해에서 벗어났기 때문에 '틀린'지를 결정할 수 있다고 주장한다는 것이다. 하지만 오크숏은 원리(theorem)에서 어떤 특정 행위가 도출될 수 없기 때문에, 이렇게 도를 넘는 이론가의 간섭이 논리적으로 그릇된 행동이라고 선언한다. 이렇게 어긋난 행동을 하는 이론가를 두고 오크숏은 '이론가인 체하는 사람'(theoretician)이라고 달리 칭한다. 또한 그에게는 과도하게 행동할 이유가 전혀 없다며 경고한다. 이론가가 이러한 점을 간과하고 오히려 자신이 지닌 지식 우위를 토대로 다른 이들을 무시하고 쓸모없다고 여긴다면, 이 이론가는 필히 '위험한' 사람이 될 것이기 때문이다(OHC, 26).

오크숏은 지금까지 펼친 자신의 주장이 플라톤 대화편에서 제시된 설명에 기반을 두고 있다고 밝히고 있기에, 해당 논의를 살펴본다면 그의 문제의식을 더 선명히 밝힐 수 있다(OHC, 27). 대화편에서 플라톤은 사람들이 자신은 지표면에서 살고 있다고 생각하지만, 실제로는 "지구의 한 우묵한 곳"에 살고 있다고 묘사한다. 이러한 상황에 놓인 사람들을 두고 오크숏은 동굴 속 인식론적 '감옥'에 사는 '포로'와 같다고 설명한다.[17] 사람들은 동굴 입구와는 멀리 떨어진 곳에서, 다리와 목이 묶인 채 동굴 입구 반대편 벽만을 보고 있다. 이에 그들이 볼 수 있는 것은 단지 동굴 벽면에 나타나는 모습이다. 이것이 볼 수 있는 유일한 광경이기에 그들은 이를 유일한 실재라고 여긴다. 이들은 살아가는 데에 큰 어려움을 겪지는 않지만, 실제로 자신이 어떠한 상황에 놓여 있는지조차 모른다(514a-515c).

대화편에서 플라톤은 이들 중 한 사람이 족쇄를 풀고 나서 동굴 밖으로 (끌려)나가게 된다고 설정한다(515c). 오크숏이 이론가라고 칭한 이 사람은 동굴에서 벗어난 뒤, 처음에는 달라진 주위 환경에 다소 혼란스러워한다. 하지만 이내 적응하여 현재 자신이 보는 모습이 실재고, 이전 동굴에서 묶인진 채로 보았던 모습은 실재가 아님을 깨닫게 된다. 동굴 바깥에서 새로운 이해를 구한 이론가는 다시 동굴에 사는 사람들에게로 돌아온다. 이론가는 동굴에서만 평생을 살아온 이들에게 자신이 경험한 새로운 세상을 말하며, 이들이 실재라고 여겨온 모습은 실제가 아니라고 전한다. 바로 이 지점에서 오크숏은 플라톤과 견해를 달리한다. 플라톤에 따르면, 이 이론가는 놀라운 사실을 알고 있기에 사람들에게 존중받기보다는 이상한 말을 하는 조롱의 대상이 된다. 나아가 플라톤은 이

17 다수의 학자가 플라톤의 『국가』에 등장하는 동굴의 우화에 주목하듯, 오크숏 역시 이 우화를 이해하는 것이 중요하다고 강조했다. 1960년대 후반 런던정치경제대학 강의에서 오크숏은 이 내용을 "세밀히 독해해야" 하며 "모든 단어를 곱씹어 보아야 한다"라고 말했다(LHPT, 142).

론가가 전하는 내용이 동굴에 사는 사람들에게는 엄청나게 충격적인 얘기로 전해질 것이라고 전제했다. 이에 주변 사람들의 무지를 폭로하고 자신의 얘기를 좀 더 강력하게 전함으로써 이론가는 조롱받는 것을 넘어서서 원성을 사게 된다는 것이다. 플라톤에 따르면 동굴 속 사람들은 이론가를 자신의 적으로 간주하여 죽이려고 한다.[18] 그러나 플라톤과는 달리 오크숏은 이론가가 전하는 새로운 정보가 동굴에 사는 사람들에게 놀라울 수는 있으나 어떤 혼란을 가져올 만큼 과도한 얘기는 아니라고 단언한다. 이에 오크숏은 플라톤이 잘못된 전제를 내세우는 착오를 범했다고 평가한다(OHC, 27-29).

플라톤의 전제를 되짚으며 오크숏은 실제로 동굴에 사는 사람들은 무지하지 않고 오히려 현명하고 아는 것이 많다고 주장한다.[19] 이들은 다만 자신이 무엇을 모르고 있는지 알지 못할 뿐, 자신이 모르고 있던 무언가를 누군가가 얘기해 준다면, 거부감 없이 받아들일 자세를 갖추고 있다. 이에 돌아온 이론가가 새로운 얘기를 전한다면, 처음에는 다소 낯설게 느껴지더라도 충분히 이해할 수 있다는 것이다. 즉 이들은 돌아온 이론가가 지적으로 성숙하다는 점을 받아들이고, 그를 배척하기보다

18 플라톤은 동굴 밖을 경험하고 돌아온 이가 동굴 속 어둠에 적응하기도 전에 "봄에 있어서 경합을 벌이도록 요구받는다면…… 그는 비웃음을 자초하지 않겠는가? 또한 그가 위로 올라가더니 눈을 버려 왔다고 하면서, 올라가려고 애쓸 가치조차 없다는 말을 듣지 않겠는가? 그래서 자기들을 풀어 주고서는 위로 인도해 가려고 꾀하는 자를, 자신들의 손으로 어떻게든 붙잡아서 죽일 수만 있다면, 그를 죽여 버리려 하지 않겠는가"라고 물었고, 글라우콘은 이에 그럴 것이라고 답했다(516e-517a).

19 이를 두고 스미스(Smith 2015, 149)는 오크숏이 플라톤과는 달리 좀 더 긍정적인 시각을 품고 동굴 속 상황을 바라보고 있다고 평가했다. 하지만 어떠한 이유로 오크숏이 다른 시각을 향유할 수 있었는지에 대해서는 별다른 논의를 개진하지 않았다. 다음 절에서 이에 대한 하나의 설명을 제시하고자 한다.

는 오히려 그의 지식에 찬사를 보낼 것이라고 오크숏은 말한다. 만약 그가 자신이 모든 전문 영역에서 타인보다 지적으로 우월하다고 주장하기 시작하면, 그와 다른 사람들 간 '대화'는 더 이상 이뤄질 수 없다. 사람들은 점차 이 이론가가 실제로는 정신이 오락가락하는데, 실상 자신은 이를 모르고 우쭐대기만 하는 이론가인 체하는 사람이라 의심하기 시작한다. 오크숏에 따르면, 동굴 안에 있는 사람들이 반감을 품는 대상은 이론가나 철학자가 아니다. 실제로 이들은 자신이 지닌 이해를 토대로 하여 당장 무언가 이뤄낼 수 없어 사회에 무용해 보일지 모르지만, 사람들은 여전히 이들을 존중할 수 있다는 것이다. 동굴 속 사람들이 거부하는 유형의 인물은 사기꾼처럼 보이는 이론가인 체하는 사람, 계몽사상가(philosophe), 혹은 소위 '지식인'(intellectual)이다(HC, 29-31).

플라톤 역시 비슷한 논의를 전개했음을 되짚어 볼 만하다. 동굴의 우화가 소개되는 7권 이전 6권에서 소크라테스는 철학자가 나라를 맡게 되어야만 하는 이유, 즉 흔히 일컬어지는 철인왕이 존재해야만 하는 이유를 아데이만토스에게 설명했다. 이때 아데이만토스는 소크라테스의 문답을 좇아가면 철인왕이 필요하다는 논증을 거부할 수 없으나, 현실에서는 그와 같은 논리가 받아들여지기 어렵다고 응대한다. 이어서 아데이만토스는 흔히 철학자는 이상하거나 사회적으로 무용한 사람이라는 평가를 받게 된다고 전한다(487d). 이러한 의견에 소크라테스는 철학자가 그러한 취급을 받는 이유는 모두 대중에게 있다고 반박한다(489b-498b). 곧이어 자신의 반박에 동조했던 아데이만토스의 대답에 이어서는 곧 대중의 이러한 견해를 바꾸는 것이 전혀 불가능한 일은 아니라고 말하며, 이렇게 대중이 철학에 대해 선입견을 갖게 된 이유는 철학자가 아닌 일부 소피스트들 때문이라고 정리한다(499e-500b).

앞서 살펴보았듯 오크숏은 플라톤과 마찬가지로 이론가, 즉 철학자가 지닌 이해가 더 완벽하고 우월한 것임을 인정한다. 하지만 오크숏은 두 가지 차원에서 (오크숏이 바라본) 플라톤과는 다른 전제를 내세운다. 하나는 이론과 실천 간의 관계다.[20] 오크숏은 양자 간의 거리를 플라톤보다 다소 더 먼 것으로, 아니 더 멀어야 하는 것으로 설정한다. 플라톤이 『국가』에서 제시하는 이상국가에 대한 논의가 그 현실화를 담보하고 있는 것은 아니라는 일부 해석을 받아들인다고 하더라도, 플라톤은 이상국가의 현실화가능성을 완전히 배제하지 않았다(Klosko 1981). 하지만 오크숏은 그러한 시도 자체를 상당히 위험한 것으로 바라본다. 오크숏은 정치철학이 어떤 정치적 현상을 더 잘 설명하기 위한 활동(activity)이지, 어떠한 현실적 대안을 제시하는 활동은 아니라고 규정한다. 또한 플라톤도 정치철학에 수반되는 제한적인 역할을 인지했지만, 일반적이고 변하지 않는 기준을 제시하고자 했기에 좀 더 과도한 주장을 펼쳤다고 평가한다.[21] 이에 자신은 이러한 철학적 시도가 자기부정적(self-defeating)이라는 점을 보여 주고자 한다고 밝힌다(RP, 66, 84, 94).

오크숏이 내세운 두 번째 차이는 바로 정치와 철학, 혹은 사회와 철학 간의 관계다. 동굴의 우화에서도 확인했듯이, 오크숏은 사회 내에서 삶을 영위하는 사람들이 지닌 지적 능력을 (적어도 플라톤보다는 좀 더) 높이 평가하고 있는 듯하다. 따라서 만약 정치와 철학, 혹은 사회와 철학 간에 긴장 관계가 형성된다면, 이를 좀 더 유연하게 풀어나가기 위해서

20 스미스(Smith 2015, 131)는 이론과 실천의 관계를 묻는 질문이 오크숏이 남긴 다양하고 방대한 저작들을 관통하는 주제라고 주장한다. 다른 20세기 사상가들처럼 이는 오크숏에게 상당히 중요한 문제였지만, 오크숏의 전체 논의를 이러한 틀 안에서만 바라보기는 어렵다.

21 코스(Koc 2008)는 오크숏이 플라톤을 소피스트가 내세우는 과도한 일반화를 비판했던 철학자로 여기는 한편, 자신이 세운 기준을 토대로 정치제도를 개편하고자 했던 개혁가(reformer)로도 여겼다고 정리한다.

는 공동체 내 다른 사람들이 아니라 바로 이론가, 즉 철학자의 태도가 변해야 함을 주장한다.[22] 이러한 관점을 지녔던 오크숏이 지향했던 정치공동체는 모든 개인이 각자의 가치와 목소리를 지니고 살아가는, 즉 개인주의(individualism)를 하나의 원칙으로 받아들이는 시민적 결사체였다. 여기에서 오크숏은 자신이 내세웠던 개인성(individuality)이나 개인적 자율성(personal autonomy)이 실현될 수 있다고 보았다. 다음 절에서는 이와 관련된 오크숏의 논의를 살펴보는 한편, 이러한 오크숏의 논의 역시 자기부정적이라는 비판에 대해 검토할 것이다.

IV. 동굴 속에서 하늘 바라보기: 오크숏 정치철학의 의의

이처럼 각자의 목소리를 품고 사는 개인들이 어떻게 한 공동체 내에서 안정적으로 함께 지낼 수 있을까? 주지하듯 플라톤은 철인왕이 등장하기 전에는 이러한 안정적인 공동체가 유지되기 어렵다는 입장을 개진했다.[23] 하지만 앞 절에서 살펴보았듯 대중이 철인왕의 통치를 어떻게 받

22 정치와 철학, 혹은 사회와 철학 간의 긴장관계를 둘러싼 논의는 그동안 많은 연구가 이뤄져 온 분야다. 그 예로, 멜저(Melzer 2014)는 정치적·사회적 반감을 피하려고 철학자들이 비전적(esoteric) 글쓰기 방식을 사용했음을 역사적으로 고찰했다. 그리고 실제로 상당수의 20세기 정치철학자들 역시 해당 논의를 다루는 저술을 남겼다. 예를 들어, Arendt(1990), Strauss(1952)를 참고할 수 있다.

23 플라톤 대화편에 등장하는 이 철학자를 둘러싸고 수많은 논의가 개진되었다. 특히 오크숏이 활동했던 20세기에는 플라톤이 이를 통해 정치권력의 독재화를 내세웠다는 주장이 우세했다. 이와 관련해서는 Lane(2001)을 참고할 수 있다.

아들일 수 있을지와 함께 누가 철인왕이 되고자 하는지의 문제는 오크숏의 문제제기 이외에도 다른 연구자들 사이에서 여전히 논쟁적으로 다뤄지고 있다. 이에 따라 그가 개진한 이상국가 논의 자체도 받아들이기 힘들다는 지적도 있다. 또한 오크숏은 근대 자연법 사상가들처럼 '공동선'(common good)이나 계약에 기초한 정치적 권위 역시 인정하지 않았다. 오크숏은 이러한 권위에 기반을 둔 정치공동체는 시민적 결사체가 아니라 '기업형 결사체'(enterprise association)라고 정의했다. 이러한 공동체를 개인이 받아들인다면, 그 개인은 자유민이 아닌 노예 상태에 있는 것이라 비판했다(OHC, 114). 권위에 대한 기존 논의를 모두 배척한 오크숏을 두고 디게서와 프래스먼(Digeser & Flathman 2012, 216)은 오크숏에게 정치적 권위란 시민적 결사체를 이루는 하나의 '진제'라고 주장한다. 권위가 없다면 시민적 결사체는 이뤄질 수 없다는 것이다. 문제는 이러한 권위가 누구의 우월성도 인정하지 않는 각 개인에게 어떻게 받아들여질 수 있는지에 있다. 이러한 난점을 해결할 하나의 방법으로 오크숏이 개인의 발전 과정을 설명하며 역사적 관점을 취한 점을 동일하게 공동체에 대입해 볼 수도 있을 것이다. 오크숏은 공동체가 유지되어 온 역사 자체를 하나의 권위라고 치부했다는 것이다. 이러한 관점이 더 설득력이 있으려면 오크숏이 역사에 대해 어떠한 태도를 보였는지가 더 명확히 규명되어야 할 것으로 보이나, 그의 역사 서술에서는 '무엇이 아니다'라는 부정형 정의만 제시되고 있다.

흔히 삶의 방식으로서 철학(philosophy as a way of life)이 권위를 갖고, 이를 인정하는 사회가 안정적인 공동체라는 주장은 대다수의 사상가가 옹호해 온 입장이라 여겨진다. 지적되는 여러 한계에도 불구하고 사상가들은 철학이라는 활동을 통해 어떠한 답을 구하고자 했던 것이다.[24] 그렇다면 오크숏 역시 이러한 논의선상에서 활동했던 사상가로 볼 수 있을까? 그런데 오크숏은 철학(philosophy) 혹은 철학자(philosopher)라는 단어를 즐겨 쓰지 않았다.[25] 오히려 오크숏은 「인류가 나누는 대화 속 시적 음성」에서 철학은 대화에서 도출될 수 있지만, 대화 자체에 어떠한 기여도 하지 못한다고 주장한다. 이에 오크숏은 이렇게 이득을 취하지만 어떠한 도움도 주지 못하는 철학을 두고 대화에 '기생'(parasitic)한다고 표현한다(RP, 491). 즉 오크숏에게 철학이란 단지 행동을 설명하는 활동이어서, "실질적인 삶의 행동 양식에 어떠한 영향도 미치지 못하는" 활동이다. 이에 만약 누군가 철학을 통해 어떠한 삶의 지침을 내리고자 한다면, 이는 그가 철학의 역할을 잘못 이해하고 있음을 보여 준다는 것이다. 나아가 오크숏은 어떤 누구도 철학자로서만 살 수는 없다고 주장한다. 삶의 다양한 요구에서 벗어나 철학만을 행하면서 살 수는 없다는 것이다. "철학 자체"는 다른 요소들로부터 자유로울 수 있으나, "어떠한 인간도 단지 철학자로서만은 삶을 영위할 수 없다"(Oakeshott 1933, 1-3, 130). 이에 오크숏은 '동굴' 속에서 저술활동을 할 수밖에 없었다.

이제 우리는 서두에서 제시했듯 이러한 동굴 속 공동체에서 저술활동을 하는 오크숏은 '도대체 무엇을 하고 있었는가'란 질문을 제기해 볼 필요성이 있다. 홉스의 저작 『리바이어던』 소개 글을 쓰며 오크숏은

---

24 동시대 스트라우스도 비슷한 문제제기를 한 바 있다(Strauss 1964, 50-138). 삶의 방식으로서의 철학이라는 주제를 더 포괄적으로 다룬 여러 이차 문헌들이 있지만 대표적으로 Hadot, Davidson, & Chase(1997)를 참고할 수 있다.

25 알렉산더(Alexander 2012b, 13)는 오크숏이 간헐적으로 철학을 정의할 때 공통적으로 드러나는 두 가지 면모를 정리했다. 첫째, 오크숏은 철학을 어떠한 전제(presupposition)를 염두에 두지 않는 생각(though)이라고 정의했다. 둘째, 오크숏은 철학을 통해 얻은 개념(들)을 통해 인간이 경험하거나, 이해하거나, 행위하는 일들 중 일정 부분을 설명할 수 있다고 주장했다. 실제로 오크숏이 철학을 정의했다고 알렉산더가 명시한 부분을 살펴보면, 이는 오크숏이 부정했거나 또는 일반적으로 받아들여지는 철학에 대한 논의를 정리한 내용임을 확인할 수 있다. 필자는 알렉산더의 정리가 다소 과도하다고 판단하는 바이다.

이례적으로 정치철학이 무엇인지를 밝히고 있다.[26] 해당 글에서 오크숏은 정치철학을 특정 시민적 결사체와 영원함 사이에 어떤 관계가 있는지를 고찰하는 행위라고 정의한다. 이러한 점이 위대한 정치철학서를 관통하는 개념이라고 말한다(HCA, 77). 만약 오크숏이 자신을 정치철학자라 여겼다면, 그는 자신이 정의한 대로 행위했을 것이다.[27] 즉 그가 묘사했던 대로 돌아가고 싶은 하늘에 있는 '집'을 두고 있으나 현재 눈앞에 놓인 정치적 현상만을 고찰하는 것이다. 한편 오크숏은 이러한 고찰을 통해 정치철학자가 얻은 지식은 다수의 사람이 지닌 '정치적 의견'보다 훨씬 중요하다고 밝힌다. 모든 사람이 자신만의 정치적 의견을 내세울 수 있으나, 정치 활동을 분석하고 정치적 삶이 어떠한 성격을 지니는지를 면밀히 살펴본 정치철학자는 시대와 장소에 한정되지 않는 어떤 진리를 논한다는 것이다(Oakeshott 1935, 256).

이렇게 정치철학의 역할을 논하는 오크숏은 지금까지 우리가 살펴본 모습과는 상당히 다르게 다가온다. 오크숏은 정치철학자 자신이 이러한 위치에 있다는 것을, 즉 바벨탑에 오를 수 있지만 여전히 동굴 속에서 사람들과 살아가는 것을 밝혀서는 안 된다고 경고했다. 그렇다면 그는 어떻게 세상에 자신이 고찰한 바를 알릴 수 있을까? 다른 것들을 모두 차치하더라도, 그가 계속해서 전달하고자 했던 '절제'라는 덕목이

26 상술하였듯 오크숏은 철학이라는 단어를 즐겨 쓰지 않았고, 이에 더해 정치철학이라는 단어는 거의 사용하지 않았다. 미발표한 그의 초기 원고 중에는 「정치철학(Political Philosophy)」이라는 제목의 저술이 있지만, 마지막까지 그는 이를 출판하지 않았다(RPML, 138-155). 또한 해당 원고의 내용은 표현 방식을 논외로 하면 그의 첫 번째 저작과 거의 대부분 일치한다.

27 오크숏은 줄곧 "행동을 통해서 자신이 되어 간다"라는 '역사'적 입장을 취했다 (OHC, 41).

그의 동굴 속 가정과는 달리 사람들에게 받아들여지지 않는 상황이라면, 그는 어떻게 행위할 수 있을까? 어쩌면 오크숏은 자신의 저술을 통해 바벨탑에 있는 사람은 한 계단 내려오는 한편, 동굴 속에 있는 사람들은 한 발짝 올라가는 이상적인 상황을 꿈꾸었을지도 모른다.

그렇다면 오크숏은 자신이 부정했던 합리주의의 이상을 추구하는 또 다른 영국 관념론자로 남게 되는 것일까? 여기서 우리는 오크숏이 대화와 시적 표현을 재정의하는 데에 많은 노력을 기울였음을 상기할 필요가 있다. 오크숏은 표현의 방식이 여러 가지가 있지만 그중에서 간과되어 온 시적 표현의 의미를 되살리고자 했다.[28] 그에 따르면, 역사, 정치활동, 과학에서 발화되는 언어는 현실적인 목적이나 이익을 염두에 두는 표현 방식인 반면, 시는 그 자체로 즐거움과 가치를 주는 표현 방식이다. 이에 시는 '의미의 확장'을 가져오며 어떠한 '반향'을 야기한다. 이렇게 다른 목적을 추구하지 않는다는 측면에서 시적 표현은 완전히 그 자체로 의미 있는 활동이며, 어떠한 대상을 그 자체로 '관조하며'(contemplating), '유희한다'(delighting in, RP, 503). 시와 시적 표현을 재정의하는 오크숏의 시도를 단지 미학적 논의에 국한한다면, 소거법으로 개진되는 그의 설명은 상당히 불충분하며, 별다른 의의를 담고 있지 않은 것으로 이해될 수 있다. 그런데 그가 관조와 유희를 담고 있는 표현

---

28 오크숏은 대화에서 나타나는 인간의 표현 방식은 다채롭고, 이 중 어느 하나의 우위를 설정할 수 없다고 지속적으로 주장한다. 표현 방식이 다양하게 존재한다는 입장은 그의 첫 저작인 『경험과 경험하는 방식(*Experience and Its Modes*)』에서 지속적으로 유지되었다. 여기서 오크숏은 각 표현 방식을 "경험한 모든 일을 각자의 방식에 따라 구성한 것이며, 이에 다른 어떤 구성 방식과도 구분된다"라고 정의했다(EM, 75-76). 오크숏이 구분한 표현 방식에 대한 이차 문헌으로는 Nardin(2001, 128-135)을 참고할 수 있다.

방식으로 시적 표현을 내세웠음을 고려한다면, 시간을 두고 전달하고자 했던 바벨탑 이야기에서 그의 정치철학적 의의를 살펴볼 수 있다.

상술했듯 바벨탑 이야기는 인간이 지닌 한계와 이를 극복하고자 했던 이들의 시도를 동시에 담고 있다. 오크숏은 인간이 자만하여, 과도한 정치적 '신념'을 품고, 합리주의적 이상을 추구하는 모습을 비판한다. 하지만 오크숏이 개진하는 시적 표현의 의미를 떠올린다면, 여기서 오크숏이 단지 인간이 지닌 한계만을 내세우지 않았음을 알 수 있다. 바벨탑 이야기에서 등장인물들은 아직 나타나지 않은 신의 노여움을 미리 두려워했다. 두려움을 야기한 것은 과거로부터 전해 오는 이야기였다. 즉 현재의 삶에 집중하기보다는, 다른 세계 혹은 내세적 삶(other-worldly life)에 몰두되어 있던 것이다. 오크숏은 이러한 두려움에서 벗어나 현재 우리 안에서 주어지는 자유인 시적 표현을 되살려 우리가 경험할 수 있는 아름다움을 바라볼 것을 촉구한다. 이러한 자세를 갖춘 이들이 나누는 '대화'는 철학적 논쟁이나 과학적 탐구와는 달리 어떠한 구체적인 목적을 염두에 두고 있는 활동이 아니다. 그 자체로 '놀이'인 활동인 것이다. 오크숏은 "대화가 주는 달콤함이란 마침내 코르크를 연 숙성된 와인을 맡았을 때 나는 향기가 아니다. 그 달콤함은 와인이 담긴 통이 지니고 있는, 아직 알 수 없지만 통을 열면 즉각적으로 다가올 향기다"라고 말한다. 이러한 관점에서 대화는 논쟁과 탐구와는 달리 그 활동을 통해 추구하는 바가 아니라 그 활동이 지속되는 상황 자체에 그 의미가 있다(WIH, 188, 190). 이에 오크숏이 말한 '하늘'은 더 이상 동굴 밖에 존재하지 않는다. 오히려 그 하늘은 각자가 응시하는 곳에 있으며, 그들이 얘기하고 있는 대화라는 공간 속에 존재한다.

V. 결론

오크숏과 동일한 시기에 저술활동을 했던 20세기 사상가들은 근대 개인(성)과 사회를 두고 비판의 목소리를 높였다. 예를 들어, 스트라우스는 마키아벨리에서 하이데거에 이르기까지 근대 사상가들의 저작을 검토하면서, 근대 사회가 위기에 이르렀고 근대 개인은 자기소외를 겪었다고 주장한다.[29] 또한 아렌트는 근대 사회를 경제적 관심사만 남은 공간으로 정의하며, 이러한 사회 속에서 근대인은 자유와 인간다움을 상실한 채 삶의 필연성에 종속되어 생존을 위한 노동만 해 나가는 존재가 되었다고 말한다.[30] 즉 이들은 공통적으로 사회 내에서 경제적 동인만을 추구하고 삶의 의미를 상실한 근대인은 물론 이러한 상황을 초래하고 가속화한 근대 지적·사회적 요소를 문제시했다. 물론 각자가 진단하는 핵심적인 문제와 이를 야기한 원인, 그리고 해결책은 서로 달랐다.

20세기 사상가들이 공통적으로 제기했던 문제를 되짚어 보면, 각자의 자유를 품고 살아가는 개인들이 자신의 개인성을 유지하면서도 어떻

29 이러한 스트라우스의 문제의식은 그의 저작 대부분에서 드러나지만 특히 『정치철학이란 무엇인가를 비롯한 다른 연구들(*What Is Political Philosophy? And Other Studies*)』(1959)과 『자연법과 역사(*Natural Right and History*)』(1953)를 참고할 수 있다. 스트라우스는 근대에 들어와 사람들이 고대적 사유방식을 잊고 살아가는 모습에 대해 다음과 같이 평가하고 있다. "영원성을 잊어버린다는 것은 인간이 궁극적으로 갈망하던 목적으로부터 멀어지고 결국 주요한 사안을 더는 다루지 않게 되었음을 뜻한다. 그런데 이는 인간이 근대 초기부터 치러야 했던 대가였다. 근대인은 영원성을 추구하기보다는 자신이 절대적인 주체가 되고, 자연을 지배하고 소유하며, 우연이라는 요소를 제거하고자 노력했기 때문이다."(Strauss 1959)

30 이러한 아렌트의 문제의식은 그녀의 저작 대부분에서 드러나지만 특히 『인간의 조건(*The Human Condition*)』(1958)을 참고할 수 있다.

게 안정적이고 활동적인 공동체를 이루고, 또 그 안에서 삶을 영위할 수 있느냐는 물음으로 귀결된다. 오크숏의 언어를 빌자면, 개인이 각자의 목소리를 내면서 어떻게 동굴 안에서 함께 살아갈 수 있냐는 문제의식이다. 이러한 논의에 있어 오크숏은 어떤 명확한 입장을 표명하지 않았고, 앞서 살펴보았듯 이후 그를 평가하는 연구자들 간 의견은 상당히 엇갈렸다. 논의를 진행하면서 필자는 오크숏이 당대 받아들여지던 플라톤 정치철학의 내용을 활용해 자신의 입장을 내세웠음을 반추하고자 했다.

오크숏은 '바벨의 이야기'를 통해 자신이 다루고자 하는 정치철학적 문제를 내세웠다. 이는 두 가지 연관된 문제의식에 기인한다. 하나는 인간이 삶 전반에 걸쳐 이성적 판단에 의지하여 도덕적 이상(理想)을 추구하는 경향이 점증하면서, 역으로 도덕성이 위기에 식면하게 되었다는 판단이다. 이와 더불어 정치 영역에까지 이러한 합리주의(rationalism in politics)가 팽배하는, 소위 정치공학적인 담론이 전반적으로 받아들여졌다는 주장이다. 오크숏은 이야기를 통해 이러한 합리주의자의 믿음은 정치 영역의 특수성을 간과한 근거 없는 믿음(myth) 혹은 환상(illusion)에 불과하다고 했다. 오크숏은 자신의 이러한 주장을 플라톤 대화편 속 동굴의 우화를 검토하며 더 선명하게 보여 주었다.

오크숏은 자신의 이야기 속 이론가, 플라톤 대화편 속 철학자가 타인과는 다른 지적 능력을 갖추었음을 부정하지는 않는다. 오히려 그러한 이들이 존중되어야 함을 내세운다. 다만 이들은 플라톤 대화편에서 제시되었던 태도와는 다른 모습을 보여야 함을 주장했다. 플라톤은 철학자가 공동체 모든 사항을 결정하는 소위 '철인왕'의 위치에 우뚝 선 국가를 그렸지만, 오크숏은 그가 타인과 동등한 위치에서 자리하고 있기를 바랐고 또 그래야 한다고 주장했다. 자신의 지적 우월성을 믿고 자신이 실제 공동체를 구성하는 제작자로 나서는 행동은 위험하다는 것이다. 오크숏에 따르면, 플라톤은 철학자와 대중의 인식 수준이 현격히 다르므로, 즉 철학자가 밝히는 진실(truth)와 대중이 품고 있는 의견(opinion) 간 차이가 상당하기 때문에 철인왕이 등장하지 않는 한 이상적인 공동체가 이뤄질 수 없다고 주장했다. 오크숏은 이러한 결론을 도출하게 된 플라톤의 전제가 틀렸음을 내세웠다. 인식 수준의 정도의 차이는 있지만, 대중 역시 충분히 교화(敎化)될 수 있다는 것이다. 그리고 그의 논의에 따르면, 아데이만토스가 플라톤에게 문제제기를 했듯 이렇게 대화의 가능성이 열려 있어야 철학자는 사회 내에서 쓸모없는 사람이 아니라 타인에게 충분히 존중받을 수 있다.

각자의 목소리를 품고 다른 삶의 지향점을 품고 살아가는 개인들이 철학자를 똑같이 존중할 수 있다고 하더라도, 어떻게 그의 목소리에 더 귀 기울일 수 있을까? 오크숏이 자신을 '정치철학자'로 여겼다면, 그는 자신의 목소리가 단지 들려지는 것만으로 만족했을까? 오크숏은 충분히 만족했던 것으로 보인다. 그는 논박을 통해서는 표면적으로 타인을 누를 수는 있다고 하더라도 감화시키기는 어렵다고 보았다. 이에 대화를 마치 놀이처럼 여기며, 대화 속에서 각자가 내는 목소리에 귀 기울이다 보면 서로에게서 흘러나오는 향기에 취할 수 있다고 말했다. 그때 자신의 반향(反響)이 얼마나 더 클지는 철학자인 자신에게 달린 문제가 아니었을까. 어쩌면 오크숏은 철인왕이 되기 위해서는 수십 년간의 교육이 필요하다고 기술한 플라톤보다 철학자에게 더 많은 요구를 하고 있다.

참고문헌

약어

EM: *Experience and Its Modes*, 1933, Cambridge: Cambridge University Press.

HCA: *Hobbes on Civil Association*, 1975, Oxford: Basil Blackwell.

OHC: *On Human Conduct*, 1975, Oxford: Clarendon Press.

OH: *On History and Other Essays*, 1983, Oxford: Basil Press.

RP: *Rationalism in Politics and Other Essays*, 1991, Indianapolis: Liberty Fund.

RPML: *Religion, Politics, and the Moral Life*, 1993, New Haven: Yale University Press.

WIH: *What Is History? And Other Essays*, 2004, Thorverton: Imprint Academic.

LHPT: *Lectures in the History of Political Thought*, 2006, Exeter: Imprint Academic.

김비환, 2006, 「마이클 오크숏의 정치사상: 정치철학의 개념과 정치적 합리주의 비판을 중심으로」, 『정치사상연구』 12집 1호: 109-143.

______, 2012, 「정치철학과 근대합리주의: 스트라우스(Leo Strauss)와 오크숏(Michael Oakeshott)」, 『정치사상연구』 18집 1호: 103-132.

김성호, 2008, 「헌법제정의 정치철학」, 『한국정치학회보』 42집 3호: 5-27.

이상원, 2007, 「법, 자율성, 그리고 시민교육: 오크숏(Michael Oakeshott)의 정치사상에 있어서 '법치'의 의미」, 연세대학교 석사학위논문.

Alexander, James, 2012a, "Three Rival Views of Tradition: Arendt, Oakeshott, and MacIntyre," *Journal of the Philosophy of History* 6: 20-43.

______, 2012b, "Oakeshott as philosopher," In Ed. Efraim Podokski, *The Cambridge Companion to Oakeshott*, Cambridge: Cambridge University Press.

Allen, Daniell S., 2010, *Why Plato Wrote*, Malden: Wiley-Blackwell.

Arendt, Hannah, 1958, *The Human Condition*, Chicago: University of Chicago Press.

______, 1990, "Philosophy and Politics," *Social Research* 57(1): 73-103.

Candreva, Debra, 2005, *The Enemies of Perfection: Oakeshott, Plato, and the Critique of Rationalism*, Lanham: Lexington Books.

Covell, Charles, 1986, "Michael Oakeshott," In Charles Covell, *The Redefinition of Conservatism: Politics and Doctrine*, London: Palgrave Macmillan.

Devigne, Robert, 1994, *Recasting Conservatism: Oakeshott, Strauss, and the Response to Postmodernism*, New Haven: Yale University Press.

Digeser, Paige and Richard Flathman, 2012, "Oakeshott's On Human Conduct," In Ed. Efraim Podokski, *The Cambridge Companion to Oakeshott*, Cambridge: Cambridge University Press.

Franco, Paul, 1990, "Michael Oakeshott as Liberal Theorist," *Political Theory* 18: 411-436.

Gerencser, Stephen, 2000, *The Skeptic's Oakeshott*, New York: St. Martin's Press.

Hadot, Pierre, Arnold Davidson, and Michael Chase, 1997, "Philosophy as a Way of Life: Spiritual Exercises from Socrates to Foucault," *Philosophical Quarterly* 47(188): 417-420.

Ilodigwe, Damian, 2017, "Oakeshott's Critique of Sovereignty of Reason," *Journal of Power, Politics & Governance* 5(1): 46-73.

Klosko, George, 1981, "Implementing the Ideal State," *The Journal of Politics* 43: 365-389.

Kos, Eric S., 2008, *Michael Oakeshott, the Ancient Greeks, and the Philosophical Study of Politics*, Exeter: Imprint Academic.

Lane, Melissa, 2001, *Plato's Progeny: How Plato and Socrates Still Captivate the Modern Mind*, London: Duckworth.

Laursen, John Christian, 2005, "Oakeshott's Skepticism and the Skeptical Traditions," *European Journal of Political Theory*, 4(1): 37-55.

Lessnoff, Michael, 1999, "Michael Oakeshott: Rationalism and Civil Association" in Lessnoff, *Political Philosophers of the Twentieth Century*, London: Blackwell.

McIlwain, David, 2019, *Michael Oakeshott and Leo Strauss: The Politics of Renaissance and Enlightenment*, New York: Palgrave Macmillan.

McIntyre, Kenneth B., 2004, *The Limits of Political Theory: Oakeshott's Philosophy of Civil Association*, Exeter: Imprint Academic.

______, 2010, "Prejudice, Tradition, and the Critique of Ideology: Gadamer and Oakeshott on Practical Reason," *Collingwood and British Idealism Studies* 16: 136-166.

Melzer, Arthur M., 2014, *Philosophy between the Lines: Lost History of Esoteric Writing*, Chicago: University of Chicago Press.

Mewes, Horst, 1992, "Modern Individualism: Reflections on Oakeshott, Arendt, and Strauss," *The Political Science Review* 21: 116-147.

Nardin, Terry, 2001, *The Philosophy of Michael Oakeshott*, University Park: Penn State University Press.

______, 2014, "Oakeshott on Theory and Practice," *Global Discourse* 5(2): 310-322.

______, 2015a, *Michael Oakeshott's Cold War Liberalism*. New York: Palgrave Macmillan.

______, 2015b, "Michael Oakeshott: Neither Liberal nor Conservative," In Ed. Terry Nardin, *Michael Oakeshott's Cold War Liberalism*, New York: Palgrave Macmillan.

Neill, Edmund, 2013, "The Impact of Positivism: Academic Social and Political Thought in Britain, c. 1945-70," *History of European Ideas* 39: 51-78.

______, 2015, "Oakeshott, Modernity, and Cold War Liberalism," In Ed. Terry Nardin, *Michael Oakeshott's Cold War Liberalism*, New York: Palgrave Macmillan.

Norman, Jesse, Ed., 1993, *The Achievement of Michael Oakeshott*, London: Gerald Duckworth and Co. Ltd.

Oakeshott, Michael, 1935, "Thomas Hobbes," *Scrutiny* 4.

O'Sullivan, Luke, 2003, *Oakeshott on History*, Exeter: Imprint Academic.

Podokski, Efraim, Ed., 2012, *The Cambridge Companion to Oakeshott*, Cambridge: Cambridge University Press.

Smith, Steven B., 2012, "Practical Life and the Critique of Rationalism," In Ed. Efraim Podokski, *The Cambridge Companion to Oakeshott*, Cambridge: Cambridge University Press.

Straun, Jacobs and Ian Tregenza, 2014, "Rationalism and Tradition: The Popper-Oakeshott Conversation," *European Journal of Political Theory* 13(1): 3-24.

Strauss, Leo, 1952, *Persecution and the Art of Writing*, Chicago: University of Chicago Press.

______, 1953, *Natural Right and History*, Chicago: University of Chicago Press.

______, 1959, *What Is Political Philosophy? And Other Studies*, Chicago: University of Chicago Press.

______, 1964, *The City and Man*, Chicago: University of Chicago Press.

Sungmoon, Kim, 2015, "Oakeshott and Confucian Constitutionalism," In Ed. Terry Nardin, *Michael Oakeshott's Cold War Liberalism*, New York: Palgrave Macmillan.

Tregenza, Ian, 2003, *Michael Oakeshott on Hobbes*, Exeter: Imprint Academic.

Tseng, Roy, 2003, *The Sceptical Idealist: Michael Oakeshott as a Critic of the Enlightenment*, Exter: Imprint Academic.

______, 2013, "Scepticism in Politics: A Dialogue between Michael Oakeshott and John Dunn," *History of Political Thought* 34(1): 143-170.

4

아렌트의 플라톤 비판에 대한 고찰

목적-수단 논리를 중심으로*

표광민

I. 서론

이 장은 한나 아렌트가 플라톤을 비판한 근본적 이유가 '목적-수단 논리'에 대한 거부 때문임을 주장하려 한다. 아렌트의 플라톤 비판은 널리 알려진 주제지만, 이에 비해 그 비판의 원인이 되는 목적-수단 논리는 큰 관심을 받지 못해 온 것이 사실이다. 그것은 기존의 아렌트 연구가 아렌트의 플라톤 비판 자체에 집중하여, 그녀가 말하는 '진리와 정치' 사이의 대립을 그대로 수용했기 때문이다. 물론 아렌트 본인의 서술에 따른 플라톤 비판의 이유를 확인하는 것은 필수적인 학문적 과정이다. 이 장은 기존의 연구들이 집중해 온 진리와 정치의 대립에서 한 걸

* 이 장에서는 한나 아렌트가 사용하는 두 용어 plurality와 action을 각각 '다양성'과 '행동'으로 번역한다. 흔히 plurality는 '복수성', '다원성' 등으로도 번역되고 있으나 plurality가 개개인들이 서로 다르다는 점을 강조한다는 이 장의 논지에 따라 다양성으로 번역한다. action 역시 '행위'로 번역할 수 있으나, 동적인 의미를 부가시키기 위해 행동으로 번역한다.

음 더 나아가, 아렌트의 진리에 대한 비판이 무엇 때문인지에 대한 질문을 추가적으로 제기하려 한다. 그리고 이에 대한 답을 목적-수단 논리에 대한 아렌트의 거부에서 찾으려 한다. 목적-수단 논리를 통해 진리는 스스로를 궁극적 목적으로 설정하는 반면, 인간의 삶과 정치를 수단으로 격하시킨다. 따라서 아렌트의 진리 비판, 그리고 플라톤 비판은 구체적으로 진리와 정치 사이에 위계를 나누는 목적-수단 논리에 대한 비판이라고도 할 수 있다. 여기에 착안하여 이 장은 아렌트의 플라톤 거부를 목적-수단 논리에 대한 비판이라는 관점에서 분석하며, 아렌트가 목적-수단을 벗어남으로써 가능해지는 자유를 정치의 핵심으로 여겼음을 주장하려 한다.

이 장은 아렌트의 플라톤 비판을 철학사적 측면이 아닌 논리적 측면에서 접근하며, 이를 통해 궁극적으로는 모호하게 남아 있는 아렌트의 정치 이해를 명확하게 하는 것을 목적으로 한다. 최근까지 지속되고 있는 아렌트에 대한 학술적·대중적 관심, 이른바 아렌트 르네상스(Benhabib 2000, xliv)에도 불구하고, 그녀가 과연 정치를 무엇으로 이해했는지에 대한 명확한 분석을 찾기 어려운 것이 사실이다. 그 일차적 원인은 물론 그녀가 정치에 대한 정의를 제공하지 않은 데 있다. 그녀의 저작들은 정치의 주요한 속성들을 여러 각도에서 포착하고 있음에도 불구하고, 정치란 무엇인가라는 질문에는 명확한 답을 내어놓지 않고 있다. 그녀의 대표작이라 할 수 있는 『인간의 조건』(1958)은 정치의 특성을 인간 사이의 관계로부터 형성되는 공간성에서 찾고 있다(Arendt 1998, 182-183). 『혁명론』(1963)은 폭력과 대비되는 정치의 제도적 측면을 강조하고 있다. 「진리와 정치」(1967)는 진리와 정치 사이의 갈등관계에 집중하고 있다. 「정치로의 소개」는 정치가 아닌, '정치의 의미'가 자유라고 말하고 있다(Arendt 2005, 108). 물론 개별 저작을 통한 정치의 다양한 특성에 관한 아렌트의 분석은 각각의 의미를 지니며, 모두 정치의 핵심에 놓여 있는 인간의 다양성으로 수렴하고 있다. 그리고 인간의 다양성은 말과 행동(action)을 통해 확인할 수 있음을 일관되게 주장하고 있다. 그럼에도 정작 정치란 무엇인지는 정의(定義)되지 않고 있는 것이 사실이다. 도식적인 설명으로 정치를 정의할 수 없다는 당연한 사실을 인정하더라도, 정치의 본질을 규명하는 것은 아렌트 연구에 있어서 하나의 과제가 될 수밖에 없다.

이 장은 플라톤에 대한 아렌트의 비판 근거를 목적-수단 논리에서 찾음으로써 아렌트가 생각한 정치란 '대화로서의 정치'라는 해석적 정의[1]에 이르려 한다. 정치의 본질을 대화에서 찾음으로써 아렌트는 진리에서 탈피할 것을 요청한다. 아렌트가 추구하는 대화가 의미 있는 지점은 대화가 특정한 선험적 진리를 설득시키는 일방적 과정이 아니라는 데에 있다. 아렌트에게 옳고 그름의 문제는 지혜를 다루는 철학의 영역에 속할 뿐, 정치와는 무관하다. 그녀는 정치 영역에서 우월적 진리의 존재 자체를 거부하며 동등한 자들 사이의 대화를 통해 정치가 구성된다고 보았다. 멀게는 플라톤이 진리의 지배를 정당화한 이후, 가깝게는 헤겔이 세계사를 절대정신이 구현되는 과정으로 정의 내린 이후, 인간의 역사는 진리의 실현 과정으로 흔히 여겨져 왔다(Arendt 2006, 75). 개인의 자유가 인간 사회에서 반드시 실현되어야 할 진리로 인정받을 때, 프랑스혁명은 진리 실현의 시작점이라는 가치를 부여받는다. 마찬가지로 계급을 철폐한 평등사회가 진리의 구현이라고 여겨질 때, 러시아혁명은 인류사적 필연성을 지니게 된다. 프랑스혁명이 끝나고, 러시아혁

1 아렌트의 정치 정의는 존재하지 않으므로, 이 장에서는 그녀의 사유를 통해 정치의 정의에 다다르려 한다. 따라서 이 장에서 정치에 대한 정의는 존재하지 않는 아렌트의 정치 정의에 대한 해석적 성격을 지닌다.

명 역시 소비에트의 붕괴로 종결되었음에도 진리의 발현이라는 역사철학은 여전히 힘을 발휘하고 있다.

오늘날 진리의 지배를 옹호하는 대표적인 사고는 인간의 삶이 자유, 인권, 민주주의가 확장되는 방향으로 나아간다는 생각이다. 과학적·논리적으로 증명할 수 없는 이러한 인식은 대부분의 민주사회가 공유하는 신념으로 인정받고 있다. 그러나 여전히 우리는 진리의 구체적 내용을 알 수 없다는 절대적 한계를 안고 있다. 민주주의와 인권의 확산이라는 명분 아래 자행되는 전쟁, 선진화라는 이름으로 정당화되는 타국의 전통문화에 대한 멸시 등은 역사적 필연으로서의 진리가 지배하는 세계가 과연 정의로운가라는 반문을 제기하게끔 한다. 이런 점에서 진리에 대해 의문을 제기하고, 자유를 핵심으로 하는 정치의 중요성을 강조한 아렌트의 사유는 여전히 가치를 지닌다. 대화를 통해 정치를 구성하려는 아렌트의 주장은 정치를 진리로부터 분리시킴으로써, 정치의 영역을 확보하려는 시도다. 이러한 노력은 대화를 통해 진리에 다다를 수 있다는, 역시 진리와 정치의 통합 가능성을 기대하는 모든 시도에 반대한다(Luban 1979, 93). 아렌트는 진리를 거부하며 인간의 삶이 보여 주는 하나의 명확한 사실에서 정치를 구성할 것을 제안한다. 아렌트가 인정하는 유일한 원칙은 인간의 다양성(plurality)이다. 모든 사람이 각각의 의견과 생각을 가지고, 각자의 삶을 살아간다는 것만이 인간이 경험적으로 확인할 수 있는 사실이다. 사람들이 각자 생각하는 진리가 서로 다르다는 경험적 사실에 따라 정치의 영역에서 진리의 존재는 부정된다. 아렌트가 플라톤과 달리 소크라테스의 삶에서 목격한 것은 진리의 구현이 아닌 대화와 토론이 정치공간을 구성할 수 있다는 가능성이었다. 이 장에서는 아렌트 정치학의 플라톤에 대한 반발을 통해 철학적 진리와 정치의 관계에 대한 아렌트의 생각을 구체화할 것이다.

II. 아렌트의 플라톤 해석에 대한 해석들

기존의 연구가 아렌트의 플라톤 비판을 충실히 설명하고 있음에도, 아렌트가 플라톤을 거부하는 근거가 자유를 지향하는 정치의 탈목적성, 목적-수단 논리의 거부에 있다는 분석에는 이르지 못한 것이 사실이다. 아렌트가 플라톤 사상을 진리의 지배 구상으로 비판한 이후, 아렌트의 비판은 서양 철학사의 맥락에서만 이해되었다. 그녀는 폴리스의 정치에 좌절한 플라톤이 진리를 추구하는 서구 정치철학이 시작이었다고 말한다. 이에 따르면, 플라톤이 진리를 초월적 기준으로 설정하면서 인간사의 모든 일을 진리의 기준에 따라 평가하는 '진리의 독재'(tyranny of truth)가 나타났다는 것이다(Arendt 2004, 428-431).[2] 아렌트는 플라톤이 철학자가 지배하는 정치체제를 구상한 것은, 철학적 진리가 '본질적으로 비정치적'(unpolitical by nature)이라는 데에서 좌절했기 때문이라고 진단한다. 한 명의 철학자가 독립적인 사유를 통해 도달하는 진리는 여러 사람이 사는 정치공간에서, 더 이상 진리로 존재하는 것이 아니라 하나의 의견으로 여겨질 수밖에 없다. 하나의 의견은 다수에 의해 옳고 적합한, 유용한 생각으로 받아들여질 수 있으나 그러한 합의가 변화할 수 있다는 점에서 시대와 장소를 초월한 진리가 될 수는 없다. 따라서 의견으

2 진리란 구체적인 사실의 기술(記述)과는 달리 초월적·형이상학적 관념을 가리키는 것으로 이성의 추론 능력에서 도출된 신념체계를 갖는다. 아렌트는 구체적으로 사람들에게 목격된 진실을 '사실적 진실'(factual truth)로, 이성에 의해 수립된 관념적 진실을 '합리적 진실'(rational truth)로 구분한다. 이를테면 '1914년 8월 4일 밤 독일군이 벨기에 국경을 침입했다'는 것은 여러 사람의 목격과 증언에 의해 확인될 수 있는 사실적 진실에 해당한다(Arendt 2006, 323-325).

로 상대화되지 않고 스스로의 절대성을 유지하기 위해서 철학적 진리는 자신의 유효성을 주장하는 '강제적 요소'(element of coercion)를 가질 수밖에 없다는 것이 아렌트의 주장이다. 강제, 지배, 동원을 정치가 아닌 것으로 파악하는 아렌트의 입장에서 진리는 비정치적일 수밖에 없다(Arendt 2000, 558-560). 자신의 사상을 본격적으로 전개하기 시작한 1958년 『인간의 조건』에서 아렌트는 플라톤의 진리관을 절대적 존재를 상정하는 다른 주장들과 비교하여 설명한다. 그녀가 보기에, 플라톤은 철학적 진리가 인간의 삶 뒤에 보이지 않는 초월적 원리로 존재한다고 주장했다. 이러한 플라톤의 입장은 인간이 따라야 할 궁극적 법칙으로 여겨졌던 기독교적 섭리(Providence), 아담 스미스의 보이지 않는 손, 보편질서로서의 자연법, 헤겔 철학의 절대정신, 카를 마르크스의 계급이익 등에 의해 반복적으로 제기되어 왔다. 아렌트는 진리가 정치를 지배해야 한다는 전통의 근원에서 플라톤을 발견한 것이다(Arendt 1998, 185). 진리의 지배 문제는 아렌트의 사후 1977년에 출간된 『정신의 삶: 사유』에서는 '형이상학적 오류' 개념으로 다뤄진다. 형이상학적 오류는 추상적 진리를 구체적 현실의 우위에 위치시키는 관념을 가리킨다. 절대적 진리가 현실의 정치를 지배해야 한다는 형이상학적 위계에 대한 비판은 그녀가 생애 전반을 통해 견지한 사상적 입장이었던 셈이다(Arendt 1981(1), 26-40).

아렌트의 플라톤 비판에 대한 연구들은 아렌트의 시각을 따라 진리에 대한 비판을 수용하는 입장과 아렌트의 진리 거부를 비판하는 관점으로 크게 나누어진다. 아렌트가 설명하는 틀을 충실히 따르는 연구들은, 플라톤으로부터 진리를 정치의 우위에 놓는 철학 전통이 시작되었다는 아렌트의 비판을 재확인하려고 노력한다(Parekh 1981; Canovan 1983; Villa 1999; Dolan 2006). 국내 문헌 가운데에는 대표적으로 박혁(2009)의 연구가 관련 내용을 소개하며 아렌트의 플라톤 비판에 동의한다. 활동적 삶과 관조적 삶을 비교한 전광식(2011), 장영란(2016)의 논문, 아렌트의 정치철학 전반을 다룬 정천구(2009)의 글 등에서도 플라톤에 대한 아렌트의 비판이 부분적으로 검토되고 있다. 이러한 작업들은 아렌트를 따라 플라톤 이후의 기존 서구 사상체계에 대한 비판을 이어가는 것으로 이해할 수 있다. 유럽의 철학적 전통은 "플라톤의 주석들"에 해당한다는 화이트헤드의 표현은 플라톤이 학문 세계에서 지닌 절대적 위상을 알게 해 준다(Whitehead 1978, 39). 이에 비해 아렌트는, 그녀에 대한 폭넓은 관심에도 불구하고 여전히 비주류적인 학자로 남아 있다. 이것은 무엇보다도 아렌트가 플라톤 이후 헤겔과 마르크스에 이르기까지의 서구 사상과 대결하며, 자신의 독창적인 정치사상을 정립하는 방법을 취하고 있기 때문이다. 그녀는 플라톤 이래의 주류적 서구사상이 지배, 폭력, 강제를 정치의 본질로 정의한 데에 반대하며, 동의와 합의, 대화를 중심으로 하는 정치 이해의 전통을 발굴하려 노력했다. 이러한 그녀의 시도는 서구사상 체제에 대한 근본적인 재성찰을 의미하며, 따라서 당연히 쉽사리 받아들여지기 어려운 도발적 주장으로 여겨지곤 한다. 기존의 정치 이해는 정치를 기본적으로 '지배'라고 이해한다. 종교, 폭력, 자유시장 또는 돈, 주권자 등 지배의 주체는 매우 다양할 수 있으나 특정 원리가 인간 공동체를 지배, 조직, 운영한다는 사고 자체는 다수에게 받아들여지고 있다. 플라톤에서 시작하여 헤겔에 의해 완성되는 진리의 지배를 아렌트는 이러한 지배 중심적 사유 체계의 근원으로 비판한다. 즉, 아렌트의 정치사상은 진리와 진리를 중심으로 형성된 사상체계에 대한 도전이라 할 수 있다.

아렌트의 플라톤 해석에 대한 또 다른 연구는 진리를 부정하는 아렌트의 입장을 비판한다. 당트레브는 위르겐 하버마스(Jürgen Habermas)와 리처드 번스타인(Richard Bernstein)에 의해서 아렌트의 플라톤 거부가 거부되고 있다며 관련 논의를 검토한다(D'Entrèves 1994, 135–136). 하버마스의 경우 아렌트가 좌절된 행동의 해결책으로 인간 상호간의 약속에 기댈 수밖에 없는 것은, 그녀가 '착각적인 확신'(illusionary convictions)과 '비착각적인 확신'(nonillusionary convictions)을 구분하지 못하기 때문에 어떠한 특정 의견(doxa)에서도 유효성을 찾지 못하기 때문이라고 지적한다(Habermas 1977, 22-24). 하버마스는 의사소통행위이론을 통해 주장하듯이, 대화와 토론이라는 이성적 행위가 궁극적으로 인간의 해방에 다다를 가능성을 여전히 기대한다. 당트레브의 해석에 따르면, 하버마스의 이러한 평가는 아렌트가 플라톤적인 진리의 확실성을 거부한 데 대한 비판으로 읽혀진다. 인간의 정치로부터 플라톤적 진리를 거부하려는 아렌트의 시도를 하버마스는 다시 거부하고 있는 셈이다. 이에 데이비드 루반(David Luban)은 아렌트와 하버마스의 입장 차이를 지적한 바 있다. 그에 따르면, 1) 의사소통과 정치적 토론 등의 대화가 하버마스에게는 동의에 이르기 위한 대화 자체를 의미하는 반면, 아렌트에게는 의견이 대립하는 논쟁까지도 포함하며, 2) 지식과 정치의 상호환원이 하버마스에게는 가능한 반면, 아렌트에게는 불가능하고, 3) 진리란 것이 하버마스에게는 합리적 정치의 최종 보장책인 반면, 아렌트에게는 폭정으로의 길을 의미하고, 4) 하버마스에게 이상적 의사소통이 모두의 합리적 동의를 이끌어내는 것으로 이해되는 반면, 아렌트에게 토론을 통한 동의는 합리성의 문제와 관계없이 단지 특정 사안에 대한 정치적 결정을 위해 하나의 의견이 정책으로 결정되었음을 의미할 뿐이다(Luban 1979, 93). 이러한 분석은 하버마스가 철학적 진리를 통해 정치적 의견을 비판하는 플라톤적 전통 위에 서 있음을 함의한다. 번스타인은 아렌트가 진리와 의견의 차이를 강조한 나머지, 이성에 의해 뒷받침되는 공통의 합의를 신뢰하지 못하고 모든 논증을 '허위의 논증'(pseudo argumentation)으로 의심한다고 비판한다(Bernstein 1983, 221-222). 당트레브는 이러한 이성, 합리성, 진리의 입장에서 제기된 아렌트 비판에 대한 대응을 F. 메흐너 바나드(F. Mechner Barnard)에게 찾는다. 바나드에 따르면, 아렌트는 의견의 충돌과 타협을 통해 이루어지는 역동적 정치의 대표성을 포착한다. 이는 시민들이 정치를 통해 합의체제의 구성에 다다를 수 있고, 정치적 대표체 구성의 근거는 진리가 아닌 공동체 구성원들의 동의에 있음을 의미한다(Barnard 1977, 42-43).

III. 물질세계의 속성으로서 목적-수단 논리

이 장은 아렌트의 플라톤 비판을 철학사의 흐름 속에서가 아니라, 철학적 진리를 목적으로 하는 목적-수단 논리에 대한 아렌트의 거부에서 이해한다. 목적-수단 관계는 특정 목적과 그 목적을 실현하기 위한 수단 사이의 관계를 의미한다. 아렌트는 이 관계를 "목적과 수단의 카테고리"(category of means and end), "목적-수단 카테고리"(means-end category) 또는 "목적과 수단의 관계"(means-end relationship) 등으로 부른다(Arendt 1998, 145, 152, 158). 이 장에서는 목적-수단 카테고리 속에서 합리적 수단을 활용한 목적 달성이라는 사고방식을 강조하기 위해 '목적-수단 논리'라는 용어를 사용한다. 아렌트는 『인간의 조건』에서 인간의 활동을 행동(action), 노동(labor), 작업(work)으로 분류한다. 행동은 개별 인간들이 다른 사회 구성원들에게 자신의 의견을 표출하는 활동을 의미한다. 이에 비해 노동은 자연에서 생존에 필요한 산물을 얻는 일, 작업은 자연물을 인공물로 가공하는 과정을 가리킨다. 이때 노동과 작업은 생존과 편익이라는 목적을 위해 기능한다. 노동에 해당하는 농경, 어로, 수렵 채취 등을 통해 인간은 자연에서 자원을 얻어 생존에 필수적인 식량 등의 생필품을 확보한다. 아렌트가 작업으로 분류하는 것은 공업 활동, 건축, 조각 등으로 자연을 적극적으로 변형시켜 이익과 효용을 얻는 활동을 가리킨다. 따라서 노동과 작업은 특정한 목적을 위해 수단을 조직, 사용하는 과정이라 할 수 있다. 노동은 인간의 생존, 작업은 생활의 편익이라는 목적을 위해 이루어진다는 점에서 목적-수단 논리에 귀속되는 활동이다. 아리스토텔레스는 『니코마코스 윤리학』에서 목적과 수단의 관계에 대한 논의를 제시한 바 있다. 그의 예시에 따르면, 말 고삐 등 마구(馬具) 제작 기술은 승마를 목적으로 하는 수단이고, 승마 기술은 다시 전쟁에서의 전술 운용을 목적으로 하는 수단이다. 하나의 수단이 특정한 목적을 위해 사용되고, 이때의 목적이 보다 상위의 목적을 위한 수단이 되면서 목적과 수단의 연계 관계를 형성하는 것이다(*Die Nikomachische Ethik*, 1094a4).

정해진 목적을 위해 적합한 수단을 활용하는 목적-수단 논리는 물질세계의 필요성에 근거한다. 물질세계란 인간의 자유, 의지가 작동하지 않는 인간 삶의 조건이 되는 환경을 가리킨다. 물질세계는 따라서 인간이 만드는 사회, 공동체가 아니라 그러한 인위적 단위를 둘러싼 주변 환경에 해당하며, 인간의 의지가 아닌 자연의 법칙을 따른다. 물론 이는 개념적 구분이며 공간적·영토적 경계를 갖는 것은 아니다. 인간이 개입하지 않는 물질세계는 생물학적 필요성에 따라 목적-수단 논리가 약육강식, 적자생존의 형태로 관철되는 공간이다. 그리고 인간이 활동하는 영역 역시 일정 부분 목적-수단 논리에 따라 작동한다. 인간은 의지, 의식, 자유 등의 인간적 특성과 함께, 단순한 생명체로서의 속성까지 함께 가지고 있다. 아리스토텔레스는 인간이 언어를 가졌다는 점에서 여타의 존재들과는 다른 정치적 존재(ζῷον πολιτικόν; *zoon politikon*)라고 정의내린다. 인간을 동물 등과 구별시켜주는 것은 언어다. 동물들 역시 즐거움과 쾌락 등을 표현한다. 그러나 인간의 언어만이 옳고 그름 등의 윤리적 사안들을 다룰 수가 있다(*Politik*, 1053a5-18). 인간은 생물학적 삶(*zoē*)과 동시에 정치적·사회적 삶(*bios*)을 누리는 존재다.[3] 이로부터 인간이 속하는 두 세계가 개념적으로 나뉠 수 있다. 흔히 사회라고 불리는 인간들 사이의 공동체, 인간세계는 자연의 논리에서 벗어난 법, 도덕, 질서 등의 인위적인 규범에 따라 움직인다. 이에 비해 zoē의 측면에서, 인간을 포함한 모든 생명체들은 생물학적 존재로서 물질세계에 포함된다. 인간 고유의 의지가 개입되지 않는 영역, 즉 생명 유지와 관련된 차원에서 개념화할 수 있는 물질세계는 모든 동물에 내재된 생물학적 본능이 지배하는 공간이다. 이러한 본능은 생존, 편익 등의 목적을 위해 필요한 요건들을 충족시키려 한다. 물질세계에서는 목적을 충족하기 위해 수단을 동원하는 것이 생존을 위한 필연적인 과정이므로, 합리성과 효율성이 중요하게 부각된다. 따라서 생명체인 존재들에게 요구되는 것은 목적을 달성하기 위해 수단을 효율적·합리적으로 활용하는 방법뿐이다.

필요성과 더불어 물질세계의 목적-수단 논리를 설명하는 또 다른 핵심적 요소는 폭력이다. 폭력은 흔히 강압(coercion), 억압(oppression) 등의 의미로 사용된다. '폭력'이라는 뜻을 가진 독일어 'Gewalt'는 폭력과 동시에 '권력'을 의미한다. 그러나 아렌트는 폭력을 양적인 의미에서의 물리력(force)으로 바라본다. 세계를 파괴하는 인간의 폭력은 본질적으로 인간이 생산과정에서 사용하는 힘, 즉 생산력과 동일하다(Arendt 2005, 154). 파괴력과 생산력을 구분하는 것은 물리력으로서의 폭력이 생산을 위해서 사용되느냐, 파괴를 위해서 사용되느냐는 용도의 차이일

3 조르조 아감벤(Giorgio Agamben)은 아리스토텔레스가 제시한 *zoe*와 *bios* 사이의 구분에서 근대 주권 개념의 작동원리를 도출한다. 그는 생체정치학적(biopolitical) 근대 주권이 인간의 삶을 생물학적 삶(*zoē*)으로 제한시키며 대상화함에 따라, 정치적 삶(*bios*)을 박탈당한 호모사케르(*homo sacer*)의 형상이 전면화되었다고 진단한다(Agamben 1998, 1-2).

뿐이다. 이러한 시각에서 아렌트는 폭력을 기본적으로 중립적인 힘으로, 목적을 실현하기 위해 수단에 작용하는 비정치적인, 물리적 개념으로 이해하는 것이다. 물질세계의 목적-수단 논리는 이러한 물리력으로서의 폭력을 통해 구현된다. 자연의 대상물에 폭력을 가해 (가공 단계를 거쳐) 소비함으로써 인간은 생존과 편익이라는 생물학적 필요성을 충족시킨다. 따라서 폭력은 인간을 포함한 생명체들이 물질세계에서 살아갈 수 있도록 하는 핵심 동력이다. 이 과정에서 폭력은 물질세계의 개별 개체들을 주체(subject)와 객체(object)의 관계로 연결시킨다. 인간은 수렵, 채취, 가공, 제작 등의 활동에서 주체로 존재하며, 객체인 자연(물), 즉 자원, 동식물 등을 대상으로 폭력을 사용한다. 아렌트는 수단인 대상물에 가해지는 폭력을 기계적인 물리력의 의미로 이해한다. 그러므로 인간 사이에 폭력이 사용된다는 것의 의미는, 한 인간이 다른 인간을 대상으로서 수단화한다는 것을 의미한다. 인간은 생존과 편익을 추구하는 생물학적 존재라는 측면에서 물질세계에 속하며, 목적-수단 논리를 따른다. 생명을 유지하고 이익을 추구하는 점에 있어서는 원칙적으로 인간과 다른 생명체들 사이에 차이를 발견하기 어렵다. 생물학적 존재로서의 인간은 생존과 편익이라는 목적을 충족시킬 필요성에 따라 효율적이고 합리적인 수단을 활용한다. 아렌트는 이 지점에서 폭력과 권력을 구분한다. 폭력은 주체와 객체 사이에 작용하는 힘이지만, 권력은 주체로서의 인간들 사이에 작동하는 힘이다. 아렌트의 이러한 폭력과 권력의 구분은 권력에 대한 이상화가 아닌, 물질세계의 목적-수단 관계로부터 파생하는 논리적 귀결에 해당한다. 인간이 물질세계의 사물들을 대상으로 하여 행사하는 폭력은 힘을 가한다는 물리적 의미가 중요하다. 이와 달리 인간의 세계는 이러한 물리적 폭력에 따라서만 작동하는 것이 아니다. 강제와 억압만으로 인간의 질서는 설명되지 않기 때문이다. 폭력 이외에 인간의 결정을 설명할 수 있는 요인은 바로 동의다. 동의에 기초한 행동은 타자의 폭력에 종속되지 않은 채 이루어진다. 이러한 동의를 끌어내기 위한 과정이 바로 설득이고, 이것이 권력이 물질세계가 아닌 (대상화되지 않은) 인간들 사이에서만 형성되는 이유다. 그리고 아렌트가 '권력'을 뜻하는 라틴어 단어 '*potentia*'와 독일어 단어 '*Macht*'를 예로 들어 설명하듯이, 권력이 가능성의 영역에 속하는 이유이기도 하다. 다른 이들의 동의를 이끌어 내어 자신의 의지를 관철시키는 가능성을 지닌 힘이 바로 권력인 것이다(Arendt 1998, 200-201). 권력에 의해 질서가 형성되는 인간세계에 비해 목적-수단 논리에 따라 주체가 객체를 사용하는 물질세계는 설득의 과정을 필요로 하지 않는다. 생존과 편익이라는 생물학적 욕구가 목적으로서 이미 정해져 있기 때문이다. 목적이 정해져 있으므로, 물질세계에서 이뤄지는 것은 수단을 합리적·효율적으로 동원하여 목적을 달성하는 구체적 실행과정 뿐이다.

필요와 폭력을 특징으로 하는 물질세계는 새로운 것이 없는 반복적 순환체계를 형성한다. 목적-수단 논리는 자연이라는 이 거대한 순환체계를 지탱하는 질서다. 인간은 목적-수단 논리에 따라 노동과 작업을 통해 다른 사물들을 수단으로, 자신의 목적인 생존과 편익을 달성한다. 이때 노동과 작업이 이루어지는 공간적 범위는 구체적으로 '지구'라는 제한된 영역이다. 하나의 거대한 순환계를 이루는 지구 안에서 물질은 인간에 의해 생산되고, 인간의 사용을 거쳐 인간에 의해 파괴되고 분해된 후 다시 가공된다. 인간이 파괴하는 것은 인간이 만들었던 것이고, 파괴에 사용되는 폭력은 생산에 이용되었던 폭력과 본질적으로 동일하다(Arendt 2005, 154). 인간은 목재를 사용하여 가구와 건물을 만들어 사용하고, 수명이 다한 가구나 건물의 목재를 재활용하여 다른 사물을 만든다. 자연물이 인간의 폭력에 의해 가공되고 사용된 뒤 분해되고 재가공되는 순환이 진행되는 것이다. 이 거대한 순환 과정에서 새로운 것은 존재하지 않는다. 물질세계의 불변성에 대한 인식은 이미 소크라테스 이전(pre-Socratic) 그리스 철학자인 파르메니데스(Parmenides)에 의해 "*nihil ex nihilo*"(무(無)에서는 아무것도 나올 수 없다)라는 구절로 표현되었다(*Frag.* B 8, 12). 인간의 (정치)세계와 대비되는 물질세계에서 목적과 수단 사이에 새로운 것은 개입하지 않고, 다만 물질들만이 폭력을 통해 순환할 뿐이다. 앞서 말했듯이, 새로운 것이 개입하지 않는 순환의 과정에서 중요한 것은 효율성과 합리성뿐이다. 물질세계의 존재(zoē)로서 인간이 폭력을 통해 수단인 자연을 이용하는 활동은 결국 생존과 편익을 목적으로 귀결된다. 정해진 목적을 산출해 내기 위한 수단 동원 과정에서 폭력, 즉 인간의 힘을 효율적이고 합리적으로 사용하는 것이 관건이 된다.

IV. 목적-수단 관계 너머의 정치

1. 목적-수단 논리로서의 플라톤 사상에 대한 아렌트의 비판

플라톤이 진리를 목적으로 하는 물질세계의 목적-수단 논리를 인간에게 부과했다는 것이 아렌트가 플라톤을 비판하는 핵심적 이유다. 특정한 진리를 최종 목적으로 하는 사고는 아렌트에게는 인간이 물질세계에서 벌이는 노동, 작업과 근본적으로 다를 바 없다. 물질세계에서 생존과 편익이 최종 목적으로 자리하듯이, 이미 존재하는 진리는 스스로를 궁극적 목적으로 하는 진리의 세계를 형성한다. 플라톤이 추구하는 진리의 세계에서 목적으로서의 진리는 인간의 의지가 개입하기 이전에 초월적으로 존재한다. 물질세계에서 생물학적 인간이 생존과 편익이라는 최종 목적에 종속되는 존재이듯이, 진리의 세계에서도 진리를 실현하기 위한 목적-수단 논리에 인간은 종속되는 것이다. 진리의 실현이 궁극적 목적으로 인정받는다면, 영속적인 진리는 개별 인간과 인간 집단이 내리는 판단과 결정보다 우월한 것으로 여겨진다. 진리를 정점으로 하는 목적-수단 논리는 인간들 사이의 합의와 동의로 이루어지는 정치의 가치를 박탈하고 정치를 수단으로 격하시킨다. 아렌트가 말하듯, "파르메니데스와 플라톤에서 시작하는 정치사상의 철학적 전통은 명백히 폴리스와 시민성(citizenship)과의 대립 속에서 수립되었다"(Arendt 2006, 156). 인간의 의견과 판단은 불확실하고, 또한 불안정하다. 여론이 시시각각으로 변화하는 것에서 알 수 있듯이, 인간 또는 대중의 의사와 선호는 '지속적인 유동성'(constant flux) 상태에 놓여 있다(Arendt 2006, 228). 불확실한 인간의 사고가 내린 잘못된 결정의 대표적 사례는 소크라테스의 죽음이다. 아렌트는 플라톤이 목적-수단 논리를 통해 정치를 진리에 종속시킨 계기를 소크라테스의 죽음에서 찾는다(Parekh 1981, 23-26; Canovan 1983, 257-261; Villa 1999, 93-96; Dolan 2006, 269-270). 그녀는 "우리 정치사상의 기원은 소크라테스의 죽음이 플라톤을 절망케 하고, 동시에 소크라테스의 가르침에 대해 근본적으로 의구심을 갖게 만들면서 시작되었다"(Arendt 2005, 6-7)라고 말한다. 물론 아렌트가 말하는 '우리 정치사상의 기원'이란 그녀가 자신의 철학으로 거부하려 했던, 활동적 삶(*vita activa*)을 배제하고 정치를 진리의 실현장으로 격하시킨 관조적 삶(*vita contemplativa*)의 태도를 의미한다(Arendt 1998, 20-21). 플라톤 철학은 불확실한 의견과 판단의 영역에서 벗어나 영속적이고 불변하는 진리를 추구했다. 플라톤의 유명한 '동굴의 우화'가 보여 주듯이, 진리는 인간의 인식 너머에 이미 존재하며, 인간은 다만 철학적 사유를 통해 이러한 진리의 영역에 나아갈 뿐이다. 이렇듯 진리가 최종 목적으로 정치 위에 군림하도록 한 것은, 플라톤이 인간의 삶을 인간 스스로의 불확실한 의견과 판단에 맡길 수 없다고 생각했기 때문이다. 아렌트는 이 과정에서 정치를 지배와 동일시하는 사유가 나타났다고 비판한다. 정치는 토론과 설득이라는 불확실하고 불안정한 과정이 아니라, 확고한 진리를 이해하는 지혜로운 자의 지배를 의미하게 된 것이다.

아렌트의 관점에서, 플라톤의 철학은 진리를 목적으로 삼고, 정치를 진리 실현을 위한 수단으로 종속시켰다. 이것은 아렌트가 생각하는 인간의 근본 조건인 다양성(plurality)이 우월적 진리의 목적성(teleology)에 의해 거부됨을 의미한다. 그녀의 입장에서 플라톤은 정치를 지배로 대체시킨 잘못을 범한 셈이다. 플라톤은 무고한 철학자, 소크라테스를 죽게 한 정치에서 대화와 토론의 가치를 박탈한다. 올바른 정치를 위해서는 철학이 정치를 이끌어야 한다고 생각한 것이다. 철학자가 왕이 되어 진리를 구현해 나가야 한다는 주장, 즉 국가가 철학의 작업물이 되어야 한다는 생각이다. 플라톤은 진리의 실현을 정치 공동체의 목표로 설정하고, 이러한 목표를 실현시키기 위해 철학자에게 공동체의 지배라는 임무를 맡기려 했다. 이것은 정치가 범한 잘못, 즉 소크라테스의 죽음에 대한 플라톤의 보복이라 할 수 있다. 그러나 아렌트는 정치가 잘못을 범할 수 있는 문제의 원인을 인간 행동에 내재한 필연적 한계에서 찾는다. 노동과 작업은 특정 목적을 설정하고, 그에 따라 필요한 수단을 동원하는 과정이다. 따라서 기본적으로 노동과 작업은 한 개인 또는 개인들 사이에 사전에 합의된 목표와 목표달성 방식에 따른 기능적 실행으로 이루어지게 된다. 반면, 인간의 행동은 인간들 사이에서 일어나는 것으로, 대화와 토론, 논쟁과 타협을 통해 노동과 작업이 필요로 하는 목표 자체를 결정한다. 이때 인간의 행동은 필연적으로 공동체의 다양한 구성원들 사이에서, 개인의 통제력 너머에서 일어난다. 이로부터 행동은 노동, 작업과 달리 "결과의 예측불가능성, 과정의 비가역성(非可逆性), 행위자의 익명성"(predictability of its outcome, irreversibility of the process, and anonymity of its authors)이라는 한계를 갖는다(Arendt 1998, 220). 정치 영역에서는 다양한 인간들의 활동이 서로 교차하면서 공동체의 정치적 결정이 이루어진다. 정치과정에 많은 사람들이 개입하는 만큼, 그 결과는 예측했던 것과 달리 흘러갈 가능성이 있다. 또한 개인이 자신의 경제적·시간적 부담을 통해 진행한 일과는 달리 공동체 속에서 이미 진행된 일은 되돌릴 수 없다는 비가역적 성질을 갖는다. 그리고 공동체 속에서 이루어진 일인 만큼, 매 순간 일에 대한 책임자를 찾을 수 없다는 익명성이 수반된다. 공동체의 정치적 결정이 이러한 요인들로 만족할 만한 성과를 거두지 못했을 때, 인간은 좌절한다. 좌절한 인간은 행동과 행동으로 구성되는 정치에 환멸을 느끼고, 정치가 아닌 지혜로운 자의 지배, 즉 진리의 지배를 추구하게 된다. 지혜로운 지배자, 철학자는 상황을 파악하고 통제함에 따라 사람들에게 자유를 제한하는 대신 "안정성, 안전성, 생산성(stability, security, and productivity)"이라는 확실성을 제공하기 때문이다. 그 대표적인 시도가 플라톤의 철학자-왕 기획이다(Arendt 1998, 221-222). 플라톤은 철학적 진리가 정치를 지배하게 만듦으로써 불완전하고 어리석은 대중들이 자유로운 행동을 통해 잘못을 범할 가능성을 원천적으로 차단하려 했다. 자유를 박탈함으로써 현명한 자의 계획에 따른 안정된 삶을 보장하려 했던 것이다. 이때 정치는 철학자가 독단적으로 구상하여 현실에서 실현시키는 하나의 작업과정이다. 플라톤은 아렌트에게 행동의 자유에서 좌절해 작업의 영역으로 후퇴한 인간의 전형을 보여 주고 있는 것이다.

진리를 정점으로 하는 플라톤의 목적-수단 논리는 근대 철학까지 서구사상을 지배한다. 아렌트는 확실성을 보장하는 진리 아래에 불확실한 정치를 종속시키려는 철학적 사유가 플라톤에서 기원하여 헤겔까지 지속된다고 보았다(Arendt 1998, 185; 2006, 28). 플라톤에게는 철학적 진리가 궁극적 목적의 지위를 점하고 있었다면, 헤겔은 진리의 내용을 역사, 또는 정신으로 변용하여 목적-수단 논리의 지배를 근대에도 지속적으로 관철시킨다. 종교적 교의(敎義)마저 유효성을 상실한 근대 이후의 세계에서 진리의 절대성은 플라톤 철학이 말하는 그대로 유지되기 어렵다. 그러나 고대적 진리 관념의 유효성 상실에도 불구하고, 목적-수단 논리는 헤겔의 역사철학에 의해 지속되었다. 그는 인간이 추구해야 할 궁극적 진리로서, 자유를 본질로 하는 정신(Geist)을 제시했다. 그리고 인간의 역사를 바로 이 정신이 점차 확산되어 가는 과정, 즉 "시간에 있어서 정신의 전개(Auslegung)"로 정의했다(Hegel 1970, 96-97). 헤겔에 의해, 역사는 과거의 일들, 또는 그에 대한 기록이라는 제한적 의미를 벗어나 미래를 다루는 작업으로 확장되었다. 즉 정신이 인류의 궁극적 목적으로서 초월적 진리의 지위를 획득함에 따라, 인간의 역사는 이 목적이 실현되는 과정이라는 종속적 의미를 부여받은 것이다. 그러므로 아렌트는 헤겔이 진리의 실현을 추구하는 고대 철학을, 정신의 발현을 추적하는 역사철학으로 전환시켰다고 평가한다(Arendt 2006, 29). 헤겔은 인간의 역사가 인류 전체를 대상으로 하는 정신의 끊임없는 발전 과정이라고 이해했다. 정신의 확장은 자명한 이치로서 모든 인류가 겪게 될 절대적 진리의 실현과정으로 규정된다. 따라서 인간의 역사는 개별 도시, 국가, 민족의 의지를 초월하는 보편적 흐름, 즉 정신의 전개 과정을 따르게 된다(Arendt 2006, 75).

아렌트의 플라톤 비판은 인간의 삶과 정치에 목적-수단 논리를 도입한 시원적 책임을 플라톤에게 묻는 것이라 할 수 있다. 그녀가 보기에, 고대에서 근대 철학에 이르기까지 인간이 특정 가치에 종속되어 있다는 사고의 발원지가 바로 플라톤 철학이었기 때문이다. 소크라테스의 죽음에서 확인되듯이, 인간의 결정은 무고한 철학자를 희생시킬 수 있다. 그러므로 앞서 보았듯이, 플라톤은 인간의 판단 너머 초월적 진리의 지배를 통해 결과의 예측불가능성, 과정의 비가역성, 행위자의 익명성 등의 한계를 극복할 수 있다고 생각했다. 정치를 인간 공동체의 운영에 대한 논의와 결정이라고 이해할 때, 플라톤이 말하는 진리의 지배는 인간의 정치 바깥에서 정치의 토대를 찾으려는 입장이다. 이때 정치는 독자성을 지니지 못한 채, 진리를 담당하는 철학에 의존할 수밖에 없다(Arendt 2005, 130). 그러나 다양한 사람이 모여 살고 있다는 가장 기초적인 사실에서 정치공간은 본질적으로 진리의 지배를 거부하는 특성을 지니게 된다. 플라톤이 목적으로서의 진리가 지닌 절대적 위상을 확신하는 데 반해, 아렌트는 인간 공동체에서 진리 자체가 존립가능한지에 대해 의문을 제기한다. 인간의 판단과 의지 너머에 선험적으로 존재하는 진리는 여태껏 확인된 바 없다. 물론 한 개인의 사유 속에서 진리의 발견은 가능할 수 있다. 그러나 개인이 진리라고 믿는 것 역시 공동체 속 하나의 의견, 주장일 뿐이다. 한 개인에게 진리인 것은, 다양한 사람들이 존재하는 공동체 속에서는 하나의 관점일 뿐이다. 진리를 대신하여 아렌트가 인간 공동체에서 발견하는 것은 바로 이러한 다양성이다. 인간의 다양성은 사람들이 서로 다르다는 일상적인 경험에서 충분히 확인된다. 그리고 정치 공동체는 이렇게 다양한, 서로 다른 사람들이 함께 모여 공존할 때에 수립된다. 다양한 의견이 존재하는 공동체에서 한 개인의 의견이 진리라는 이름으로 관철되려 하는 경우, 다른 의견은 억압당할 수밖에 없다. 철학이 목적으로 하는 진리는, 서로 다른 인간의 공존을 통해서만 존립가능한 정치와 충돌한다. 정치는 사람들이 각기 내어놓는 다양한 의견들의 통합을 통해 유지되기 때문이다. 사람들의 의견과 아무 상관없이 초월적으로 존재하는 "절대적 진리에 대한 요구는 모든 정치와 정부의 근간을 파괴한다"(Arendt 2006, 229). 플라톤은 소크라테스의 죽음을 통해, 이러한 다양한 의견들 가운데 잘못된 의견이 채택될 수 있음을 목도했다. 아렌트 역시 그러한 위험성을 인정하며, 이를 결과의 예측불가능성, 과정의 비가역성, 행위자의 익명성으로 정리한다. 그럼에도 불구하고 확인될 수 없는 진리 위에 정치 공동체를 세울 수는 없다는 것이 그녀의 입장이다. 정치는 인간 공동체가 존재하는 방식 그 자체고, 인간이 확신할 수 있는 것은 공동체의 내재적 특성인 다양성뿐이기 때문이다.

2. 행동을 통한 정치의 구성과 정치의 의미로서의 자유

아렌트는 대화를 통한 인간 사이의 관계에서 정치의 본질을 찾음으로써, 정치를 지배와 동일시하는 기존의 정치학 전통 전체와 대립한다. 그 시원적 주장이 플라톤인 만큼, 아렌트의 정치사상은 플라톤과의 대결 속에서 구성되었다고 볼 수 있다. 진리를 중시해 온 서구사상의 전통과 대결하며, 아렌트는 정치를 진리나 역사와 같은 특정 목적에서 해방시키려 한다. 아렌트가 플라톤에 의해 시작된 철학의 지배에 대항하기 위해 찾아낸 대안은 소크라테스의 사유였다. 그녀는 철학사적으로 목적-수단 논리가 인간의 삶을 지배한 것이 플라톤이라고 보았다. 따라서 수단화되지 않은 정치적 원형을 회복하는 실마리는 플라톤 이전의 소크라테스에게서 발견할 수 있다는 것이다. 아렌트가 플라톤이 기록한 대화 속 소크라테스의 모습을 통해 플라톤에 반대하는 것은, 일견 아이러니로 보인다. 플라톤이 전하는 소크라테스의 말과 행동은 역사 속 실제 소크라테스의 모습이 아니라, 플라톤이 자신의 주장을 펼치기 위해 각색되었을 가능성이 있기 때문이다. 플라톤이 자신의 저작에 등장시킨 소크라테스가 실제의 역사적 소크라테스(historical Socrates)의 모습과 얼마나 가까운지, 또 얼마나 차이가 나는지 등은 일명 '소크라테스 문제'라고 불리며 지속적인 논의의 대상이 되어 왔다. 물론 이것이 문제가 되는 이유는, 플라톤 저작 속에서 나타난 소크라테스의 주장 가운데 어느 것이 소크라테스의 생각이고, 어느 것이 플라톤의 의견인지를 구분하기 위함이다.[4] 아렌트의 플라톤 해석에 있어서 소크라테스 문제가 의미를 갖는 지점은, 아렌트가 소크라테스 문제에 대해 전혀 관심을 두지 않았다는 데에 있다(Magiera 2011, 185). 아렌트는 대화의 내용보다 대화라는 형식 자체에 큰 의미를 부여하기 때문이다. 플라톤의 사유가 동굴의 우화서 보여지듯이, 한 명의 철학자가 진리를 추구하는 방법으로 진행되는 반면, 소크라테스의 대화는 공동체 속에서 인간이 타자와 함께 살아가는 정치적 방식으로 나타난다(Arendt 1998, 4). 대화라는 형식이 의미하는 것은 소크라테스가 독단적 진리의 지배를 인정하지 않고, 아테네 시민들 각자가 지닌 의견(doxa)의 다양성을 중시했다는 점이다. 아렌트는 'doxa'의 의미를 '*dokei moi*', 즉 '나에게 어떻게 보이는가'로 설명하면서, 이는 절대적 진리나 주관적인 편견도 아닌 공통된 세계에 대한 각자의 다양한 생각이라고 의미를 부여한다. 서로 다른 다양한 의견 사이의 소통은 선험적으로 존재하는 추상적 진리를 확인하는 과정이 아니라, 다른 사람들과 공통된 세계에 대해 의견을 나눔으로써 현실 세계에 다가가는 과정이다. 이러한 다양성의 대화는 소크라테스가 직접 실천했던 것처럼 단순한 설득이나 수사학을 넘어서서 '*dialegesthai*', 즉 "다른 사람과 무언가에 대해 깊이 이야기하기"(talking something through with somebody)의 방식으로 이뤄진다(Arendt 2005, 13-14). 따라서 아렌트는 대화를 통해 진리에 다다르는 것이 아닌, 사람들 사이의 동의에 도달할 수 있다고 보았다. 대화를 통해 제시된 각자의 의견이 수렴하여 진리로 확정되는 것이 아니라, 하나의 '정치적' 결정으로 합의되는 것이다.

초월적 진리의 지배로부터 탈피했다는 점에서 정치는 자유의 특성을 가진다. 앞서 살펴본 아렌트의 "정치의 의미는 자유다"(Arendt 2005, 108)라는 명제는 정치가 진리의 지배에서 벗어나 있음을 의미한다. 정

4 슐라이어마허가 소크라테스 문제를 본격적으로 제기한 이후(Schleiermacher, 1818), 지속적으로 논의되어 온 사안이나(cf. Vlastos 1991, 46-50; Kahn 1998, 74-75; Ahbel-Rappe & Kamtekar 2006, xiv-xv; Prior 2006, 25-28).

치는 특정 목적에 종속되지 않는 인간의 공동체적 삶, 그 자체를 가리킨다. 그러한 정치에 참여함으로써, 인간은 자신의 자유를 누리고 확인하게 된다. 물론 이때의 자유는 흔히 이야기하는 개인적 자유를 가리키는 것은 아니다. 이사야 벌린(Isaiah Berlin) 이후, 자유는 흔히 정치 참여의 권리를 의미하는 적극적 자유와 정치로부터 구속받지 않을 자유를 의미하는 소극적 자유로 나뉜다. 그리고 외부의 압제를 걱정하지 않아도 되는 소극적 자유가 본질적 의미의 자유로 이해되고는 한다(Berlin 2002). 이에 비해 아렌트가 말하는 자유 개념은 인간의 생물학적인 측면까지를 포함한다. 외부 권력에서 자유로운 상태라 해도 인간은 생명체로서 생물학적 욕구 충족의 필요성에 종속된 존재다. 생물학적 욕구는 인간의 자유와 대립하는 근본요소인 셈이다. 앞서 살펴보았듯이, 생존과 편익은 이러한 생물학적 욕구를 의미하고, 노동과 작업은 이 욕구를 충족시키기 위한 인간 활동을 가리킨다. 따라서 자유를 외부 권력의 압제가 없는 상태로 정의내릴 때, 여전히 인간의 자유를 제약하는 생물학적 충족 욕구는 간과된다. 물론 인간의 모든 활동이 생명 유지와 생물학적 편의를 위한 것으로 설명될 수는 없다. 인간은 의지를 통해 자연적이고 생물학적인 욕구의 예속을 거부하는 선택을 내리는 존재다. 이러한 비자연적·비생물학적 활동들을 아렌트는 행동으로 분류하는 것이다. 물론 인간은 의식주가 충족되지 않으면 살아갈 수 없다. 그러므로 아렌트는 인간이 사적인 영역에서 경제적 요건들을 확보한 이후에, 생물학적인 필요에서 자유로운 상태가 될 수 있다고 보았다. 그 후에야 인간은 자유로운 존재로서 행동을 통해 정치공간에 진입할 수 있다는 것이다(Arendt 1998, 65). 따라서 노동, 작업과 달리 행동은 목적-수단 바깥에 위치해 있으므로 특정 목적을 위해 기능하지 않으며, 이 점에서 자유를 본질적 속성으로 한다. 목적-수단 논리에 종속되지 않는 자유를 통해, 행동은 새로운 시도를 추구한다. 목적-수단 논리 아래에서는 이미 정해져 있는 목적의 실현이 관건이므로, 진리 달성과정에서의 효율성과 합리성만이 중시된다. 그러나 목적이 사라진 상태에서는 본질적으로 새로운 사유가 가능해진다. 목적이 없는 다양한 시도들이 가능해지는 것이다. 행동은 목적을 결과로 산출하기 위해 반드시 적합한 수단적 활동을 해야 한다는, 인과적 관계에서 자유로운 것이다(Arendt 1981(2), 207-208).

대화는 개인의 행동을 매개하여 그 의미를 다른 공동체 구성원들에게 이해시킴으로써, 자유로운 개별 행동들을 공동체에 통합시킨다. 따라서 진리를 대신하여 정치공간을 채우는 것은 사람들 사이의 대화다. 아렌트에게 정치란 일방적으로 진리를 수용하는 수단적 활동이 아니라, 대화와 토론을 통해 공동체의 운명을 결정하는 집단적 행위를 의미한다. 진리가 정치를 지배할 때, 대화와 토론은 이미 정해진 진리를 어떻게 실현시킬 것인가라는 본질적으로 기술적인 문제를 다루게 된다. 그러나 다양한 사람들의 의견이 공존하는 정치의 영역에서 진리란 존재하지 못하므로, 대화와 토론은 각자의 의견과 판단을 공유함으로써 공동체의 방향을 결정하는 과정을 의미한다. 목적-수단 카테고리에서는 목적의 실현이 지배적 의미를 지니므로, 모든 관계는 목적을 효율적으로 실현하기 위한 기계적 관계로 환원된다. 관료제, 대량생산 공장에서 볼 수 있는 효율성, 합리성 위주의 질서에서 인간은 마치 "말 못 하는 로봇"(Arendt 1998, 121)처럼 기계적인 업무를 완수하도록 요구받는다. 관료제가 완전히 관철되는 집단에서 소속 구성원은 사전에 정해진 일을 효율적으로 수행하도록 기대되므로, 이 과정에서 자신의 의견과 생각을 말하는 대화는 필요 없기 때문이다. 이에 비해 의견을 교환하는 대화는 효율적 목적 실현이 아닌 의지의 표출로서 인간 스스로를 드러낸다. 그러므로 특정 정보, 또는 명령을 전달하는 역할을 넘어, 토론, 합의 등의 형태로 나타나는 대화는 개별 인간들의 실존을 드러내는 역할을 한다(Arendt 1998, 179). 공동체의 한 구성원이 대화를 통해 자신의 의견과 생각을 다른 구성원들에게 전할 때, 그의 의견은 한 사람의 의견으로 제시되고 평가받는다. 그리고 대화를 매개로 취합된 사람들의 생각과 의견들이 그대로 정치 공동체의 다양성을 이루게 된다. 목적-수단 논리에서 자유로운 행동은 합리성과 효율성에 종속되지 않은 채 개별 인간이 지닌 실존성을 증명한다. 그리고 대화를 통해 사람들은 그러한 행동을 공공의 영역에서 종합하고, 그 의미를 평가함으로써 공동체의 다양성을 확인한다. 정치공간은 다양성을 보장함으로써, 목적-수단 논리의 물질세계와 구분되는 인간의 세계를 구성한다. 명령이 아닌 토론, 논쟁의 형태로 진행되는 대화는 인간 사이의 수평적 관계를 전제한다. 폭력을 활용하는 노동과 작업이 주체와 객체 사이의 관계를 가리키는 데 반해, 행동과 대화는 설득을 목적으로 하는 주체 사이의 관계를 의미한다.

플라톤 철학에서의 탈출이 아렌트 정치철학의 시작점이라면, 아렌트 정치철학의 완결점은 플라톤이 자유를 포기하고 작업(work)의 영역으로 회귀한 반면, 아렌트가 행동(action), 구체적으로는 행동의 일종인 용서와 약속을 통해 자유를 다시 시도하는 순간에 위치한다. 앞서 살펴본 대로, 아렌트는 목적-수단 논리를 벗어난 행동을 통해 인간의 정치 공동체가 형성될 수 있다고 주장한다. 정치의 근간을 진리의 확실성보다는 자유로운 행동과 대화에 의해 확인되는 인간의 다양성에서 찾고 있는 것이다. 그러나 자유로운 행동과 자신의 의견을 표출하는 대화는 부정적 결과를 초래할 위험을 안고 있다. 대화는 개인이 가진 의견들 사이의 소통일 뿐이기에, 철학적 사유가 기대하는 진리의 확실성을 보장할 수 없다. 소크라테스의 죽음과 같이 잘못된 결정을 내릴 수 있는 정치의 한계 앞에서 플라톤은 진리의 지배를 요청한다. 그러나 아렌트는 정치는 확실한 진리를 인정할 수 없기에, 또다시 잘못된 결정을 범할지 모른다는 한계를 지닌 채로 지속될 수밖에 없다는 입장이다. 의견은 아무 이유 없이 시시각각 변할 수 있고, 가변적 의견들이 교환되는 대화 역시 거짓 정보, 유행, 분위기 등에 의해 잘못된 결론으로 흐를 위험이 있다. 아렌트는 이러한 취약성을 인간 정치 공동체에 내재된 필연적 한계로 생각한다. 인간은 잘못된 판단을 내릴 수 있다. 올바른 결정을 내렸음에도 잘못된 결과가 초래될 수도 있다. 그리고 죽은 소크라테스를 되살릴 수 없듯이, 한번 저지른 잘못된 일을 되돌릴 수 없다. 다만 인간은 과거에 저질러진 잘못된 행동들을 용서할 수 있다. 용서라는 능력이 없다면, 인간의 공동체는 과거의 적대와 피해에서 벗어나지 못할 것이다. 용서가 불가능하다면, 보복이 과거에서 벗어나는 유일한 해법으로 여겨질 것이다. 그러나 우리는 역사에서 보복이 또다른 보복을 불러오는 악순환의 사례들을 수없이 알고 있다. 과거 적대세력에게 피해를 입은 경우, 흔히 보복을 취하는 것을 당연하게 생각한다. 용서는 행동의 일종으로 이러한 당연한 반응을 선택하지 않는 자유를 의미한다. 용서는 과거가 더 이상 현재를 지배하지 못하도록 과거를 과거에 묶어둠으로써 과거로부터 현재를 자유롭게 만든다. 과거를 향한 인간의 능력이 용서라고 한다면, 불안정한 정치 공동체가 미래를 향해 나아갈 수 있는 것은 약속 때문이다. 용서를 통해 적대관계에서 벗어난 사람들은 약속을 통해 새로운 관계를 만들어 갈 수 있다. 약속은 법률, 규범 등의 형태로 공식화, 제도화된다. 공식적 제도들은 상호 동의의 범위를 확인시켜 줌으로써, 진리를 대신하여 정치의 근간 역할을 한다(Arendt 1998, 236-238). 물론 용서와 약속에도 불구하고 인간은 다시 약속을 어기고 용서받지 못할 짓을 저지를 수 있다. 그러나 그때에도 인간의 정치는 다시 보복의 악순환을 끊어 내는 용서를 보여 주며, 약속을 통해 새로운 관계를 형성할 수 있게 한다. 불안정하고 불완전할 수밖에 없는 인간의 존재론적 한계를 인정할 때, 희망으로 남는 것은 진리의 도래가 아니라 폐허 속에서도 다시 새롭게 시작할 수 있는 인간의 자유로움, 그 가능성이다.

V. 결론: 진리를 거부한 아렌트 정치의 현재적 의미

아렌트는 진리를 목적으로 하는 목적-수단 논리를 거부하고, 인간의 행동과 대화를 통한 정치의 구성을 주장한다. 이 과정은 철학사의 전통 속에서는 플라톤에 대한 아렌트의 비판, 또는 플라톤에서 헤겔까지 이어지는 서구사상 전반에 대한 아렌트의 도전을 의미한다. 그녀가 오랜 정치철학의 전통에 대립한 것은, 특정한 진리가 지배하는 사회에서 인간의 삶은 수단으로 전락한다고 생각했기 때문이다. 진리를 추구하는 사회가 일견 긍정적으로 보이는 것은 사실이다. 인간의 자유, 평등, 천부적 권리 등이 진리의 내용이 될 때, 이러한 진리를 현실에서 구현하려는 움직임은 윤리적으로 올바르고 바람직한 것으로 여겨진다. 인간은 유토피아를 지상에 건설하려는 의지가 있고, 이를 실현시키기 위해 지속적으로 혁명과 개혁을 시도해 온 것 또한 사실이다. 아렌트가 말하듯이, 플라톤은 그러한 유토피아 기획의 선구자다. 그는 철학자 왕을 정점으로 하는 이상적 국가체계를 설계도 삼아, 현실의 정치질서를 변혁해야 한다고 주장했다. 그러나 아렌트는 이러한 유토피아 구상이 실제로 정치적 역할을 하지 못했다고 냉정히 평가한다(Arendt 1998, 227). 계급 없는 평등사회를 청사진으로 만들어진 소련은 관료 지배계급의 극단적 독재체제로 전락하고 말았다. 공산주의 이상을 실현하려는 의지가 인간의 현실이 지닌 무게를 감당하지 못하고 왜곡된 결과를 초래한 것이다. 이때 아렌트가 말하는 인간의 현실이란 물론 다양성을 가리킨다. 인간은 서로 다른 생각과 의견을 가진 존재다. 그리고 다양한 의견과 주장들 사이에서 하나의 생각이 진리라고 명확히 말하는 것은 불가능한 일이다. 누구도 무엇이 진리인지 확신하지 못하기 때문이다. 누구도 특정 가치를 보편적 진리로서 모든 이들에게 설득시킬 수는 없다. 서로 다른 생각이 공존하는 인간의 현실에서 의견의 불일치는 피할 수 없는 일이다. 의견의 다양성을 진리의 절대성으로 억누르려 할 때, 진리는 목적이 되고 정치는 물론 인간 자체 역시 수단으로 전락하는 상황에 이르게 된다. 정치가 이데올로기의 수단이 된 냉전의 역사는 진리의 지배가 보여 주는 경직성을 증명한다. 더 실질적인 변혁을 가능케 하는 것은 진리의 지배보다는 그러한 진리의 지배를 벗어나려는 인간의 정치적 노력이다. 다양한 인간의 사고는 진리의 지배를 거부하는 자유로움을 특징으로 한다. 자유는 특정 가치를 절대시하는 목적-수단 논리를 벗어나게 함으로써, 인간에게 과거의 관습과 관습의 반복에서 벗어날 새로운 가능성을 제공한다. 혁명적 이념에 대항해 인간 삶의 방식으로서 정치가 가진 다양성, 자유로움, 그리고 유연함의 가치를 아렌트는 1956년의 헝가리 혁명에서 발견한다. 그녀는 헝가리 공산화 이후 1956년까지의 12년보다 헝가리 혁명의 12일이 더 풍성한 의미를 지닌다고 말한다(Arendt 1958, 5). 평등이라는 진리를 도식적으로 추구했던 이데올로기보다 이데올로기에 맞서 자신의 의지를 표출하려 했던 헝가리 혁명이 더 큰 가치를 지닌다고 평가한 것이다. 플라톤은 확고한 진리를 철학을 통해 탐구하고, 그렇게 인식한 진리를 정치의 내용으로 삼으려 했다. 정치를 진리의 확실성 위에 올려놓으려 했던 것이다. 그러나 모든 인간은 서로 다르다는, 그리고 서로 다른 사람들마다 다양한 의견을 지니고 있다는 당연한 사실 앞에서 진리의 확실성은 무너져 버린다. 정치 공동체를 떠받치는 것은 오히려 대화, 토론, 합의의 가능성이다. 대화는 서로 다른 의견을 지닌 사람들 사이에서 동의와 협력을 이끌어 냄으로써 공동체(*res publica*)를 창출할 수 있다. 절대적 진리를 단순히 이행하는 것이 아니라, 대화 속에서 합의를 찾아가는 과정을 통해 목적-수단 논리를 벗어난 정치가 작동하는 것이다.

참고문헌

박혁, 2009,「플라톤과 서구 정치철학 전통의 성립: 서구 정치철학 전통 안에 있는 반다원적 요소들에 대한 한나 아렌트(Hannah Arendt)의 비판」,『철학사상』33권: 237-274.

장영란, 2016,「아리스토텔레스와 아렌트의 활동적 삶과 관조적 삶」,『철학연구』115집: 271-299.

전광식, 2011,「Vita Activa와 Vita contemplativa: 삶의 유형에 대한 개념사적 논의」,『대동철학』56집: 27-55.

정천구, 2009,「한나 아렌트의 정치철학 소고」,『서석사회과학논총』2권 2호: 31-60.

Agamben, Giorgio, 1998, *Homo Sacer: Sovereign Power and Bare Life*, Stanford: Stanford University Press.

Ahbel-Rappe, Sara and Rachana Kamtekar, 2006, "Preface," In Eds. Sara Ahbel-Rappe and Rachana Kamtekar, *A Companion to Socrates*, Malden: Blackwell Publishing, pp. xiv-xxiii.

Arendt, Hannah, 1958, "Totalitarian Imperialism: Reflections on the Hungarian Revolution," *The Journal of Politics* 20(1): 5-43.

______, 1981, *The Life of the Mind, Volume 1. Thinking, Volume 2. Willing*, San Diego u.a: Hartcourt.

______, 1994, "What Is Existential Philosophy?," *Essays in Understanding: 1930-1954*, New York: Harcourt Brace & Co., pp. 163-187.

______, 1998, *The Human Condition*, Chicago and London: University of Chicago Press.

______, 2000, "Truth and Politics," In Ed. Peter Baehr, *The Portable Hannah Arendt*, New York: Penguin Books, pp. 545-575.

______, 2004, "Philosophy and Politics," *Social Research: An International Quarterly* 71(3): 427-454.

______, 2005, *The Promise of Politics*, New York: Schocken Books.

______, 2006, *Between Past and Future: Eight Exercises in Political Thought*, New York: Penguin Books.

Aristotle, 1967, *Die Nikomachische Ethik*, München: Artemis.

______, 1971, *Politik*, Zürich u.a.: Artemis.

______, 1987, *Physik*, 1. Halbband: Bücher I-IV, Hamburg: Felix Meiner Verlag.

Barnard, F. Mechner, 1977, "Infinity and Finality: Hannah Arendt on Politics and Truth," *Canadian Journal of Political and Social Theory* 1(3): 29-57.

Benhabib, Seyla, 2000, *The Reluctant Modernism of Hannah Arendt*, New York: Rowman & Littlefield Publishers.

Berlin, Isaiah, 2002, "Two Concepts of Liberty," In Eds. Isaiah Berlin and Henry Hardy, *Liberty: Incorporating Four Essays on Liberty*, Oxford: Oxford University Press, pp. 166-217.

Bernstein, Richard J., 1983, *Beyond Objectivism and Relativism*, Philadelphia: University of Pennsylvania Press.

Canovan, Margaret, 1983, "A Case of Distorted Communication: A Note on Habermas and Arendt," *Political Theory* 11(1): 105-116.

D'Entrèves, Maurizio Passerin, 1994, *The Political Philosophy of Hannah Arendt*, London and New York: Routledge.

Dolan, Frederick M., 2006, "Arendt on Philosophy and Politics," In Ed. Dana R. Villa, *The Cambridge Companion to Hannah Arendt*, Cambridge: Cambridge University Press, pp. 261-276.

Habermas, Jürgen, 1977, "Hannah Arendt's Communications Concept of Power," *Social Research* 44(1): 3-24.

Hegel, Georg Wilhelm Friedrich, 1970, *Vorlesungen über die Philosophie der Geschichte*, In *Werke in zwanzig Bänden*, Bd. 12, Frankfurt am Main: Suhrkamp.

Kahn, Charles H., 1998, *Plato and the Socratic Dialogue: The Philosophical Use of a Literary Form*, Cambridge: Cambridge University Press.

Luban, David, 1979, "On Habermas on Arendt on Power," *Philosophy and Social Criticism* 6(1): 79-95.

Magiera, Günter, 2011, "Sokrates/Platon," In Eds. Wolfgang Heuer, Bernd Heiter, and Stefanie Rosenmüller, *Arendt-Handbuch: Leben, Werk, Wirkung*, Stuttgart: Metzler, pp. 185-188.

Parekh, Bhikhu C., 1981, "Origin and Development of the Tradition of Political Philosophy," In Ed. Bhikhu C. Parekh, *Hannah Arendt and the Search for a New Political Philosophy*, London: The Macmillan Press, pp. 20-57.

Parmenides, 1974, *Fragmente*, In Eds. Hermann Diels and Walther Kranz, *Die Fragmente der Vorsokratiker*, Berlin: Weidmann.

Prior, William. J., 2006, "The Socratic Problem," In Ed. Hugh H, Benson, *A*

Companion to Plato, Malden: Blackwell Publishing, pp. 25-35.

Sartre, Jean-Paul, 1963, "Ist der Existentialismus ein Humanismus?," *Drei Essays*, Frankfurt am Main: Ullstein Bücher, pp. 7-51.

Schleiermacher, Friedrich D. E., 1818, "Ueber den Werth des Sokrates als Philosophen," *Abhandlung der philosophischen Klasse der königlich preussichen Akademie aus den Jahren 1814-1815*, Berlin: Realschul-Buchhandlung, pp. 50-68.

Villa, Dana R., 1999, *Politics, Philosophy, Terror: Essays on the Thought of Hannah Arendt*, Princeton: Princeton University Press.

Vlastos, Gregory, 1991, *Socrates, Ironist and Moral Philosopher*, Cambridge: Cambridge University Press.

Whitehead, Alfred North, 1978, *Process and Reality: An Essay in Cosmology*, New York: The Free Press.

5

플라톤의 철학적 주체성에 대한 푸코식 고찰

플라톤적 자기 배려와 '플라톤주의의 역설'*

박수인

I. 서론: 푸코의 플라톤 읽기

미셸 푸코(Michel Foucault, 1926-1984)의 생애 마지막 몇 년간의 콜레쥬 드 프랑스 강의 중에는 플라톤의 대화편들에 대한 분석이 많이 등장한다. 그중 '자기 배려'(epimeleia heautou; souci de soi-même)를 고대 그리스-로마 철학과 윤리의 주요 개념으로 제시하는 1982년 강의록인 『주체의 해석학』(2007)에 포함된 『알키비아데스』 해석을 중심으로, 푸코가 말년에 수행한 플라톤 철학 독해의 의의를 탐구하는 것이 이 장의 목표다.[1]

* 이 장은 『한국정치학회보』 54집 5호(2020)에 게재된 논문을 수정보완한 것이다.

1 이 장에서는 『주체의 해석학』에서 심세광이 채택한 번역에 따라 'souci de soi-même'을 '자기 배려'로 옮긴다. 푸코는 souci de soi-même을 그리스어 'epimeleia heautou'의 프랑스어 번역어로 채택한 것이다. Epimeleia heautou의 뜻을 푸코 자신이 몇이시 표현하는 몇 가지 예를 보여 주는 문장을 인용하자면, "Epimeleia heautou는 자기 자신에 대한 마음씀이고, 자기 자신을 돌보는 행위

수많은 플라톤 독해 중에서 고전학자도, 플라톤 전공학자도, 철학적으로 플라톤주의자도 아닌 푸코의 플라톤 독해에 귀를 기울여야 할 이유는 도대체 무엇인가? 이 질문의 답은 사실 '왜 푸코가 하필 플라톤을 연구했는가?'라는 질문의 답과 긴밀히 연결되어 있다. 먼저 간략하나마 푸코가 플라톤을 연구하게 된 경로를 살펴보며 시작하는 것이 도움이 될 것이다. 자유주의 통치성에 대한 1970년대 후반의 강의록들과 『지식의 의지: 성의 역사 1』 등을 통해 푸코가 플라톤에 관심을 갖게 된 경로를 추적하다 보면, 그가 플라톤 철학에 대한 직접적 목적의식 없이 우발적으로 플라톤을 연구하게 된 인상을 받는다. 짤막이 도식적으로 간추리자면, 푸코는 근대 서구 자유주의적 통치성의 역사적 배후에 기독교적 금욕주의(asceticism)와 사목적(pastoral) 통치의 기술들이 있다고 보아 개인의 영혼을 통치하는 사목적 통치에 대한 연구를 본격화하려다가, 기독교 사목 권력이 계승하고 변환한 이교적 그리스-로마 고대 윤리에 관심이 미쳤고, 이 고대 문화의 '자기 배려' 기술들이 내포하는 주체성에 주목하게 되었다. 서양 고대의 이교적 수련(askēsis; meletē) 윤리에는 푸코가 기독교 사목 권력 기술과 윤리의 핵심으로 파악하는 '자기

이며, 자기 자신에 몰두하는 행위입니다"(Foucault 2007, 40). 그런데 '자기 배려(配慮)'라는 한자어가 우리말로 뜻이 잘 와닿지 않고 어색한 점이 있어서 프랑스어 표현의 느낌을 살려 '자신에게 마음을 씀'으로 번역하거나 원래의 그리스어 표현의 느낌을 살려 '자신을 보살핌'이나'자기 돌봄' 등으로 번역하면 그 뜻이 더 잘 통하는 것 같다. 그러나 '자기 배려'라는 번역이 이미 널리 쓰이고 있으며, 표현이 간략한 점, 그리고 푸코가 '자기 배려'의 윤리가 현대인에게 낯설게 들리는 도덕임을 의식한 점을 두루 고려하면, 표현이 경제적이면서도 낯선 '자기 배려'가 적절한 점도 있다. 이 장에서는 '자기 배려'를 주로 사용하되 문맥에 따라 '자신에게 마음씀', '자기 보살핌·돌봄', '자신에게 몰두' 등의 표현도 함께 사용한다.

포기'와 상반되는 '자기를 향한 몰두'가 자리하고 있다는 관찰이 푸코를 고대 철학으로 이끈 것으로 보인다.[2] 『주체의 해석학』은 이런 맥락에서 자기 포기와는 대비되는 자기 배려의 윤리를 집중적으로 분석하는 강의다.[3] 『주체의 해석학』에서 플라톤은 자기 배려 전통의 '철학화'가 시작되는 시점에 선 사람으로 등장한다. '전(前) 철학적 자기 기술들'을 구성하는 다양한 실천이 철학적 사유 속에서 재구성되는 최초의 순간으로 플라톤 철학이 규정된다는 점에서,[4] 『주체의 해석학』의 서사 내에서 플라톤 철학의 중요성이 아주 작지만은 않다(Foucault 2007, 76, 90).[5] 하지만 플라톤은 자기 배려 전통의 주인공도 아니고 『주체의 해석학』의 주인공은 더더욱 아니다.[6]

---

2 서양 근대의 통치성에 대한 강의 도중에 기독교 사목 권력에 대한 "가설"적 분석들을 근대적 통치성의 계보학적 "원경"(遠景)으로 제시하며 길게 이어가는 1978년의 『안전·영토·인구』 5강 후반부터 8강은 푸코의 이 같은 사유 경로를 특히 잘 보여 준다(Foucault 2011b, 193, 311).

3 "주체의 해석학"이라는 강의 제목은 애초에 기독교 사목 권력의 통치술에 연계된 '자신에 대한 진실을 고백하는 주체'를 지시하는 것이었다. 하지만 푸코가 실제로 진행한 1982년 강의는 '주체의 해석학'의 전사(前史)로서의 자기 배려 기술 분석에 집중한다.

4 푸코가 '전(前) 철학적 자기 기술들'이라고 부르는 고대 문명의 수련법들의 예로는, 계시의 꿈을 맞이하기 위한 정화의 예식, 영혼을 집중시키는 호흡 기술, 명상을 통해 외부와 자신을 차단하는 은둔법, 유혹적인 욕망에 자신을 노출하여 자신을 시험하기 등이 있다(Foucault 2007, 84-87). 그리스 전통문화의 비이성적 요소들과 플라톤 철학의 관계에 대한 연관 논의는 Dodds(1951)와 Vernant(1982) 참고.

5 "유구한 자기 테크놀로지들은 플라톤에 있어서, 『알키비아데스』에 있어서, 혹은 소크라테스와 플라톤 사이의 어딘가에서 심층적으로 재구성되었습니다" (Foucault 2007, 90).

6 "내 생각에 epimeleia heautou는 그리스·헬레니즘·로마 문화의 전반에 걸쳐서 철학적 태도를 특징짓는 항구적 원리였습니다. 당연히 이 자기 배려 개념은 플

그런데 푸코는 1983년과 1984년 강의에서 연이어 플라톤 저작들에 대한 분석으로 다시 돌아온다. 『자신과 타인들에 대한 통치』(2010), 『진실의 용기: 자신과 타인들에 대한 통치 II』(2011a)라는 제목 아래 각각 진행된 푸코 생전의 마지막 두 해 강의의 절반 이상은 플라톤의 대화편들과 서한들에 대한 푸코의 독창적인 독해로 채워져 있다.[7] 『주체의 해석학』에서 플라톤에 대한 푸코의 관심이 '심지어' 플라톤마저도 서양 지성사의 자기 배려 전통 안에 위치한다는 것을 확인하는 정도에 머무는 것으로 보인다면, 『주체의 해석학』 이후 푸코의 학문적 행보는 그가 플라톤에 대해서 하고 싶었고 할 수 있었던 말이 단지 그것만은 아니었다는 것을 강하게 시사한다. 실제로 1983년 강의에서 푸코는 서양철학의 '이성 중심주의'와 '정치적 반자유주의'의 원형으로 플라톤 철학을 비판하는 통념적 해석에 강한 어조로 그리고 반복적으로 반대를 표시한다(Foucault 2010, 253-254, 346). 그렇다면 푸코가 통념에 반해 플라톤에게 보았던, 혹은 볼 수 있었거나 보고 싶었던 것은 무엇이었을까? 이 시기 푸코는 자유의 실천으로서의 윤리가 진리와의 관계인 철학적 주체성과 뗄 수 없는 관계를 맺고 있음을 여러 차례, 여러 계기에 강조한다.[8] 이 시기 동안 푸코의 생각이 '우리는 진리 혹은 진실과의 관계에서 우리 자신의 주체성을 사유하고 실천할 수밖에 없다'는 지점에 머물렀다

라톤에게 중요성을 갖습니다"(Foucault 2007, 49).

7 1983년과 1984년 강의에서 푸코가 다루는 플라톤의 저작들은 『파이돈』, 『파이드로스』, 『고르기아스』, 『라케스』, 『일곱째 편지』, 『여덟째 편지』, 『국가』 등이다. 푸코는 이 저작들을 자신이 '용기를 수반하는 진실발언(veridiction)'으로 재규정한 '파르헤시아'(parrhēsia) 개념 틀 속에서 해석한다.

8 푸코의 관심이 성도덕, 성윤리의 영역에서 제기되는 주체·권력·지식의 문제에서 더 일반적인 진실의 주체로 전환되는 맥락에 대해서는 Foucault(1982; 1985, 3-13; 2007, 40) 등 참고.

는 것은 명백하다(Foucault 1989, 15; 2011, 289).[9] 철학과 윤리에 대해 푸코가 가졌던 이 시기의 문제의식이 진리의 주체로서의 철학적 자기 형성과 헌신을 명백히 요청하고, 그런 철학적 주체의 정치적 의무에 대해서 끝없이 고민하는 플라톤의 저술들을 분석하는 작업에서 어떤 공명을 경험했으리라는 추측은 얼마든지 가능하다. 푸코는 1983년 강의에서 자신의 지적 작업을 '비판으로서의 철학'이라고 부를 수 있는 한, 그러한 철학적 활동이 플라톤 이래로 지속된 서양 철학 전통에 속한다고 말한다(Foucault 2010, 354). 따라서 푸코가 해석한 플라톤적 철학적 정체성을 정확히 파악하는 것은 푸코가 말년에 천착한 주체성에 대한 연구의 의의를 이해하는 데 필수적이다. 또한 푸코식 플라톤 독해는 플라톤주의적 형이상학의 도그마에 의존하지 않고 플라톤 정치철학의 현재적 가치를 되새기는 데에도 매우 유용한 관점을 제시한다.

푸코의 플라톤 해석은 기존의 플라톤 학계에서 해석상의 부정확성이나 역사적 오류를 이유로 많은 비판의 대상이 되었다. 반면 그의 플라톤 해석은 근대적 통치성에 대한 '저항'이라는 문제에 집중해 온 기존의 푸코 연구자들에게 실망이나 당혹을 안길 뿐 그 자체로 주목을 받지

9 물론 푸코는 진리와 주체성의 결합을 어떤 초월적 당위로서가 아니라, 현실의 존재가 피할 수 없는 서구 문명의 견고한 역사적 소여로 파악한다는 점에서 플라톤주의가 되었든 혹은 다른 철학적·종교적 교의가 되었든 진리에 대한 어떠한 형이상학적 입장이나 신념도 자신의 분석 안에 받아들이기를 거부한다. 그러므로 푸코의 플라톤 독해 속에서 '플라톤주의'를 만날 수 있으리라는 기대는 무망하다. '플라톤주의'를 강한 의미에서, 그러니까 플라톤 철학에 대한 정서적 공감이나 어떠한 형태로든지 '진리'라는 것을 상정한다는 느슨한 의미에서가 아니라, 신플라톤주의의 예에서처럼 플라톤의 대화편에 나타나는 '선(善)의 이데아'나 '신적인 지성'을 실재하는 원리로 받아들인다는 의미로 규정할 때 그렇다.

못했다.[10] 그러나 폴 앨런 밀러(Paul Allen Miller)처럼 푸코의 플라톤 해석의 철학적 그리고 정치적 가치를 진지하게 다루고 적극적으로 평가해 온 학자들이 없지 않다. 특히 최근 연구에서 밀러(Miller 2018)는 푸코가 1983년 강의에서 제시한 플라톤적 철학적 주체성의 의의를 현대적 '저항'의 정치의 관점에서 적극적으로 해명한다. 이 장은 푸코의 플라톤 독해를 적극적으로 수용하는 밀러의 관점을 공유하는 반면, 푸코의 플라톤 독해의 정치적 의의를 철학적 주체성 그 자체에 담긴 긴장을 견뎌내는 주체의 윤리적 힘으로 밀러의 해석보다 폭넓은 시각에서 부각하고자 한다.[11]

푸코의 플라톤 독해가 텍스트 분석 면에서 탁월할 뿐 아니라, 푸코 생애 말기의 철학적 탐색에서 그의 플라톤 독해가 전혀 주변적이지 않다는 사실을 해명하는 작업에서, 『주체의 해석학』에 담긴 푸코의 『알키비아데스』 해석은 매우 중요하다. 푸코의 1983년과 1984년 강의뿐 아니라 1984년에 출간된 『쾌락의 활용: 성의 역사 2』에 담긴 플라톤 독해는 1982년 『주체의 해석학』에서 그가 제시한 『알키비아데스』 해석의 연장선에 있는 동시에, 그 해석을 일정 부분 수정하기 때문이다. 다시 말하자면, 자기 배려의 전통 속에 플라톤을 조금 어정쩡하게 위치시킨 1982

---

10 푸코의 플라톤 해석에 대해 집중적으로 논평한 국내 연구는 현재까지 없다. 푸코의 주체성과 통치성 개념에 관련된 권력 관계나 윤리의 문제를 다루는 국내 연구는 많지만(예를 들어, 강진웅 2014, 박승규 2002, 심세광 2011, 홍태영 2012 등), 푸코의 플라톤 해석에 비중을 두고 철학적 주체성에 대한 후기 푸코의 고민을 심도 있게 다룬 예는 없다. 푸코의 플라톤 연구에 대한 서구 학계의 비판적 대응들에 대해서는 Miller(2018, 1-12) 참고.

11 밀러가 '저항'을 강조하는 이유는 부분적으로 푸코의 플라톤 독해가 정치적 '도피'나 '무책임'의 표현이라는 비난에 대응하려는 의도 때문이기도 하다 (Miller 2018, 1-6).

년 강의가 푸코에게 더 명시적으로 이성 중심주의 틀에서 벗어나 플라톤의 철학적 주체성을 파악하는 1983년과 1984년의 플라톤 독해를 가능하게 했고, 또한 필요하게 한 것이다. 이어지는 II절에서는 자기 배려의 주체가 철학적 인식의 주체로 출현하는 플라톤의 『알키비아데스』에 대한 푸코의 해석을 비교적 상세히 살펴보고, III절과 IV절에서는 각각 II절 분석의 토대 위에서 『쾌락의 활용』에 담긴 푸코의 『향연』 해석과 『자기 자신과 타인들에 대한 통치』에 담긴 『국가』의 철인왕에 대한 해석을 간략히 정리해 살펴볼 것이다. 이를 통해 푸코가 한편으로는 『주체의 해석학』 이후의 플라톤 독해에서도 여전히 자기 배려와 영성의 틀을 통해 플라톤을 읽고 있으며, 다른 한편으로는 플라톤 특유의 자기 배려가 영성과 합리성을 결합시키는 방식이 오히려 합리성이 영성을 탈각시킬 수 있는 조건을 제공했다는 '플라톤주의의 역설'을 시석하는 『주체의 해석학』의 관점이 『자기 자신과 타인들에 대한 통치』에서는 오히려 플라톤 철학의 주축이 영성의 전통 안에 있으며 합리성은 방편에 불과하다는 해석으로 수정되었음을 밝힐 것이다.[12]

12 알베르트 요스(Albert Joosse 2015)는 『알키비아데스』에 담긴 플라톤적 자기 배려 모델이 합리성으로 경도된 방식으로 영성의 모델을 변용했다는 푸코의 해석이 오류이며, 『알키비아데스』의 자기 배려 모델이 오히려 푸코 자신이 추구한 자기형성적 주체 모델을 푸코가 인정한 것보다 더 잘 담고 있다고 제안한 바 있다. 푸코 자신이 발전시킨 플라톤 철학 해석이 『알키비아데스』 해석의 연장선에 있으면서, 동시에 그것을 수정한다는 이 장의 논지도 요스의 제안이 해명하고자 하는 문제와 유사한 지점을 지적한다고 볼 수 있다.

II. 푸코의 『알키비아데스』 독해: 영성의 플라톤적 재구축

1. 『주체의 해석학』에서 제시한 영성 개념

1981-1982년의 콜레쥬 드 프랑스 강의 녹취록인 『주체의 해석학』의 대부분을 차지하는 연구 대상은 견유주의, 에피쿠로스주의, 스토아주의, 피타고라스주의 등을 포함하는 1-2세기의 자기 배려 담론이다.[13] 그런데 푸코는 이 강의를 플라톤에 대한, 더욱 구체적으로는 플라톤의 대화편 중 특히 『알키비아데스』에 관한 강의로 시작한다. 푸코가 이 대화편에 주목하는 이유는 우선 『알키비아데스』에서 소크라테스의 입을 통해 '자신을 보살펴야 한다'는 전통적 정언을 들을 수 있기 때문이다. 그러나 더욱 중요하게는 플라톤의 소크라테스가 자기보살핌의 윤리를 '자신을 알아야 한다'라는 또 다른 전통적 윤리와 결합시키는 독특한 방식 때문이다. 푸코는 플라톤 고유의 혼(psychē) 개념을 매개로 하여 자기 배려와 자기 인식이 『알키비아데스』에서 결합하는 양상을 포착한다. 그리고 이를 자신이 '영성'이라고 부르는 고대의 보편적 진리 추구 방식이 플라톤 고유의 철학 양식으로 재구축되는 순간이라고 규정한다.

푸코의 『알키비아데스』 독해의 배경이 되는 '영성' 개념을 먼저 살펴보자.[14] 푸코는 영성이 "진실에 접근하기 위해 주체가 자신에게 필

13 기원후 1-2세기를 푸코는 "자기 배려의 황금기"라고 부른다(Foucault 2007, 69, 116).

14 푸코는 피에르 아도의 영향을 받아 사용했을 것으로 보이는 '영성'이라는 단어를 1983년과 1984년 강의에서는 사용하지 않는다. 하지만 1982년 강의에서 '영성' 개념이 지시하는 문제의식은 1983년과 1984년 강의에서 계속 사용하

요한 변형을 가하는 탐구·실천·경험 전반을" 지칭한다고 정의한다(Foucault 2007, 58). 개인이 진리와 맺는 관계가 객관적이기보다는 주관적이라고 표현할 수 있을 것이다. 진리 인식이라는 목적이 자기 자신과의 관계에서 의식적이고 구체적으로 실행하는 일련의 자기 수련에서 분리되지 않기 때문이다. 일정한 과학적 절차 혹은 방법을 사용한다는 요건만 갖추면 누구나 무차별하게 진실이라는 객관적 정보에 접근할 수 있다는 태도가 근대 이후 철학과 결합한 과학성(scientificity)의 전형적 태도라면, 인간은 자신을 진리에 합당한 주체로 형성해 나가는 노고를 통해서만 진실을 마주할 수 있다는 태도가 푸코가 주목하는 영성의 태도다.[15] '-을 알다'라는 의미에서의 인식이 인식 주체의 특수성에서 분리될 수 있는 활동이나 상태가 아니므로, 인식 주체의 영적 발전과 인식의 전개가 서로 맞물려 있다는 점에서 영성은 인간이 진리와 맺는 관계에 대하여 객관성과 주관성을 역동적으로 결합시키는 인식론을 보여 준다. 푸코는 일정한 정화와 수련, 특정한 생활 방식, 심지어 자기 포기나 변형 등 자기 자신에게 가하는 일련의 실천과 경험을 통해서만 주체가 진리에 접근할 수 있다는 주체의 자기실천적 태도가 기독교적 금욕의 수련에까지 영향을 미친 서구 고대 철학의 일반적인 태도라는 가설을 제시한다.[16] 푸코의 가설에 따른다면, 우리가 오늘날 영성이라는 단어에서 철학이 아니라 종교를 떠올리게 되는 것은 근대 이후의 철학적 활동의

는 '자기 배려'라는 개념에 여전히 내포되어 있다.

15 1984년 인터뷰(Foucault 1988, 14)에서도 같은 내용을 재확인한다.

16 "젊은이들을 붙잡아 세우고 자기 자신을 돌보라고 설교하는 소크라테스 이래로 자기 배려와 더불어 금욕 생활을 시작하게 한 기독교 금욕주의에 이르기까지 우리는 'epimeleia heautou'의 긴 역사와 만나게 됩니다"(Foucault 2007, 53).

양태에서 과학성이 영성을 대체하고, 영성은 종교적 인식 양태로만 남아 있기 때문일 것이다.[17]

푸코의 분석에 따르면 "적어도 서구에 등장하는바 그대로의 영성은 세 가지 특징을 갖는다"(Foucault 2007, 59-60). 첫째, 진실이 주체에게 주어지는 것은 단순한 인식 행위를 통해서가 아니라, 진실의 능력을 획득하게끔 하는 주체의 개심이나 변형을 통해서라는 전제다. 둘째, 주체의 이러한 개심이나 변형의 주요 형식으로 두 가지가 발견된다. 상승 운동을 대표하는 'erōs'(사랑)와 자신에게 가하는 장기간의 노력과 작업을 통한 점진적인 변환을 대표하는 'askēsis'(수련)이다.[18] 셋째, 진실에 도달하는 것은 영적인 절차들의 결과지만, 동시에 진실은 주체에게 지고의 복락을 부여함으로써 주체의 존재를 완결시킨다. 푸코는 이 같은 세 가지 특성에 의해 성립하는 고대적 주체성이 이교적 고대에서 기독교적 중세에 이르기까지 오랜 시간 동안 서구 철학 전통의 중요한 일맥이었음을 강조한다.[19] 그리고 푸코가 보기에 고대 철학의 '영성'을 대표하는

17 하지만 푸코는 17세기 이후의 철학에서도 "영성 특유의 문제" 즉, '자기 미학'이나 '자기 형성의 윤리'로 표현할 수 있는 주체성 획득에 대한 문제의식이 완전히 사라지지 않았다고 주장하며, 그 예로 스피노자와 칸트 등을 든다. 특히 헤겔, 셸링, 쇼펜하우어, 니체, 하이데거 등의 19세기 철학 조류에서 "영성의 구조들로부터 해방되기를 원했던 철학의 내부에서 영성의 구조들을 재성찰하기 위해 가한 일종의 압력"을 읽어 낼 수 있다고 제안한다(Foucault 2007, 66-68, 282-284 참고).

18 사랑과 수련이 적어도 플라톤에서는 별개의 차원이 아니다. 그러나 이후에 보겠지만 플라톤적 수련은 기존의 전형적인 자기 배려의 실천적 행위들과 비교하면 합리적 인식의 확장으로 무게중심을 옮겨 간다.

19 푸코는 고대 철학의 영성의 태도에서 아리스토텔레스만은 예외로 제외한다. 아리스토텔레스적 반-영성의 태도가 중세 신학에 수용되었기 때문에, 중세 지성사는 신학과 과학의 분쟁이 아니라 신학과 영성의 분쟁으로 규정된다고 주장한다(Foucault 2007, 61, 65-66).

주제어와도 같은 것이 바로 '자기 배려'다. "요컨대 epimeleia heautou는 정확히 영성의 조건 전반, 진실에 접근하기 위해서 필요한 자기 변형의 총체를 지시"한다(Foucault 2007, 61). 푸코의 분석에서 자기 배려는 '자신을 돌본다,' '자신에게 마음을 쓴다,' '주의를 자신에게 향하게 한다' 등의 의미 군을 포괄한다. 영성의 맥락에서 자기 배려는 자신을 진실의 주체로 개발해 나가기 위해 자기 자신에게 주의를 집중하는 삶의 태도를 의미한다는 것이다. 영성의 양식으로서의 자기 배려는 자신에게 집중하되, 자기 자신으로의 도피나 퇴행처럼 단순히 이 세상으로부터 물러남을 뜻하지는 않는다. 오히려 진실이라는 보편성을 배경으로 자기 자신뿐 아니라 타인, 그리고 세계에 대한 어떠한 태도를 내포하게 되고, 그 태도를 지탱하고 심화시키기 위해 실천적으로 자신에게 가하는 다수의 행위를 요구한다(Foucault 2007, 53).

푸코는 영성과 자기 배려가 기원전 5세기부터 기원후 4-5세기에 이르는 1천 년간 서구 철학과 기독교 신앙생활을 관통하는 원리였음에도 불구하고(Foucault 2007, 54), 그 중요성이 서구의 철학 전통에 관한 이해에서 무시되었다고 지적한다. 그 이유로 그가 제시하는 것은 두 가지다(Foucault 2007, 55-58).[20] 첫째, 기독교 이래 근대의 서구 세계가 자기희생이나 자기부정과 종종 동일시되는 이타적 도덕, 혹은 "비이기주의 도덕에 기초"하는 탓이다. 우리가 더 이상 자기 자신에게 주의를 돌리고 자신에게 집중하기를 격려하는 표현과 규칙들에 도덕적으로 긍정적인 가치를 부여하지 않게 된 사실이 우리가 자기 배려의 윤리를 어둠 속에 방치하게 만든 중요한 이유 중 하나다.[21] 그러나 푸코가 더욱 주목하

20 Foucault(1988, 4-5; 1988, 14; 2012, 235)에서도 같은 논지를 반복한다.

21 역설적으로 자기 배려에 근거해 "서구가 가져왔던 가장 엄격하고 혹독하며 엄

는 것은 다음의 두 번째 이유다. 1970년대 후반부터 1984년까지의 강의들에서 점차 뚜렷해진 '주체와 진실'이라는 문제의식과 연계된 문제이기도 하다. 푸코는 진리 혹은 진실에 관한 탈(脫)-영성적 합리성의 관점이 근대 철학의 인식론을 지배하게 된 사실을 지목한다. 푸코에 따르면 영성 및 자기 배려가 철학의 자기 이해에서 사라진 중요한 원인이 여기에 있다. 근대의 합리성은 객관 세계를 인식하는 주체를 무차별하고 고정적인 '개인'으로, 진실을 개인의 윤리적 특성과 무관하게 무한히 축적될 수 있는 대상에 대한 정보들로 상정한다는 점에 특징이 있기 때문이다.[22] 푸코는 17세기 이후 대중화한 이 같은 인식론의 전환을 약간의 극적 요소를 가미해 '데카르트의 순간'이라고 부른다(Foucault 2007, 61-63). 푸코에 따르면, 우리가 '데카르트의 순간'에 일어난 변화를 자각하지 못한 채, 혹은 철학적 인식에 대한 근대적인 사유의 방식을 벗어나지 못한 채 '진리를 추구한다'는 의미에서의 철학을 대할 때, 우리는 고대적 철학의 실천적 함의와 그것에 관해 구축된 방대한 윤리들을 제대로 파악할 수 없다. 푸코가 '자기 실천,' '존재의 미학,' '자아의 기술들' 등으로 부르는 일련의 윤리적이고, 동시에 철학적인 실천들이 그것들이다. 푸코에게 윤리적 행위란 자유로운 주체가 자신과의 관계에서, 그리고 타인과의 관계에서 의식적으로 행하는 실천들을 지칭한다(Foucault 1989, 4). 따라서 윤리적 함의의 망각은 또한 자유의 실천들이 만들어 내는 피할 수 없는 권력 관계라는 현실에 대한 망각을 필연적으로 동반한

정한 도덕들이 구축되었고", 우리가 사실은 이 "엄격한 규칙들을 보편적인 비이기주의 윤리의 맥락 내에 재적응"시켰다고 푸코는 관찰한다(Foucault 2007, 56-57).

22 근대적 통치이성의 비주관적 전문성 개념에 대한 『생명관리정치의 탄생』에서의 논의도 같은 맥락에서 참조할 수 있다(Foucault 2012, 32-43).

다(Foucault 1989, 15-19). 고대 철학에 대한 근대적 오해가 진리 추구 활동으로서의 고대 철학과 연계된 윤리적 실천과 권력 관계들에 대한 망각을 가져오는 것이다. 따라서 『주체의 해석학』에서 영성 개념은 고대 서양 철학이라는 '진실 게임'의 한 장르에 대하여 푸코가 비이기주의 윤리와 과학적 철학성이라는 근대의 틀을 벗어난 내재적 접근을 시도한다는 방법론을 상징한다.[23]

푸코는 epimeleia heautou의 윤리가 자신이 영성이라고 부르는 인식 모델로서 *철학적* 성찰에서 최초로 출현하는 것은 소크라테스-플라톤 시기라고 본다(Foucault 2007, 69-70, 84).[24] 『알키비아데스』는 이 점에서 특히 푸코에게 유용한 대화편이다. 소크라테스가 '자신을 보살펴야 한다'는 정언의 의미를 설명하는 과정에서 '너 자신을 알라'(gnōthi seauton)라는 정언을 여러 번 호출하기 때문이다. 푸코에게 『알키비아데스』는 자기 인식과 자기 배려의 두 활동, 두 개념이 역동적으로 상호 호출하는 플라톤 고유의 철학적 영성의 구조를 효과적으로 보여 주는 텍스트다(Foucault 2007, 105).[25] 소크라테스의 이름과 떼놓을 수 없을 정도로 대중적으로 각인된 격언은 '너 자신을 알라'지만, 푸코에 따르면 소크라테스는 무엇보다 "자기 배려의 인간"이다.[26] 그러나 푸코에게 『알

23 '진실 게임'이라는 표현의 의미에 대해서는 Foucault(1989, 15-18) 참고.

24 Epimeleia heautou의 윤리 자체는 소크라테스-플라톤 이전부터 존재한 "비철학적인 일상의 원리"였음을 푸코는 강조한다(Foucault 2007, 70-71).

25 "올해 강의를 통해 나는 오랫동안 gnōthi seauton(자기 인식)에 부여된 특권과 관련하여 자기 배려를 재출현시키려고 합니다"(Foucault 2007, 104-105). 이후 자세히 살펴보겠지만, 푸코는 플라톤이 여전히 자기 배려의 틀 속에서 벗어나지 않았음을 보여 주는 동시에, 플라톤적 자기 배려 모델로부터 자기 인식이 자기 배려를 압도할 수 있는 조건이 만들어졌음을 강조한다.

26 푸코는 소크라테스가 자기 배려 전통의 인물임을 보여 주는 예로 『변론』, 『파

키비아데스』가 굳이 구분하자면 소크라테스적이라기보다는 플라톤적인 텍스트인 이유는 플라톤이 자기 배려와 자기 인식을 결합시키는 방식이 이 두 윤리적 정언의 전통적 위계관계를 전치시키기 때문이다.[27] 푸코에 따르면, 방대한 자기 배려 절차의 일부였던 자기 인식이 플라톤의 철학적 영성 내에서는 오히려 자기 배려 모델 전체를 뒤덮는 패러다임으로 격상된다. 그래서 푸코의 『알키비아데스』 해석은 진리의 주체에게 자기 변형의 항구적 노고를 요구하는 고대적 영성의 틀 안에 플라톤의 철학을 위치 지우는 동시에, 주체의 변형 절차가 자기 인식과 더 이상 구분되지 않게 된다는 점에서 자기 배려에서 자기 인식으로 무게 중심이 이동한다는 점을 영성의 플라톤적 재구축의 결과로 강조한다.

다음 절에서 푸코의 『알키비아데스』 해석을 본격적으로 살펴보기 이전에, 푸코도 강의에서 언급하듯 『알키비아데스』에 대해서는 위작 논란이 있다는 사실을 잠시 고려하고 넘어가자.[28] 푸코는 이 작품이 위작일 수도 있다는 가능성을 아주 배제하지는 않지만, 이 작품이 여전히 충분히 '플라톤적인' 것들의 대표성을 갖는다고 본다.[29] 필자 역시 푸코의 이런 입장에 수긍하는 관점에서 『알키비아데스』에서 플라톤 철학의 특성을 추출하는 작업이 가능하다고 본다. 결국 대화편으로만 남아 있는 플라톤의 저서들에서 그 '자신의' 사상을 추출해 내려는 해석의 시도에

이돈』, 『향연』 등을 인용한다(Foucault 2007, 44-49, 88-89). 소크라테스가 파르헤시아의 인물로 재출현하는 『진실의 용기』에서도 소크라테스의 파르헤시아는 자기 배려와 연결되어 있다.

27 『라케스』 속 소크라테스와 『알키비아데스』 속 소크라테스를 대조하는 『진실의 용기』 강의 내용(Foucault 2011a, 245-247) 참고.

28 이 문제에 대해서는 김주일·정준영(2014, 28-32)의 정리 참고.

29 Foucault(1997, 228-229; 2007, 109-111).

서 마주치는 수많은 결정불가능한 난문들을 충분히 고려해 본다면, 결국 플라톤 고유의 철학이란 우리가 그의 대화편들에서 해석적으로 추출해 내는 '플라톤적' 사유에 대한 가설일 수밖에 없다. 그러므로 『알키비아데스』가 고대에서 현대에 이르기까지 플라톤 독자들에게 충분히 '플라톤적'인 것으로 받아들여졌다는 사실은, 위작 시비를 이유로 플라톤 철학에 관한 탐구에서 『알키비아데스』를 배제해야 할 당위를 상당 부분 소거한다. 설혹 플라톤이 『알키비아데스』의 저자가 아니더라도, 『알키비아데스』가 충분히 플라톤적이라는 통설에 동의하는 한 『알키비아데스』는 여전히 플라톤적 사유에 관한 우리의 연구에 도움이 되는 텍스트기 때문이다.

2. 『알키비아데스』에서 자기 인식과 자기 배려의 결합

『알키비아데스』는 소년애의 대상으로서의 육체적 아름다움의 "절정기"를 지나 보내고(132a) 이제 막 성년의 문턱에 선 알키비아데스 앞에, 소크라테스가 다소 이상한 "연인"(erastēs)으로 나타나 하는 말로 시작한다.[30] 소크라테스의 말에 따르면, 자신은 알키비아데스의 첫 연인이자 마지막 연인이다(103a). 대화의 종반부에서는 아예 소크라테스 자신이 알키비아데스의 유일한 연인이라고 선포한다(131e). 그런데 소크라테스가 『알키비아데스』 서두에서 자신을 알키비아데스의 첫 번째 연인으로 선언할 때부터, 대화의 막바지 절정 즈음에서 자신을 알키비아데스의

30 『알키비아데스』를 직접 인용할 경우, 김주일·정준영의 국역을 사용한다. 필요할 경우 필자가 번역을 수정한 경우도 있다. 이하의 『알키비아데스』 인용에서는 대화편명은 생략하고 스테파누스 쪽수와 단락만 표시한다.

유일한 연인으로 선언하기까지의 대화를 통해서 우리는 소크라테스에 의해 델피 신전에 새겨진 경구, '너 자신을 알라'가 세 번 언급되는 것을 듣는다(124b, 129a-130e, 132c). 푸코는 소크라테스가 이 유명한 경구의 의미를 '너 자신을 돌보아라'라는 정언을 배경으로 삼아 철학적으로 심화시켜 가는 과정을 분석하여, 자기 인식과 자기 배려의 플라톤적 결합을 분석한다.

알키비아데스는 외모와 부와 가문에서 모두 특출하여 아테네의 민주정치 과정에서 두드러지는 역할을 수행할 것으로 자타의 기대를 받는 자긍심과 야심이 강하고, 공적으로 주목받는 청년이다.[31] 이 청년에게 과연 그 자신이 원하는 것처럼 '타인들을 통치'할 준비가 되었는지 캐묻고, 청년에게서 자신의 혼돈과 무지에 대한 당혹의 토로를 이끌어 내는 과정이 펼쳐지는 『알키비아데스』의 전반부는 푸코의 말처럼 "플라톤 초기 모든 대화편 — 소위 소크라테스적 대화라고 불리는 대화편들"의 전형을 보여 준다(Foucault 2007, 80).[32]

푸코가 집중적으로 분석하는 것은 『알키비아데스』의 후반부, 특히 127e 이후 '자신을 보살핀다'는 것의 의미가 규명되는 과정이다. 이 과정은 표면적으로 '자신은 무엇인가'와 '보살핀다는 것은 무엇인가', 이렇게 두 개의 연이은 질문에 대한 답을 제시하는 것으로 이루어진다. 그러나 푸코는 이 연이은 질문이 사실은 하나의 과제, 즉 대화 전반부에서

31 알키비아데스의 행적에 대해서는 투키디데스의 『펠로폰네소스 전쟁사』 5권 43절 이하 참고.

32 알키비아데스는 116a에서 처음으로 혼돈을 토로하지만, 그가 자신의 무지를 받아들이고, 더불어 대화가 시작한 이래 처음으로 부끄러움의 감정을 보이는 것은 127d에서다. 이후 대화가 심화되며, 푸코가 주목하여 해석하는 부분도 127e부터다.

자신만만하던 알키비아데스를 좌절시킨 통치와 관련된 지식의 결여 — 정의와 절제에 대한 무지 — 에서 그를 구제해야 할 과제에 종속되어 있다는 점을 강조한다. 『알키비아데스』에서 '자기보살핌'의 의미에 대한 소크라테스의 해명을 모두 들은 알키비아데스의 마지막 말은 '이제부터 저 자신을 보살피겠다'가 아니라 "이제부터 저는 정의를 보살피기 시작할 것입니다"이다(135e). 그러나 알키비아데스의 이 약속은 엉뚱한 말이 아니다. 소크라테스가 '정의를 보살핌'과 일치시키는 방식으로 자기 배려를 규정했기 때문이다. 푸코의 해석을 들어 보자.

> 요컨대 대화 후반부의 관건은 다음과 같습니다. 즉 '자기 자신을 배려하다'라는 표현에서 훌륭한 통치에 필요한 지식을 함축하고 열며 거기에 접근할 수 있게 해주는 그런 규정을 '자기'에게 부여하는 것이 필요하다고 할 수 있습니다(Foucault 2007, 79).

> 자기 배려는 타자를 동시에 잘 통치하게 해주는 기술(technē)이어야 합니다. 요컨대 연이은 두 질문(자기는 무엇인가? 배려는 무엇인가?)에서 중요한 것은 동일한 하나의 질문에 대한 해답입니다. 즉 자기와 자기 배려로부터 타자를 통치하는 데 필요한 지식이 도출될 수 있도록 자기와 자기 배려를 규정해야 한다는 말입니다. 바로 이것이 127e부터 시작되는 『알키비아데스』 후반부의 핵심 문제입니다(Foucault 2007, 91).

다시 말하자면, 『알키비아데스』의 문제의식은 플라톤 정치철학의 즉각적이고 실천적인 고민, 즉 당대 정치가들의 무능과 그러한 무능을 재생산해 내는 교육 부재의 상황, 그에 맞물린 민주정 제도와 문화에 대한 비판과 전형적으로 연계되어 있다. 따라서 『알키비아데스』는 자기 배려를 한편으로 타인에 대한 통치를 가능하게 하는 우월성을 획득하는 조건이며, 다른 한편으로는 통치를 위해 필요한 지식을 획득하는 조건으로 제시하는 과제를 풀어 가는 내적 구조로 짜여 있다. 즉 통치를 위한 우월성이 지식에 있다는 전형적인 플라톤적 문제의식을 반영한다. 이처럼 주체, 권력, 지식의 문제가 매우 명백하게 얽혀 있는 구조에서, 주체의 우월성을 지식에 귀속시키고 지식의 획득을 자신을 돌본다는 절차와 일치시키는 것이 과제인 것이다.

그렇다면 '자기를 돌본다'고 할 때의 '자기'는 무엇인가? 소크라테스의 대답은 '혼'이라는 것이다. 사실 '혼을 돌본다'는 것은 소크라테스의 입을 통해 듣기에 놀라울 것이 없는 전형적인 소크라테스적 요청이다. 진정으로 자신에게 속하는 것은 신체, 재산, 명예 등이 아니라 자신의 혼이라는 역설은 소크라테스의 가르침으로 플라톤의 대화편들에 자주 등장한다. 그러나 푸코는 『알키비아데스』에서 '혼을 돌본다'는 의미가 '너 자신을 알라'는 정언과 결합하면서, 단순히 절제라는 전통적 윤리를 재확인하며 비물질주의적 윤리를 설파하거나, 혹은 『국가』에서처럼 혼의 기능적·구조적 특성을 분석하여 '혼이란 무엇인가'에 대한 답을 찾는 탐구를 전개하는 것과는 다른 의미의 축을 만들어 내는 것에 주목한다.[33] 바로 '행위 주체'로서의 혼이라는 의미의 축이다(Foucault 2007, 94-96). 푸코의 결론을 미리 말하자면, 주체로서의 혼이 신적인 지성과 동일한 속성을 갖는다는 점에서 자기를 돌보는 행위와 자기를 인식하는 행위의 격차가 사실상 사라지게 된다. "자기 배려가 자기 인식으로 완전히 덮여 씌워진다"라고 푸코가 표현하는 효과를 발생시키는 플라톤 고유의 혼에 관한 규정은, 위에서 지적한 바와 같이 '너 자신을

33 전자의 전략은 『변론』에서, 후자의 전략은 『국가』와 『파이드로스』에서 전형적인 예를 볼 수 있다.

알라'는 말이 세 번에 걸쳐 등장할 때마다 '자기 자신인 것'에 대한 규정이 심화하며 최종적으로 완성된다.

푸코가 주목하는 127e 이후의 대화에서 '너 자신을 알라'는 격언이 대화에 최초로 등장할 때는 이 격언의 가장 전통적인 의미만이 드러난다. 정의로움에 대한 일련의 논박술을 펼친 끝에(113d-116e), 알키비아데스는 이에 자신이 느끼는 혼돈을 고백하고, 소크라테스는 알키비아데스에게 정의로움이나 아름다움처럼 중대한 것들에 무지한 채로 "남아 있을 생각인가, 아니면 뭔가 돌볼 생각인가?" 하고 묻는다(119a8-9). 알키비아데스는 당당하게도 어차피 아무도 이것들을 제대로 배우지 않는다면, 자신이 무슨 이유로 그런 수고를 해야겠는가 되묻는다. 그러자 소크라테스가 알키비아데스의 출생, 양육, 교육, 부를 스파르타와 페르시아의 왕들과 비교하는 일장 연설을 늘어놓는다. 그러고 나서 하는 말이 "부디 나의 말과 델피에 있는 글귀를 받아들여 자네 자신을 알게(gnōthi sauton)"이다(124a). 푸코가 관찰하듯, 여기서 너 자신을 알라는 말은 그저 자신의 보잘것없음, 자신의 부족함을 알라는 상식적인 신중성에 대한 충고로 들릴 뿐이다(Foucault 2007, 75).

너 자신을 알라는 말이 두 번째로 등장할 때는 이 말이 전혀 다른 의미의 층위로 옮겨간다. 알키비아데스는 드디어 자신이 어떤 돌봄을 행해야 하는지 묻고, 소크라테스는 또 한 번의 짧은 논박술을 통해 알키비아데스가 통치에 대한 지식을 갖고 있지 않음을 통감하게 만든다(124e-127d). 이제야 자신의 무지를 완벽히 인식한 알키비아데스는 자신을 돌볼 필요를 깨달은 사람은 "무엇을 해야 하는지"(ti chrē poiein) 질문한다(127e). 그러나 소크라테스는 이에 대해 바로 대답하지 않고, 우선 '자신은 무엇인가'라는 질문을 제기한다. 소크라테스는 "자신을 알기"(to gnōnai heauton)란 쉬운 일이 아니며, 누구나 다 하는 일도 아니라고 말한다(129a). 우리가 우리 자신인 것 — 자신을 돌본다, 자신을 안다고 할 때 그 재귀적 대상이 되는 자신(heautos) — 이 무엇인지 알지 못하기 때문이다. 이에 대한 소크라테스의 답은 물론 우리 자신은 혼이라는 것이다. 소크라테스는 "자신을 알라고 명하는 자는 우리에게 혼을 알라고 시키는 걸세"라고 '너 자신을 알라'는 말의 두 번째 등장과 관련된 이야기의 결론을 짓는다(130e). 그러나 푸코가 주목하는 것은 이 답 자체가 아니라 이 답에 도달하는 방식의 특이성이다. 푸코가 "괴상한 추론"이라고 부르는 대화에서 소크라테스는 우리의 혼이 어떤 구조를 가졌는지, 어떤 기능을 수행하는지와 같은 질문을 전혀 하지 않는다(Foucault 2007, 96). 소크라테스는 오로지 혼이 우리가 '내가 말한다', '내가 듣는다' 등의 말을 할 때 지칭하는 우리 자신, 즉 모든 행위의 주체라는 사실에만 주목하는 방식으로 논증을 전개한다.[34] 그래서 푸코는 『알키비아데스』에서 자기 자신인 혼은 "오로지 행위 주체로서의 영혼"이라는 것을 강조한다(Foucault 2007, 96-97).[35] 소크라테스-플라톤적 자기배려는 "영혼-주체인 자기에 대한 배려"인 것이다(Foucault 2007, 98). 푸코의 해석에 따르면 알키비아데스가 자기를 배려한다는 것은 "행위의 주체, 자신의 육체와 적성, 능력을 사용하는 주체로서 그의 영혼을 배려하는 것을 의미"한다(Foucault 2007, 99).

하지만 푸코에 의하면, "'gnōthi sauton'이 현란하고 완벽하게 등장"하는 것, "가장 완전한 의미에서" 나타나는 것은 자기 배려와 관련된 두 번째 문제, 즉 '배려는 무엇인가'에 대한 해명에서다. 이번에는 알키

34 『국가』 1권(352d-353e)의 소크라테스와 트라시마코스 대화 중 마지막 논증에서 소크라테스가 "혼이 하는 일"(ergon)에 대해 혼이 모든 행위의 주체라는 개념만 부각하여 대화를 이끄는 방식도 이와 비슷하다.

35 "그가 발견한 것은 실체로서의 영혼(l'âme-substance)이 결코 아니라 주체로서의 영혼(l'âme-sujet)입니다"(Foucault 2007, 97).

비아데스가 "어떤 방법으로(tropon) 우리 자신을 돌볼 수 있을지를 풀어서 설명해" 주기를 요청하자(132b) '너 자신을 알라'가 세 번째로 등장한다(132c). 자기 배려는 바로 자기 인식에 있어야 한다는 소크라테스의 답변을 통해서다. 푸코는 이 장면이 "『알키비아데스』의 결정적 한순간"이며, "플라톤주의의 구축의 순간이고, 또 이는 유구한 자기 테크닉과 자기 배려의 역사에서 핵심적인 에피소드가 구축되는 순간"이라고 큰 의미를 부여한다(104).[36] 소크라테스-플라톤 이전에는 '너 자신을 알라'에 귀속되지 않던 수많은 자기 배려의 실천이 존재했다면, 『알키비아데스』의 이 장면을 통해서 그 모든 실천이 자기 인식의 대원리에 종속되는 총체적 재구성이 이루어진다는 것이다.

푸코가 자기 인식과 자기 배려의 '얽힘'이라고 해석하는 대목은 유명한 시각의 비유가 전개되는 대목이다. 어떤 방식으로 자신을 보살펴야 하는지의 질문은 '자신은 무엇인가'에 대한 답에 따라 '혼이 어떤 방식으로 혼을 보살펴야 하는지'에 관한 물음이 되었다. 이에 답하며 소크라테스는 시각 행위의 비유를 사용한다. 만약 "델피의 글귀"가 "우리의 눈에게 '너 자신을 보라'고 한다면", 그것은 무슨 뜻일까? 소크라테스는 "눈이 그것을 보게 되면 자신을 보게 되어 있는 것을 보라는 것"이라고 자답한다(132d). 이 말은 무슨 뜻일까? 가령 눈은 거울이나 다른 이의 눈동자 속에 비친 모습처럼 그 자신을 반영하는 표면에 비친 자신을 볼 수 있다. 푸코의 해석에 따르면 이것은 두 가지를 의미한다. 첫째, 눈은 자신처럼 어떠한 상을 반영하는 속성을 가진 것을 통하여 자신을 볼 수 있다. 즉 속성의 같음이라는 조건이 필요하다. 둘째, 눈이 같은 속성이

36 『진실의 용기』에서도 푸코는 『알키비아데스』가 가진 이런 의미를 재확인한다(Foucault 2011a, 159-160). 각주 27 참고.

물체들에서 자신을 본다는 것의 의미는 눈이 가령 눈 속에서, 혹은 거울 속에서 자신을 본다는 뜻이 아니다.

> 눈은 *눈 속에서* 자기 자신을 보지 않습니다. 눈은 *시각의 원리 속에서* 자신을 봅니다. 다시 말해서 눈에게 자기 자신을 볼 수 있게 해 주는 시각 행위는 또 다른 시각 행위, 즉 타자의 눈에서 우리가 발견할 수 있는 시각 행위 내에서만 수행될 수 있습니다. 잘 알려진 이 비유가 영혼에 적용되면 어떻게 될까요? 영혼은 자신의 시선을 자신과 동일한 속성을 갖는 한 요소로 향하는 한에서만 자신을 볼 수 있습니다. 그리고 엄밀히 말해서 영혼과 동일한 속성의 요소를 응시하면서 자신의 시선을 영혼의 속성을 만들어 내는 동일한 원리, 즉 'to phronein'(분별), 'to eidenai'(인식)로 돌리고 적용하는 한에서만 자기를 볼 수 있습니다. 사유와 지식을 보장하는 요소로 향할 때 영혼은 자기 자신을 볼 수 있습니다. 그런데 이 요소는 무엇일까요? 그것은 신성한 요소입니다(Foucault 2007, 106. 강조는 필자 추가).

혼은 앎과 분별의 원리인 신적인 것을 통하여 앎과 분별을 행하는 자신을 알 수 있게 된다는 것이 소크라테스의 최종적인 답이다. 결국 '너 자신을 알라'의 가장 통상적인 의미가 자신의 부족함을 인식하는 것에서 비롯되는 절제의 태도를 권하는 것이라면, 그것의 가장 플라톤적 의미는 신적인 지성을 통해 자신인 것, 즉 혼을 알고, 그것이 주체로 행하는 것들의 원리를 인식함으로써 자신을 탁월한 행위의 주체로 형성해 가는 것이라고 할 수 있다. 주체로서의 혼을 보살피는 것은 결국 신성의 인식을 요구하고, 신성의 인식은 자기 자신의 인식이며, 이 인식에서 주체로서의 혼이 무지와 무능의 상태에서 인식과 탁월한 실천의 주체로 변해 간다는 점에서 자기 배려와 자기 인식이 푸코의 표현으로는

"상호 호출, 역동적 착종"의 관계에 들어선다. 푸코는 이로부터 『알키비아데스』에서 소크라테스가 마주한 과제, 즉 타자를 통치하는 데 필요한 지식이 도출될 수 있도록 자기 배려를 규정해야 한다는 과제가 해결된다고 한다(Foucault 2007, 108).

소크라테스가 제시하는 대로 영혼이 신성을 파악할 때, 영혼은 분별(sōphrosunē)의 덕성을 획득하고, "그 순간 영혼은 이승 세계로 방향을 돌릴 수 있게" 된다.[37] 신성을 향해 상승한 혼은 구체적 삶에 관한 판단들로 하강한다. 이제는 선과 악, 진실과 거짓을 분별할 수 있으므로 적절히 처신하고, 적절히 처신할 줄 알게 되면 영혼은 도시를 지배할 수 있게 된다. 이 대화의 끝에서 소크라테스에게 설복당한 알키비아데스가 정의를 보살피겠다고 하지만, 이미 자기를 돌보는 것과 정의를 돌보는 것 사이에는 차이가 존재하지 않게 된다. 정의 역시 신적인 지성의 원리 안에 있기 때문이다. 그러나 더욱 중요한 것은 자기를 돌보는 것과 자기 자신 — 즉 혼의 원리인 신적인 것 — 을 아는 것 사이에 어떠한 격차가 남아 있지 않게 된다는 점이다.

푸코의 『알키비아데스』 독해는 개인이 진리, 혹은 플라톤적으로는 '신성한 지성'의 인식을 통하여 어떻게 자기 자신과 타인을 올바르게 통치할 역량을 획득하는 주체로 완성되는가에 대한 플라톤적 사유의 특성을 효과적으로 포착한다. 플라톤에 있어 자기 배려는 우리가 혼의 무지 상태를 벗어나기 위해 우리 자신에 가하는 변형이기보다는 오히려 혼의 무지 상태 자체에 가하는 변형의 노력이며, 따라서 진리 인식이라는 최종 목표의 절차 또한 그 자체로 인식의 확장과 상승의 절차들로 구성된

37 인식을 위한 상승과 실천적 판단과 실행을 위한 하강의 구조는 『향연』과 『국가』에서도 반복된다.

다. 푸코가 플라톤의 철학이 영성의 틀 안에 머무는 동시에 그것을 결정적으로 재구조화한다고 제안한 해석은, 플라톤의 철학적 인식이 근대적 과학성과는 달리 주체에 대한 윤리적 변형의 요구를 내포하는 동시에 플라톤이 요구하는 윤리적 변형의 노력이 인식의 영역에 무엇보다 집중되어 있다는 특성을 잘 설명해 준다.

나아가 푸코의 『알키비아데스』 독해는 플라톤적 사랑이라는 타인과의 교류 역시 영성의 틀 안에서 포착할 수 있는 근거를 제시한다.[38] 소크라테스가 알키비아데스에게 자기 자신인 것을 돌보라는 말의 뜻으로 설명한 것은 타인과 맺는 관계에서 역시 타인 자신인 것, 타인의 주체성과 관계 맺기 위해서는 그의 육체, 재산, 지위가 아니라 행위의 주체인 그의 혼과 관계 맺어야 한다는 뜻으로 확장될 수 있다. 소크라테스는 알키비아데스에게 "나와 자네가 말을 사용해서 서로 사귈 때, 혼이 혼과 그렇게 한다고 여기는 것이 적당하지 않겠는가"라고 묻는다(130d). 다시 말하면, 소크라테스 자신인 것과 알키비아데스 자신인 것이 교류하는 것은 혼과 혼의 교류뿐이다. 당연히 사랑도 그렇다. 알키비아데스의 연인은 알키비아데스인 것, 즉 그의 혼을 사랑하는 사람이다(131c). 이 때문에 알키비아데스의 외적 아름다움의 절정이 사그라진 지금도 여전히 그의 곁을 맴도는 소크라테스는 알키비아데스 자신인 것을 사랑하는 그의 유일한 연인이다. 소크라테스는 오히려 그가 나이 들기를, 그의 혼이 자신이 성취하고 싶은 것들에 대한 열망으로 동요하기까지를 기다린 후에야 그에게 말을 걸었다(104e-106a). 이를 푸코는 "보다 정확히 말

38 요스(Joosse 2015)가 지적하듯, 푸코는 자신의 『알키비아데스』 독해가 허용하는 이러한 해석의 가능성을 그 자신의 『알키비아데스』 독해에서는 충분히 활용하지 않는다. 그러나 다음 절에서 보듯, 푸코의 『향연』 독해는 분명 자기 배려의 틀을 전제한다.

해서 소크라테스는 알키비아데스가 자기 자신을 배려하는 방식을 배려한 것"이라고 표현한다(Foucault 2007, 99). 소크라테스는 알키비아데스 자신인 것과 교류하는 사람일 뿐 아니라, 알키비아데스가 자기 자신인 것의 최종적 원리를 향해 나아가도록, 즉 자신의 혼을 보살필 수 있도록 보살피는 사람의 역할을 맡은 것이다. 그래서 푸코는 소크라테스가 알키비아데스를 사랑하는 방식에 의해 소크라테스가 알키비아데스의 자기 배려에서 '스승의 위치'에 서게 된다고 한다.

플라톤적 자기 배려, 즉 혼의 무지 상태에 가하는 변형의 노력이 전개되는 오랜 시간이 사랑하는 이의 배려에 힘입은 상승의 과정으로 가장 전형적으로 그려지는 대화편은 『향연』이다. 다음 절에서는 『쾌락의 활용』에 포함된 푸코의 집중적인 『향연』 독해를 지금까지 살펴본 그의 『알키비아데스』 독해의 연장선에서 살펴보기로 한다.

III. 푸코의 『향연』 독해: '진정한 사랑'과 '자기 배려'의 배려

『향연』에서 소크라테스가 제시하는 '연애술에 대한 진실'은 윤리적 문제의 장으로 이미 활성화되었던 당시의 연애술 담론을 배경으로 한다.[39,40] 푸코는 당시의 연애술 담론이 성인 남성과 소년의 사랑에 관하

---

39 『향연』 198c-d에서 소크라테스는 자신은 "ta erōtika"(연애술; 사랑에 관한 것들)에 대한 진실만을 말하겠다고 고집한다. 이하의 분석에서 드러나겠지만 ta erōtika는 일반적으로 연애술로 번역할 수 있지만, 소크라테스의 연설이 전개되면서 점점 '사랑에 관한 것들'이라는 문자 그대로의 뜻으로 의미의 층위가 이동한다. 그렇지만 편의를 위해 이 장에서는 '연애술'로 통일해서 쓴다.

40 이하 『향연』 인용은 제목을 따로 명기하지 않고 스테파누스 쪽수와 단락만 표

여 윤리적 문제를 전개한 방식을 분석한 후, '진정한 사랑'이라는 제목의 이어지는 독립된 장에서 플라톤의 『향연』을 집중적으로 분석한다. 이 같은 푸코의 연구 방법 때문에, 사랑을 철학적 실천이자 윤리적 주체의 완성을 위한 영적 상승의 과정으로 묘사하는 플라톤적 접근의 특이성이 더욱 효과적으로 드러난다.

우선 푸코는 고전기 그리스의 '소년애'를 현대적 '동성애' 관념과 동일시할 수 없음을 분명히 한다(Foucault 1985, 187-191). 양성애, 동성애, 이성애 등으로 이른바 '성적 정체성'을 구분 지을 때, 도덕적 담론의 초점은 나의 욕망이 본성적으로 어떤 성을 그 대상으로 삼아야 마땅한가에 맞춰진다. 이와 달리, 고전기 그리스에서 사랑이라는 욕망의 대상이 된 것은 성별과 무관하게 '아름다운 대상'이었고, 아름다운 존재에 대한 욕망이 도덕적으로 문젯거리가 되는 지점은 그 욕망이 절제의 선을 넘는가 그렇지 않은가에 있었다. 소년은 아름다운 존재라는 점에서 자연스러운 사랑의 대상이었다.

동시에 그리스 고전기의 소년애는 많은 염려를 자극하는 도덕적·윤리적 문제로 부각되었다.[41] 소년애를 둘러싼 윤리적 문제가 일어나는 지점은 '소년'의 사회적 지위의 특이성이다. 소년애의 대상인 자유민 소년의 사회적 지위의 특이성은 세 가지 차원으로 구분할 수 있다. 소년은 성인 남성과 달리 아직 자신만의 독립적 사회적 지위를 완벽히 획득하지 못했기 때문에 성인 남성과의 관계에서 열등한 지위에 놓인다. 반면,

---

시한다. 강철웅의 번역을 사용하되, 필자가 수정한 경우도 있다.

41 '많은 염려를 자극하며 도덕적·윤리적 문제로 부각된다'는 것은 '불법화한다'거나 '금지한다'는 것과 다르다. 오히려 이 관계에 대한 염려로부터 생산되는 많은 규범과 예식화의 강화를 통해, 소년애는 윤리적으로 의미가 더욱 각별한 사랑의 형태로 특권화되었다는 것이 푸코의 관찰이다(Foucault 1985, 245).

자유민 소년은 노예나 여성과는 달리 자유민 남성으로서 이미 특권적 지위를 약속받고 자유로운 공적 생활이 가능한 존재다.[42] 마지막으로, 소년은 신분이나 정체성이 아니라 성년의 문턱에서 지나는 한시적인 기간의 상태일 뿐이다. 따라서 소년과 성인 남성과의 관계는 현재는 불평등한 관계지만, 그 불평등에서 유래하는 어떤 행위도 소년이 성년이 된 후 마땅히 획득해야 할 자유민다운 남성성의 명예를 해쳐서는 안 된다. 그래서 그리스 고전기의 소년애를 둘러싼 연애술 담론은 소년애를 금지하거나 방임하는 대신, 성인 연인(erastēs)과 연동(戀童; paidika)에게 매우 조심스럽고 복잡한 구애술의 절차를 부여한다. 한편으로, 성인 남성은 소년에게 연애에 대한 '승낙'을 얻어야 한다. 성인 남성은 비자유민인 남녀 노예나 자유민이지만 법적으로 예속된 아내에게 갖는 것과 같은 법적 권위를 자유민 소년에 대해 갖지 못하기 때문이다. 다른 한편으로, 성년 이전의 한시적 시간 동안에 사랑의 대상이 되는 소년은 자신의 성년 이후의 삶을 위태롭게 하는 방식으로 연애를 '승낙'하지 않음으로써 자신의 명예를 지켜야 한다.[43] 이러한 두 가지 필요에서 그리스 고전기 연애술 담론은 소년이 자신의 명예를 잃지 않고, 연애 관계에 동의할 수 있도록 구애의 과정을 복잡하게 예식화했다는 것이 푸코의 관찰이다 (Foucault 1985, 193-201).[44]

42 '자유로운 공적 생활'이 정치적 시민권을 의미하는 것은 물론 아니다. 공간적으로 공적인 장소에서 자유로운 시간을 보낼 수 있음을 의미한다.

43 성적인 관계(aphrodisia)에서 소년은 '즐거움'의 주체가 될 수 없고, 성인 연인이 자신을 즐거움의 대상으로 삼는 것을 용인한다는 의미에서 일종의 '호의'를 수여하는 주체가 될 것으로만 기대되었다. 이 선을 넘는 것은 절제를 잃는 것으로 간주되어 그의 명예를 해한다(Foucault 1985, 220-225).

44 소년애 관계에서 소년이 능동적 성애의 주체로 보이는 것이 소년의 사회적 평판에 대해 미칠 위험에 대해서 Dover(1978)도 마찬가지로 분석한다.

푸코가 위와 같이 분석하는 당시의 연애술 담론의 특성은 『향연』에서 제각기 에로스에 대한 찬미 연설을 내놓는 소크라테스를 제외한 다른 참석자들의 연설에 잘 드러난다.[45] 이들의 연설은 모두 '소년이 어떻게 명예를 잃지 않고 구애에 승낙할 것인가'라는 문제의식의 틀을 벗어나지 않는다. 요컨대, 성애(aphrodisia)의 즐거움의 주체가 될 수 없는 소년에게 어떻게 구애하고, 그는 어떻게 명예롭게 승낙할 것인가가 연애술에 관련된 당시의 통상적 접근의 틀이다(Foucault 1985, 230-231). 그런데 푸코는 또한 이 문제에 대한 당시의 일반적인 답이 "도덕적으로 명예로운" 소년애는 이미 그 관계 내에 장차 우정(philia)으로 전환될 계기를 내포하고 있어야 한다는 규범으로 수렴하고 있다고 관찰한다(Foucault 1985, 225). 성인 남성과 소년의 관계는 나이, 연륜, 사회적 지위에서 불평등한 관계지만, 그 관계가 소년이 성인이 된 이후에도 지속될 수 있고 사회적으로 가치 있는 우정의 관계로 이어질 수 있다면, 소년과 연인 양자 모두 연애 관계를 통해 자신들의 절제를 입증하는 셈이다.

이 같은 당대의 소년애 윤리에 비교했을 때, 소크라테스-플라톤적 연애술의 특성은 소년을 (성애적) 즐거움의 대상에서 (철학적) 즐거움의 주체로 전환하는 시도에 있다. 소크라테스 역시 "사랑(erōs)에서 우정(philia)으로의 전환"이라는 통념을 사용한다(Foucault 1985, 225). 하지만 소크라테스-플라톤적 연애술은 '구애와 승낙'의 기존 문제의식을 "진리와 수련"이라는 문제의식으로 완벽히 대체한다는 점에서 기존 연애술 담론의 틀을 완전히 벗어난다(Foucault 1985, 231, 235). 『향연』이 — 특

45 푸코는 이들 연설이 통념의 모방적 '재생산'이라고 한다(Foucault 1985, 230). 특히 『향연』에서 파우사니아스의 연설이 가장 적나라하게 아테네 연애술을 일종의 호혜성 교환관계로 설명한다.

히 소크라테스의 연설이 — 비교적 잘 알려진 텍스트기 때문인지, 푸코는 소크라테스의 연설을 요약하거나 자세히 해석하기보다는 자신이 분석한 기존 연애술 담론의 특성이 소크라테스의 연설을 통해 "전환과 대체"되는 국면들을 분석하는 것에 집중한다. 푸코가 제시하는 전환은 네 가지 차원으로 구분된다. 첫째, 사랑에 대한 존재론적 고찰이다. 기존의 담론들은 사랑이 연인들을 사로잡는 강력한 정념이라는 점을 당연하게 받아들이고, 이 강력한 욕구에 대응하는 연인의 행위를 단속하려는 경향을 보인다. 그러나 소크라테스 연설 속의 디오티마는 사랑의 본질에 대한 의문을 자극하면서 우리의 관심을 '사랑한다'는 행위 자체, 나아가 '사랑하는 사람'이라는 행위 주체로 옮겨 놓는다. 따라서 사랑은 더 이상 막연한 두려움이나 상찬의 대상이 아니라 사랑하는 사람이 겪는 다양한 경험들로 구체화한다.[46] 푸코는 이로부터 '마지막 목표에 도달할 때까지의 긴 고통의 여정으로서의 사랑'에 대한 논의의 여지가 열린다고 본다(Foucault 1985, 236-237).

사랑의 본질을 묻는 첫 번째 전환에서, 나머지 세 차원의 전환의 계기 역시 만들어진다. 두 번째 전환은 사랑의 대상에 대한 것이다. 기존 연애술 담론에서 소년은 'aphrodisia'의 주체가 될 수 없다는 점에서 사랑의 수동적 대상 — 말 그대로 'erōmenos'(사랑받는 이) — 으로 규정되었고, 연인은 사랑의 대상인 소년의 명예를 배려해야 한다. 그러나 소크라테스 연설 속의 디오티마는 소년이 사랑받는 이라는 것을 부정하지 않지만, 소년이 사랑받는 것은 그의 아름다움 때문이며, 궁극적으로 사

46 실제로 디오티마가 소크라테스에게 주는 사랑에 대한 가르침은 "사랑이 하는 일"이 무엇인지 아느냐고 물은 디오티마가 소년애 관계에 국한되지 않는 다양한 경험으로 '사랑함'의 행위 영역을 확대해 가는 것에서 그 특이성을 찾을 수 있다(206b).

랑의 진정한 대상은 아름다움 그 자체라고 주장한다(206e, 210a-211c). 푸코는 소년의 명예를 배려해 그를 육체적 존재로 축소시키는 성애를 규제하려는 크세노폰의 시도를 예로 들어 플라톤식 접근의 특이성을 드러낸다. 플라톤 역시 정신적 사랑을 육체적 사랑보다 우월한 것으로 규정한다. 하지만 플라톤의 방식은 크세노폰의 단순한 정신과 육체 이분법과는 다르다. 소년의 명예를 배려하기 위해서가 아니라, 사랑하는 이 자신이 사랑의 본질에 내포된 사랑의 진정한 대상을 인식함으로써 소년을 사랑의 본질에 따라 사랑하도록 유도한다(Foucault 1985, 238). 푸코에 따르면 플라톤적 진정한 사랑의 본질은 육체를 배제하는 것에 있기보다 아름다움 자체에 대한 관계, 진리에 대한 관계를 유지하는 것에 있다(Foucault 1985, 239). 소년의 명예를 배려하기 위해서가 아니라, 아름다움 그 자체, 진리와의 관계라는 사랑의 본질을 완성하기 위해서 플라톤적 연인은 소년의 아름다움을 육체적으로 소모하는 것보다 그와 함께 더 많은 그리고 더 우월한 정신적인 아름다움을 경험하는 것에 더욱 관심을 둔다(Foucault 1985, 238-239).[47]

세 번째 전환은 이처럼 아름다움에 대한 관계, 진리에 대한 관계로 규정된 사랑을 매개로 맺어지는 두 사람의 사랑이 본질적으로 동일한 경험으로 합류한다는 것이다. 기존의 소년애 담론은 성년 연인은 'aphrodisia'의 주체로, 소년은 대상으로, 본질적으로 서로 다른 입장에서 있다는 것에서 나오는 긴장을 해소하려 한다. 그러나 플라톤이 제시

47 유명한 "연애술에 대한 최고 비의(秘儀)" 대목에서 한 육체의 아름다움에서 육체의 아름다움 전체로, 육체의 아름다움에서 행위의 아름다움으로, 행위의 아름다움에서 아름다운 학문으로, 마침내 아름다움 그 자체로 인식을 확장하며 "마치 계단을 이용하는 사람처럼" 상승하는 수련 과정이 집약적으로 묘사된다(210a-211c). 푸코도 이 구절을 인용하여 설명한다.

하는 사랑의 본질에 의하여 이 같은 불평등과 불일치가 더 이상 중요하지 않게 된다. 진정한 사랑에 반응하기 위해서는 사랑받는 이인 소년 역시 최소한 자신의 연인을 움직인 진리에 대한 사랑과 같은 원리에 의해 동요되어야 한다. 이제 사랑은 두 사람에게 같은 원리에 의해 공유되는 경험이다(Foucault 1985, 239-240). 앞서 『알키비아데스』에서 살펴본 '속성의 같음'에 의존한 우정의 관계가 본원적으로 플라톤적 사랑에 내포되어 있다.

마지막 전환은 진리에 대한 관계를 유지하고 발전시키는 인도자로서 스승의 역할을 맡을 수 있는 연장자가 오히려 소년에게 사랑받는 이가 된다는 관계 역전의 역설이다. 푸코는 『향연』의 말미에 술에 취한 알키비아데스가 등장하여 소년 시절 자신이 소크라테스를 유혹하려다 실패한 경험을 고백하는 장면이(217b-219e), 이 사실을 명백히 보여 준다고 한다(Foucault 1985, 241). 소크라테스는 종종 잘생긴 청년들을 애달프게 쫓아다니는 통상적 연인의 위치로 자신을 희화화하지만, 사실 그들과의 관계에서 마치 추종받는 연동처럼 사랑받는 이는 진리에 대한 사랑에 능숙한 소크라테스 자신이다. 소크라테스가 그들을 사랑하지 않기 때문이 아니라, 그를 움직이는 것이 (플라톤적으로) 진정한 사랑이기에 그렇다. 그는 사랑받아야만 하는 아름다움을 진정으로 사랑하는 방법을 아는 사람이다. 이제 사랑의 관계에서 소년의 명예가 아니라 스승의 지혜가 육체적 '굴복'을 막는 원리가 된다(Foucault 1985, 241).

이상의 네 가지 차원의 전환을 통해서 진리에 대한 사랑으로 매개되는 관계인 플라톤 특유의 연애술은 기존의 소년애의 형식과 문제의식을 완전히 다른 형태로 대체하면서 스승과 소년의 만남이 평생의 우정으로 지속할 가능성을 열어 준다. 푸코가 '진리와 수련'의 문제의식이라고 부르는 사랑의 형태를 통해서다. 소년의 자유와 명예에 대한 고려가 중심이 된 '구애'의 문제였던 연애술은 이제 주체가 진리를 향한 여정에서 자신에게 가하는 인식 확장의 수련, 그것을 지지하고 인도하는 스승, 그리고 각자가 진리에 대한 관계에 자신을 헌신함으로써 그 동일한 힘으로 서로의 관계를 유지하게 되는 관계의 동류성으로 그 의미가 변모되었다(Foucault 1985, 244). 마치 『알키비아데스』에서 눈이 시각작용의 원리 속에서 자신을 볼 수 있듯이, 혼이 인식의 원리 속에서 자신을 알 수 있듯이, 사랑하는 사람은 자신의 욕구의 진정한 원리 속에서 그것을 공유하는 타인을 사랑할 수 있다. 플라톤이 규정하는 '진정한 사랑'은 『알키비아데스』에서 자기 배려의 목적이자 절차로 규정된 신적인 것을 향한 인식의 상승이, 자기 자신과의 관계에서뿐 아니라 서로의 자기 배려를 배려해 주는 타인과의 관계 속에서 동시에 일어나는 경험이라고 할 수 있다. 소크라테스가 청년들과의 관계에서 유지했던 기묘한 힘을 플라톤은 소크라테스가 언제나 '타자의 자기 배려에 대한 배려'라는 사랑의 힘으로 접근해 상대의 혼에서 같은 힘을 동요시키고 개화(開花)시킬 수 있었기 때문이라고 본 것이 아닐까?[48]

그러나 이 사랑의 여정에 자신을 온전히 내맡기는 것이 쉽지도 짧지도 않은 수련의 과정이라는 증언을, 『향연』에서 플라톤은 역설적으로 아테네 정치의 문제적 인물로 성장한 성년의 알키비아데스 몫으로 남긴 것 같다. 푸코는 언급하지 않지만, 알키비아데스는 자신의 연설을 소크라테스를 완전히 떠날 수도 완전히 사랑할 수도 없었던 나날의 고통에 대한 고백으로 시작한다(215d-216c). 그는 명성을, 명성이 얻어 줄 권력을, 그리고 자신에게 명성과 권력을 안겨 줄 민중을 좇아 소크라테스

48 『알키비아데스』에서 "우리 자신인 것은 혼"이라고 설명한 소크라테스는 알키비아데스에게 "자네에게 속하는 것들의 전성기는 지나가고 있지만, 자네는 꽃피기 시작하네(su d'archē anthein)"라고 말한다(131e11).

에게서 달아나면서도, 자신이 원하는 것들을 소크라테스가 보여 준 사랑을 통하지 않고는 결국 성취할 수 없을 것이라는 두려움을 떨치지 못한다. 그래서 알키비아데스는 소크라테스 앞에 서면 부끄러움에 시달리고, 그에게서 달아나면 불만에 시달린다. 그러니 알키비아데스는 "그래서 이 사람을 어떻게 감당해야 할지(hoti chrēsōmai) 모르겠다"라고 탄식한다(216c3). 소크라테스를 통해 '진리와 수련'으로서의 에로스를 엿보았지만 그것에 헌신할 수 없었던 삶의 가장 극적인 예로 아테네 민주정사(史)의 가장 문제적 인물을 제시함으로써, 플라톤은 철학적 삶과 정치적 역량, 그리고 주체의 윤리적 완성이 주는 행복이 결국 하나의 길이라는 주상을 역설하는 듯하다. 진리의 추구, 윤리적 수양, 마지막으로 통치의 자격을 모두 인식의 상승을 향한 자기 배려와 사랑의 길에 일치시킴으로써 플라톤은 자기만의 독특한 방식으로 영성의 전통과 사랑의 기쁨을 세속화하고 정치화했다고 말할 수 있다.

IV. '플라톤주의의 역설': 철학적 주체성에 대한 푸코식 성찰

지금까지 푸코의 『알키비아데스』와 『향연』 독해를 통해 철학·윤리·정치의 주체로서의 플라톤적 주체성이 진리의 인식을 통해 완성되지만, 이때의 인식은 탈주관화된 근대적 과학성과는 그 성격이 다르다는 것을 살펴보았다. 플라톤적 주체에게 인식은 주체로서의 혼이 진리와 맺는 관계에서 영성의 전통이 요구하는 자기 변형을 동반하고, 그와 같은 자기 배려의 노정을 서로 배려하는 타인과의 사랑을 통해 지속하는 수련의 긴 여정인 동시에 주체의 윤리적 완성과 동일시되는 자기 보살핌의 고단한 과정이다.[49]

그런데 푸코는 『알키비아데스』 분석의 말미에서, "엄밀히 플라톤적인 자기 배려 형식"에서 "유럽 사상사에서 중대한 '플라톤주의의 역설'을 발견할 수 있다"라고 제안한다(Foucault 2007, 114). 한편으로, 플라톤의 텍스트에 분명하게 남아 있는 영성의 자취가 이후 "다양한 영성 운동의 주요 근원"이 되었지만, 다른 한편으로 이와 동시에 "영성과 합리성 간에 대립하는 의미가 없었기 때문에 플라톤주의는 영성을 요구하지 않는 순수 인식을 발전시키는 데 결정적인 환경을 제공"했다는 것이다(Foucault 2007, 114-115). 자기 배려의 영성과 신적인 지성의 인식을 통합하려는 특유의 경로를 통해, 플라톤은 영성의 문제를 제기하는 동시에 인식의 문제로 영성의 요청을 덮어 버린다는 것이다. 『알키비아데스』에서 영성의 요청이 인식의 확장과 동일시되는 경로를 보여 주는 푸코의 독해는 이미 II절에서 살펴본 바와 같다. 『주체의 해석학』에서 푸코는 이 같은 역설적 효과를 위 인용문에서 보듯 '플라톤주의의 역설'이라고 부른다. 푸코의 관찰을 효과적으로 입증하는 것으로 플라톤이 『국가』 5-7권을 통해 제시하는 철학적 교육에 대한 묘사와 설명을 들 수 있을 것 같다. 2-3권에서 제시했던 교육과는 구분되는 "가장 큰 배움", 즉 모든 존재와 인식의 원인인 제1의 형상으로 나아가는 교육에 대해 소크라테스가 설명하는 부분이다. 소크라테스는 494d6에서 우리가 "노예처럼 수고하지 않고서는"(mē douleusanti) 지성의 획득이 불가능하다고 표현할 정도로 철학적 주체의 완성이 자신의 혼을 돌보는 오랜 노고를 요청함

49 비교적 최근의 플라톤 연구 중에서는 『국가』에서 에로스의 의미를 탐구한 루치닉(Roochnik 2003)이 플라톤적 철학자가 경험하는 에로스의 '시간'을 제거하면 플라톤의 인식론과 윤리학의 의미가 온전히 드러나지 않는다고 지적한 바 있다. 플라톤 철학이 근대적 합리성, 과학성, 개인주의적 인식론의 틀 속에서는 온전히 파악되지 않음을 시사하는 점에서 루치닉의 지적은 지금까지 살펴본 푸코의 연구와 통하는 바가 있다.

을 강조한다. 473c 이후 5-6권에서 철학적 주체의 완성만이 주체를 윤리적으로 완성시키고 통치의 자격을 부여하는 참된 토대라는 주장을 이미 제시한 후에 하는 이야기다. 그러나 동시에 이 오랜 노고의 주된 실천은 기도, 명상, 호흡, 식단, 절제의 시험 같은 전통적 절차들이 아니라, 『국가』 7권에서 소크라테스가 다소 잠정적으로 제시하는 합리적 원리의 영역을 다루는 여러 학과목의 수학으로 구성된다.[50] 그래서 철학자에 대한 플라톤의 묘사에 명백히 남아 있는 영적 수련의 자취는 온 존재를 주관하는 합리적 원리에 대한 온전한 지식의 습득과 구분이 되지 않는 것처럼 보이는 경향이 있다.

칼 포퍼나 한나 아렌트 등의 20세기 철학자들이 보여 주는 플라톤 철학의 반자유주의적이고 권위주의적인 경향에 대한 가차 없는 비난은 푸코가 지적하는 플라톤주의의 역설과 무관하지 않아 보인다. 플라톤이 『국가』에서 제시하는 철인(philosopher) 지배의 이상은 결국 어떤 하나의 바른 답을 알고 있는 극소수의 뛰어난 사람들이 다른 모든 평범한 이들의 판단을 불필요하고 심지어는 해로운 것으로 만들어 버린다고 볼 수 있기 때문이다. 플라톤의 철학적 영성에서 자기 배려가 자기 인식으로 덮여 버렸듯이, 인식의 문제를 해결한 철학자의 주체성이 다른 모든 이들의 주체성을 불필요하고 심지어 해로운 것으로 덮어 버리는 것도 가능할 것이다. 그러므로 철학적 수련의 주체에게 현재의 인식과 정체성에 갇히지 않고 부단히 자신을 개발하기를 요구하는 플라톤적 주체성 모델은,[51] 그렇게 완성된 주체가 진리를 향한 상승으로부터 이 세계를

50 플라톤은 이 문제를 말년까지 계속 고민했던 것 같다. 『법률』에서 아테네인이 철학적 교육을 위한 학과목 문제를 여전히 잠정적인 것으로 제시하고 수정가능성을 열어 놓은 것을 보면 그렇다.

51 스미스(Smith 2000)는 이런 면에 주목하여 개인에게 비판적 사유를 독려하는

향해 다시 하강하여 정치가가 되는 순간 구성원들의 삶을 면밀히 설계하여 바른 판단과 덕성의 습속에 복종하는 온순한 시민으로 길러 내는 통치성의 모델과 결합하는 것으로 보인다.[52] 플라톤은 자신의 마지막 역작인 『법률』에서 덕성을 길러 내는 것을 목표로 삼는 국가가 행동에서나 사고에서나, 사적인 삶에서나 공적인 삶에서나, 출생에서 죽음까지, 시민의 삶의 바른 노정을 꼼꼼히 설계하는 입법의 예시를 제시하기도 한다. 플라톤의 정치철학이 결국은 스승인 소크라테스의 철학적 삶을 배신하고, 소크라테스적 진리 추구의 현실적 토대를 모두 제거해 버리는 정치적 기획을 담고 있다는 포퍼의 비난은 이런 맥락에서 일리가 있다.[53]

만약 플라톤의 '철인왕' 이상이 철학의 소임이 정치에, 정치가에게, 권력에 거스를 수 없는 하나의 옳은 답, 혹은 정치적 합리성 그 자체를 제시하는 것에 있다고 푸코가 해석했다면, 푸코는 결국 포퍼나 아렌트류의 해석과 다를 바 없는 입장에 설 것이다. 『쾌락의 활용』 서론에서 푸코는 "외부에서, 타인들에게 지시하고, 진리가 어디에 있는지, 어떻게 그것을 찾아야 하는지 말해 주려고 할 때면, 혹은 순진한 확신의 언어로 타인들에 반하여 자신의 주장을 세우려 할 때면, 언제나 철학적 담론에는 뭔가 우스꽝스러운 것이 있다"라고 관찰한다(Foucault 1985, 9). 하지만 푸코는 1983년 강의에서 플라톤적인 철학적 주체성의 정치적 효과를 '진리의 관점에서 타인에게 지시하는 것'으로 파악하는 포퍼류의

"플라톤적 자유주의"가 있다고 주장한다.

52 『국가』 484b-d, 590c-591a 등 참고.

53 플라톤에게 전체주의와 권위주의의 논리적 맹아를 발견하고 고발하는 포퍼(Popper 1966)식의 플라톤 해석은 아렌트(Arendt 1958)와 벌린(Berlin 2001, 80-88) 등에서도 볼 수 있다.

해석과는 전혀 다른 관점을 제시한다. 1983년의 『자신과 타인들에 대한 통치』 강의에는 플라톤의 『일곱째 편지』와 『국가』의 일부 구절에 집중하여 철학과 정치의 관계에 대한 플라톤적 문제의식을 파악하는 푸코의 매우 독창적인 해석이 담겨 있다. 플라톤에게 있어 철학은 정치에 대한 관계에서 진리에 대해 발언함으로써 자신의 현실성을 유지하되, 다른 한편으로, 플라톤의 철학이 정치와 맺는 관계의 본질이 결코 정치가 수행해야 할 일을 지식의 관점에서 '지시'하는 것에 있지 않다는 해석이다. 푸코는 "플라톤에게, 그리고 내 생각으로는 일반적으로 서양 철학에서도, 정치가에게 무엇을 해야 한다고 지시하는 것은 결코 [철학의] 목표인 적이 없었다"라고 강조한다(Foucault 2010, 289). 푸코의 이 같은 플라톤 해석은 우리가 앞서 II절과 III절에서 살펴보았듯, 철학적 주체를 진리와의 관계에서 자기를 형성하고 변형하는 자기 배려의 주체로 파악하는 푸코의 관점을 통해 가능해지는 플라톤 정치철학 해석의 새로운 길을 보여 준다. 푸코는 철학의 현실성을 유지해 주는 정치와의 관계, 혹은 정치적 관계에서 진실 발언의 필요성을 플라톤의 『일곱째 편지』에서 도출하고, 이 분석을 토대로 『국가』 473d의 유명한 철인왕 이상의 의미를 해석하는데, 여기에서는 후자의 분석에 집중해 살펴보기로 하자.[54]

푸코는 『국가』 473d에서 소크라테스가 말하는 "정치권력과 철학이 한데 합쳐질 때(eis tauton sumpesē)"가 의미하는 바를 지식이 아니라 주체의 관점에서 해석한다. 푸코의 해석에서 철학과 정치권력의 결합이 일어나는 장소는 바로 철인왕의 혼이다. 푸코에 따르면, "철학과 정치권력의 결합"이라는 이상에서 '철학'이 지칭하는 바는 결코 철학자의 지식, 또는 철학자가 지식의 관점에서 내리는 하나의 답이 아니다. 오히

54 전자의 분석에 대한 자세한 논평은 밀러(Miller 2018)에서 찾을 수 있다.

려 여기서 철학이 지시하는 바는 철학적 자기 배려의 삶에 헌신하는 항구적 태도로서의 철학적 활동, 즉 주체의 철학적 존재 양식 그 자체다(Foucault 2010, 293-296). "철학하는 주체로서의 존재 양식이 권력을 행사하는 주체의 존재 양식을 구성해야 한다"라는 것이 바로 『국가』 473d의 철인왕 이상의 본질적 의미라는 것이다. 정치권력과 철학이 결합하는 철인왕의 혼에서 일어나는 일은 철학자로서의 자기 배려라는 존재 양식이 지배자로서의 왕이라는 자신의 존재를 규정하고, 이 양자의 분리를 허용하지 않도록 수련을 지속하는 것이다. 철학과 정치권력의 결합의 의미가 철학적 지식이 정치적 지배자로서 왕이 취해야 할 행동이 무엇인지를 결정하고 지시하는 데 있지 않다는 것이다. 푸코의 이 구분은 푸코 자신이 철학의 본령으로 인식한 것이 과학적 합리성이나 체계성이 아니라 영성과 자기 배려의 전통 속에 들어있는 삶의 양식으로서의 철학, 즉 끝없는 자기 수련의 도정 그 자체라는 것을 효과적으로 보여 준다(Miller 2018 참고).

푸코에게 철학은 현재의 삶, 현재의 정체성, 현재의 규범이 권력 관계에 얽혀 만들어 내는 억압적이거나 퇴행적인 효과들에 맞서 그것과는 '다른' 삶, 지식, 정체성을 상상하게 하는 사유의 힘이다. 우리가 이러한 '다름'을 상상하게 하는 그 사유의 힘을 만들어 내는 원리를 푸코는 '진리'라고 부른다.[55] 그러므로 푸코에게 진리는 형이상학적 도그마가 아니지만 철학적 주체성의 불가결한 조건이다.[56] 푸코의 플라톤 해석은

55 프레데릭 그로의 『진실의 용기』 해제 참고(Foucault 2011a, 355-356).

56 우리가 정의와 윤리의 문제를 고민할 때, 진리의 객관성을 믿는 "강한 플라톤주의"를 채택하지 않더라도, 결국 사유의 구조 속에서 무언가 개별적 실존 너머의 존재를 상정하는 "약한 플라톤주의"를 포기하기 어렵다고 파악하는 크라우트(Kraut 1992, 329-331)의 플라톤 정치철학 해석도 이와 비슷한 지점이

우리가 '플라톤주의적' 형이상학의 도그마를 수용하지 않더라도, 진리와의 관계에서 자신을 수련하는 철학적 주체로서 현실을 분석하고 발언하는 철학 본령의 작업을 수행하는 플라톤이라는 철학적 주체와 대화할 수 있는 길, 그리고 그가 제시한 철학적 주체성의 현대적 가치를 포퍼류의 이념적 분노와 근대적 과학성의 편견을 벗어나 읽어 낼 가능성을 연다. 푸코가 플라톤에게서 도출하는 철학적 주체성의 현실적 존재 양태는 우리가 철학에 의해 찾아낸 진리를 실행한다는 것에 있지 않고, 우리가 우리의 현실적 삶에서 행하는 모든 실천과 선택이 진리와의 관계 속에서 끝없이 자기 자신인 것에 대한 비판적 성찰을 가하는 자기 배려에서 발원한다는 것에 있기 때문이다. 따라서 1983년 강의에서 푸코는 칼 포퍼류의 해석에 대해 "의심할 여지없이 완전히 수정되어야 하는" 해석이라고 강력하게 비판하는 것이다(Foucault 2010, 254).

결국 푸코는 자신이 "플라톤주의의 역설"이라고 표현한 영성과 합리성을 결합시키는 플라톤 철학 특유의 방식에 대한 고민을 주체의 해석학 강의 이후에도 포기하지 않은 것으로 보인다. 푸코가 플라톤 철학의 본령으로 1983년 강의에서 제시한 것은 과학적 합리성이 아니라, 자기 배려와 영성의 전통 내에 명백히 위치하기 때문이다. 이 점은 1983년 강의에서 푸코가 플라톤의 『일곱째 편지』 341c-343e의 구절을 설명하는 부분에서도 분명히 드러난다(Foucault 2010, 249-252). 푸코는 한편으로는 진리 혹은 플라톤적 실재(to on) 그 자체의 인식, 다른 한편으로는 그 인식을 위한 방편으로 부단히 수련해야 할 논리적 지식의 사용과 확장을 분명히 구분하는 플라톤의 말에 주목한다. 결국 플라톤이 말하는 신적인 지성의 인식으로서의 자기 인식이 과학적 합리성에 의해 대

있다.

체되거나 그것으로 완전히 덮인다는 것은 불가능하다는 점을 푸코가 인정하는 셈이다.

V. 결론

푸코의 『알키비아데스』와 『향연』 독해 및 『국가』의 철인왕 이상의 해석이 플라톤의 정치철학을 과학성과 이타주의라는 근대적 철학과 윤리의 편견을 벗어나 일관되게 자기 배려와 영성의 전통 내에서 분석하고 있음을 살펴보았다. 푸코가 플라톤적 철학적 주체성의 본령을 하나의 옳은 답을 제시하는 행위가 아니라, 자신의 삶을 언제나 진리를 향한 자신과의 관계, 타인과의 관계, 진리 그 자체와의 관계 속에 유지하려는 노고에 있는 것으로 해석할 수 있었던 것은 푸코가 플라톤을 자기 배려와 영성의 전통 속에서 읽었기 때문이다.

마지막으로 푸코가 제시한 플라톤적 철학적 주체성의 실천적 의의에 대한 결론을 도출하기 전에, 『주체의 해석학』에서 푸코가 지적하는 "윤리적 분할"의 효과에 대해 짤막히 살펴보는 것이 적절할 것 같다. 푸코는 도시국가라는 정치사회적 맥락이 사라져버린 헬레니즘 시대의 역사적 변화가 자기 배려 윤리의 보편화를 가져왔다고 지적한다. 자기 배려가 신분과 관계없이 만인에게 부과되는 정언이 되었다는 점에서, 그리고 자기 배려의 목적이 도시국가의 공적 삶에서 개인이 성취할 수 있는 정치적 명예와 무관하게 자기 자신을 목적으로 갖는다는 점에서, 헬레니즘 시대 이후의 자기 배려는 보편 윤리가 되었다는 것이다(Foucault 2007, 118). 그러나 푸코는 곧바로 이러한 보편주의가 오직 표면적 현상일 뿐이라고 지적한다. 보편적 호소의 목소리가 있지만, 자기 배려의 윤리는 주체의 능력을 갖춘 자와 그렇지 않은 자를 실행적으로 분리하는 것을 필연적으로 요청하기 때문이다. 가령 플라톤의 관점에서 알키비아데스와 소크라테스의 철학적 주체로서의 가치가 위계적으로 분리되는 것은 필연적이다. 푸코는 이런 이유에서 헬레니즘 시대 이후의 철학과 이후 기독교 문화에서 보편적 호소의 형식 속에 내재한 분할의 원리를 실행시키는 무수한 학파와 교파의 분립이 생겨났다고 본다(Foucault 2007, 156-157). 그러므로 보편화된 자기 배려의 윤리는 철학적 주체성을 다시 정치적 충돌과 경쟁의 현실 속으로 노출시킬 수밖에 없다.

자기 배려 윤리에 윤리적 분할의 효과가 필연적으로 내재해 있다는 푸코의 관찰은 푸코가 제시하는 플라톤적 철학적 주체성에 대한 우리의 열망이 현대 사회에서 개개인에게 요구하는 윤리적 노력의 무게를 무겁게 상기시킨다. 우리가 진리와의 관계에서 자신에게 가하는 부단한 자기 배려의 노고가 자신의 실천적 선택들의 진정한 토대가 될 것을 요청할 뿐 아니라, 그러한 노고의 과정에서 피할 수 없는 윤리적 위계의 판단, 혹은 '윤리적 분할'의 효과가 정치의 장에서 일으킬 충돌과 갈등을 서로의 자유와 권리를 부정하지 않고 견뎌 낼 것을 요청하기 때문이다. 철학적 주체성이 '다름'을 상상하여 '저항'의 공간을 열 수 있다는 희망 혹은 절박함이 철학적 주체성의 실행에 내재한 이 같은 정치적 긴장을 소거할 수는 없다. 결국 플라톤 독해를 통해 푸코가 보여 주는 통찰의 힘은 철학적 주체성에 내재한 이 같은 정치적 긴장을 제거해야 할 문제가 아니라, 자유의 주체가 윤리적으로 견뎌야 할 조건으로 직시하도록 만드는 데 있지 않을까 싶다.

참고문헌

강진웅. 2014. 「푸코의 권력과 주체: 통치성과 윤리적 주체」. 『사회와 역사』 103집: 401-423.

박승규, 2002, 「푸코의 '자유의 실천'을 통한 윤리적 주체」, 『한국정치학회보』 36집 4호: 87-102.

심세광, 2011, 「푸코에게 '주체'란 무엇인가? 실천이론으로서의 푸코의 주체이론의 변모」, 『문화과학』 65집: 89-125.

플라톤, 2005, 『국가』, 서울: 서광사.

______, 2014, 『알키비아데스 I·II』, 서울: 이제이비북스.

______, 2014, 『향연』, 서울: 이제이비북스.

홍태영, 2012, 「푸코의 자유주의적 통치성과 정치」, 『한국정치학회보』 46집 2호: 51-70.

Arendt, Hannah, 1958, *The Human Condition*, Chicago: University of Chicago Press.

Berlin, Isaiah, 2001, *Against the Current: Essays in the History of Ideas*, Princeton: Princeton University Press.

Dodds, E. R., 1951, *The Greeks and the Irrational*, Berkeley: University of California Press.

Dover, K. J., 1978, *Greek Homosexuality*, Cambridge: Harvard University Press.

Foucault, Michel, 1982, "The Subject and Power," *Critical Inquiry* 8(4): 777-795.

______, 1985, *The Use of Pleasure: The History of Sexuality, Volume 2*, Trans. Robert Hurley, New York: Vintage Books.

______, 1988, "The Ethics of Care for the Self as a Practice of Freedom: An Interview with Michel Foucault on January 20, 1984," In Eds. James Bernauer and David Rasmussen, *The Final Foucault*, 1-20, Cambridge: MIT Press.

______, 1990, *The History of Sexuality, Volume 1: An Introduction*, Trans. Robert Hurley, New York: Vintage Books.

______, 1997, "Technologies of the Self," In Ed. Paul Rabinow, *Ethics: Subjectivity and Truth*, New York: The New Press.

______, 2007, 『주체의 해석학』, 서울: 동문선.

______, 2010, *The Government of Self and Others*(『자신과 타인들에 대한 통치』), New York: Picador/Palgrave Macmillan.

______, 2011a, *The Courage of Truth*(『진실의 용기』), New York: Picador/Palgrave Macmillan.

______, 2011b, 『안전·영토·인구』, 서울: 난장.

______, 2012, 『생명관리정치의 탄생』, 서울: 난장.

Hadot, Pierre, 1995a, 『고대 철학이란 무엇인가』, 서울: 열린책들.

______, 1995b, *Philosophy as a Way of Life: Spiritual Exercises from Socrates to Foucault*, Trans. Michael Chase, Malden: Blackwell Publishing.

Joosse, Albert, 2015, "Foucault's Subject and Plato's Mind: A Dialectical Model of Self-Constitution in the Alcibiades," *Philosophy and Social Criticism* 41(2): 159-177.

Kraut, Richard, 1992, "The Defense of Justice in Plato's Republic," In Ed. Richard Kraut, *The Cambridge Companion to Plato*, New York: Cambridge University Press, pp. 311-337.

Miller, Paul Allen, 2018, "Queering Plato: Foucault on Philosophy as Self-fashioning and Resistance in Plato's 7th Letter," *Trans* 23, https://doi.org/10.4000/trans.1807.

Plato, 1901-, *Platonis Opera*, Ed. J. Burnet, Oxford: Oxford University Press.

Popper, Karl, 1966, *The Open Society and Its Enemies: The Spell of Plato*, London: Routledge.

Roochnik, David, 2003, *Beautiful City: The Dialectical Character of Plato's Republic*, Ithaca: Cornell University Press.

Smith, Steven, 2000, "Leo Strauss's Platonic Liberalism," *Political Theory* 28(6): 787-809.

Vernant, Jean-Pierre, 1982, *The Origins of Greek Thought*, Ithaca: Cornell University Press.

6

플라톤 해석을 중심으로 살펴본 누스바움 철학의 변화와 특징*

인간과 행복에 대한 철학적 이해와 정치적 해법

안태현

I. 서론

어떤 삶이 행복한 삶인지 혹은 잘 사는 것은 어떻게 사는 것인지 하는 문제는 시대와 지역을 막론하고 대부분 사람들이 품고 있는 질문이다. 고대 그리스인들도 예외는 아닌데, 그런데도 이 보편적 의문에 대한 그들의 탐구가 오늘날 우리에게 낯설어 보인다면 그 이유 중 하나는 그들이 좋은 삶의 문제를 정치와 연관 짓기 때문이다. 이 장은 훌륭하고 좋은 인생에 대해 천착해 온 마사 누스바움(Martha C. Nussbaum)의 논의를 그녀의 플라톤 해석을 중심으로 추적하여, 그녀의 연구가 가진 특징과 변화하는 양상을 살펴보고자 한다. 누스바움은 인간과 행복에 대한 이해를 추구하는 데에 있어서 고전 철학이 주된 담론이 될 수 있다는 믿음을 견지하고, 그리스의 윤리·정치사상을 꾸준히 활용해 왔다. 따라서

* 이 장은 『21세기정치학회보』 30집 2호(2020)에 게재된 논문을 수정보완한 것이다.

그녀의 연구는 고대 그리스인들이 삶의 훌륭함을 정치와 결부하여 생각하는 이유를 살펴볼 수 있는 좋은 자료가 되리라고 기대한다.

그리스 철학자 중에서 누스바움에게 가장 큰 영향을 미친 이를 꼽자면 아리스토텔레스다.[1] 인간, 삶, 행복, 교육, 사회적 정의, 인권 등 다양한 주제에 있어서 그의 사상을 상당 부분 수용하는 누스바움의 연구를 이해하기 위해, 이 장이 그녀의 플라톤 해석에 대신 초점을 맞추는 이유는 아리스토텔레스에 대한 그녀의 한결같이 호의적인 태도와 달리 플라톤 사상에 대한 그녀의 입장이 달라지기 때문이다. 이 전환은 누스바움 연구의 전반적 변화와 맞물려 있는 만큼, 그녀의 연구 흐름과 특징을 확인할 수 있는 단서가 된다.

누스바움의 연구에서 두드러진 점은 폭넓은 범위와 방대한 업적이다.[2] 인간선, 감정과 이성, 문학과 철학, 시민성, 교육 제도, 사회적 정의, 삶의 질, 여성 인권, 동성애, 민주주의 등의 주제를 망라하는 그녀의 활동과 사상에 대한 연구는 대부분 특정 저서나 주제에 집중하는 방식으로 이루어졌다.[3] 이 장은 이와 대조적인 시도를 한 연구들을 토대로 한

1 누스바움의 박사학위 논문과 첫 저서는 아리스토텔레스에 관한 연구다(Nussbaum 1975; 1978).

2 2020년 5월을 기준으로 누스바움은 24편의 단독 저서, 1편의 공동 저서, 21편의 편집서, 450편 이상의 논문을 발표하였다.

3 윤철홍(2014)과 이계수(2016)는 『시적 정의』(1995)를 중심으로 법의 영역에서 문학이 기여할 가능성에 대해서 논의하며, 허성범(2013)은 누스바움의 '역량 접근법'이 인권 철학에 대해 지니는 의의를 고찰한다. 김용환(2018)은 감정 연구에 초점을 맞추어 분노, 용서, 혐오에 관한 누스바움의 저서들을 논평하고, 각각 혐오와 연민에 대한 누스바움의 논의를 다루는 고현범(2016)과 이선(2018)은 누스바움의 감정 이론과 반론을 검토하며 감정의 효용과 위험 요소를 분석한다. 신응철(2013)은 『이윤을 위해서가 아닌』(2010)을 중심으로 교양 교육에 관한 주장을 검토하고, West(2015)는 역량 접근법, 감정, 문학, 여성 및

다. 2000년대 초반까지의 누스바움 연구의 흐름을 두 단계로 나누어 분석한 하르팜(Harpham 2002)의 인식을 수용하여 누스바움 연구의 연속성과 변화를 추적하고, 연구의 일관되거나 변화하는 특징을 분석함에 있어서는, 합리성 비판에서 문학 교육 구상으로 발전하는 흐름을 논의한 박진환·김순자(2008), 감정의 취약성에 대한 인식에서 출발하여 감정의 정치적 유의성과 교양 교육 필요성에 관한 누스바움의 입장을 논평하는 임옥희(2016)의 방식을 활용하여 누스바움 연구의 주요 주제들 사이의 연결 고리를 따라가며 그들의 연관성을 드러낸다. 누스바움이 탐구해 온 주제들을 모두 다루는 것은 이 장의 목표가 아니며, 좋은 삶에 대한 누스바움의 관심이 변화하고 확장하며 지속되는 양상을 플라톤에 대한 그녀의 해석과 입장을 중심으로 분석하는 과정에서 그녀의 논의에서 핵심적이라고 발견된 감정과 이성, 사랑, 문학, 정치, 교육에 주목한다.

II. 플라톤 해석으로 보는 초기 누스바움: 합리주의 인간관 비판과 사랑 예찬

1. 논제: 인간선, 운, 이성

『선의 연약성』에서 누스바움은 고대 그리스 사상가들이 생각했던 운(*tuchē*)과 인간선, 특히 운과 행복(*eudaimonia*)의 관계를 탐구한다(Nussbaum

동성애자 인권에 관한 누스바움의 논의 각각을 법과의 연관성에 집중하여 고찰한 논문들로 구성되었다.

[1986] 2001).[4] 그녀의 설명에 따르면, 다수의 그리스 철학자, 시인, 극작가, 역사가들이 몰두했던 문제는 인간다운 삶의 실현이었고, 이는 곧 가장 훌륭하고 아름다운 인생에 수용할 수 있는, 그리고 수용해야 하는 운의 범위와 역할로 직결되었다. 좋은 삶에 대한 관심이 운이 인생 속에서 차지하는 자리에 대한 고찰로 이어지는 흐름은 인간이 운의 영향에 노출된 취약한 존재로 간주됨을 시사한다. 누스바움이 의미하는 운이란 주체가 만들거나 행동하는 바와 대비되는 외부의 작용이고, 그녀는 이러한 정의가 운에 대한 고대 그리스인들의 이해와 근접하다고 본다.

가령 핀다로스의 시는 인간에게 있어 기쁨을 주고 역경의 시기를 함께하는 친구와 가족이 필요함을 노래한다. 그는 또한 인간의 훌륭함을 자라나는 포도나무에 비유하며, 마치 포도나무의 순조로운 성장에 우수한 혈통, 온화한 날씨, 현명한 관리인, 천재지변의 부재가 필요하듯, 인간의 미덕이 자라는 데에도 충분한 재능, 교육적인 환경, 우호적인 사회적 관계, 재난에서의 안전이 필요함을 시사하였다. 즉 인간과 인간의 미덕은 다른 존재나 조건의 도움이 필요하고 세상의 풍파에 노출된 가냘픈 형상으로, 다시 말해 운의 영향 아래 놓인 모습으로 그려진다.

문제는 포도나무 비유가 함축하는 취약성의 이면이다. 인간의 훌륭함이 어린 포도나무와 같다면, 포도나무의 유연하고 부드러운 가지가 그 아름다움을 이루듯 훌륭함 역시 그 연약하고 불완전한 특성이 본질을 구성한다고 볼 수 있다. 탁월한 이에게 주어지는 칭찬은 미덕을 함양하고 견지하는 그의 노력에 근거하므로, 만약 미덕이 처음부터 견고하고 완성된 모습으로 존재한다면, 덕스러운 이는 더 이상 칭찬의 대상이

4 이 절에서는 『선의 연약성』의 1장, 특히 1-8쪽을 중심으로 누스바움의 주장을 살펴본다.

아니다. 다시 말해, 외부 요인에 좌우되는 취약함과 불완전함을 모두 제거한다면, 인간의 삶을 고귀하게 만들어 주는 요소도 함께 사라진다. 물론 주변 환경에 한없이 흔들리기만 하는 삶도 아름답거나 훌륭하지 않다. 그렇기에 그리스인들은 행복한 삶을 위해 받아들여야 하는, 그리고 받아들일 수 있는 운의 정도를 고민하였다.

하지만 인간은 환경과 여건을 묵묵히 받아들이는 포도나무처럼 수동적이기만 한 존재가 아니다. 하위 생명체와 달리 인간은 이성을 가지고 있다. 욕구로 인해 쉽게 억제되지 않으며 외부 영향에 무력하게 노출된 부분이 우리 안에 있으나, 동시에 숙고하고 가치를 가늠하며 최선의 행동을 선택할 수 있는 능력도 자리한다. 바로 이 이성적 요소가 우리의 다른 부분을 다스리고 이끌어서 우리가 운에 좌우되는 삶을 살지 않도록 구해 주리라는 희망이 인간선에 관한 고대 그리스 사상의 중심에 놓여 있다고 누스바움은 설명한다. 그리고 그녀는 이성적 자기충족성(rational self-sufficiency)을 향한 이 열망, 즉 이성의 통제력을 발휘해 좋은 삶을 운으로부터 지켜 내려는 열망을 자신의 책에서 고찰한다.

그러나 이성이 사고와 불운을 막아 행복을 지킬 수 있다 해도 이 통제력의 한계는 없을까? 위에서 말했듯이 외부 영향을 받는 취약함은 인생의 아름다움을 구성하는 요소이기도 하다. 친구, 연인, 공동체는 우리가 완전히 통제할 수 없는, 즉 우리를 운에 노출시키는 존재지만, 동시에 우리의 삶을 풍성하고 아름답게 만들기도 한다. 가족이 죄를 범하거나 연인이 세상을 떠나거나 친구가 먼 곳으로 가거나 고국이 내전에 휘말릴 때 우리의 마음이 아픈 까닭은 그들에게 받았던 기쁨이 큰 탓이다. 또한 가족, 친구, 공동체가 있기 때문에 우리는 훌륭한 부모, 정직하고 현명한 친구, 성실하고 정직한 시민이 될 기회를 얻는다. 우리가 제어할 수 없는 그들의 운명이 우리에게 안겨줄지도 모르는 고통과 슬픔을 제거하기 위해 애정의 대상과 사회적 관계를 버린다면, 그들로 인해 누릴 수 있는 즐거움과 환희, 성취할 수 있는 미덕도 함께 잃어버리게 된다. 그렇다면 삶의 참다움과 탁월함을 지키는 범위 내에서 우리에게 중요하고 가치 있는 것들을 운이 아닌 이성의 통제 아래 두는 적절한 지점은 어디쯤일까? 다시 말해, 우리가 누릴 수 있는 좋은 삶이란 얼마나 연약한 혹은 견고한 선일까?

이러한 질문을 던진 누스바움은 '그리스 비극과 철학 속 운과 윤리학'이라는 부제에 따라 다섯 명의 고대 그리스 비극 작가와 철학자의 글을 살펴보고, 인생에 미치는 운의 영향과 이성의 힘에 대한 이들의 견해를 분석한다.

2. 인간선에 대한 상반된 이해: 비극적 관점과 합리주의

누스바움이 행복과 운, 그리고 이성의 문제에 대한 답을 문학과 철학 양쪽 모두에서 찾는 데에는 이유가 있다. 자신의 다른 저서 『사랑의 지식』에서 그녀는 철학, 그중에서도 윤리 철학은 '인간이 어떻게 살아야 하는가'라는 질문에서 출발하였으며, 이 질문을 연구하는 이들이 플라톤 등장 이전에 가르침을 구했던 대상은 시인이었다고 설명한다(Nussbaum 1990, 15-16). 즉 고대 그리스의 시인과 철학자는 같은 문제, 바로 인간이 추구해야 하는 좋은 삶을 탐구하고 상반된 답을 제시하는 경쟁자였다.

아이스킬로스의 『아가멤논』, 소포클레스의 『안티고네』와 『오이디푸스』, 에우리피데스의 『헤카베』에서 누스바움은 그들이 운이 인생에 미치는 영향을 잘 이해하고 있었음을 발견한다. 앞서 말했듯이, 우리의 삶을 풍성하고 고귀하며 아름답게 만드는 요소들은 온전히 이성적 통제 아래 있지 않으며 운에 노출되어 있다. 따라서 운에 의해 우리에게 닥치는 비극이란 역설적으로 우리가 행복하게 살기 때문에 발생한다고 볼 수 있다. 그리스 비극 작가들은 가족과의 불화, 실수에 의한 친족 살해,

친우의 죽음, 가문의 몰락과 나라의 패망 등 사람들이 겪을 수 있는 다양한 비극의 양상을 세심하게 묘사함으로써 인간이 운의 영향 아래 있다는 점뿐만 아니라 바로 그래서 인생이 훌륭하고 행복할 수 있음을 보여 준다.

다만 비극에서 묘사되는 인생관은 하나가 아니다. 아이스킬로스, 소포클레스, 에우리피데스의 이야기 속에서는 인간적인 수준을 초월하려는 갈망과 그러한 야망 때문에 잃는 인간적 가치에 대한 애착이 충돌하고, 그로 인해 빚어진 갈등이 비극적 전개를 낳는다. 『안티고네』의 크레온은 타국의 군대를 끌어들여 도시를 혼란에 빠뜨린 조카 폴리네이케스를 매장하지 않고 그 시신을 들판에 내버려 두도록 명령함에 있어서 조금의 내적 갈등도 겪지 않는 인물이다(198-208).[5] 그에게 있어서 유일한 최고선은 도시의 행복이고, 사람의 선악도 그가 도시에 이로운지 혹은 해로운지에 따라 전적으로 결정될 뿐 친족 관계와 같은 조건은 그러한 판단에 독자적인 영향을 미치지 못한다(178-188). 도시의 중요성을 역설하는 크레온은 배가 파도와 바람을 막아 주듯이 도시는 외부 위험으로부터 우리를 지켜 주며, 도시의 안전이 평화로운 일상을 가능하게 한다고 말한다(162-163, 189-190). 이 비유에 대해 누스바움은 파도와 거친 폭풍을 버티는 견고한 선체와 침략에 맞서는 군대와 성채가 모두 우발적 상황을 억누르고 운을 제거하여 삶을 구하기 위해 인간이 만든 도구임을 지적한다. 즉 도시는 실천적 이성의 기술을 활용하여 인간을 운으로부터 구할 수 있다는 믿음의 산물이다. 크레온은 한발 더 나아가 도시를 단순한 도구가 아니라 최고선으로 삼음으로써 실천적 이성을 발휘

5 누스바움의 『안티고네』 논의는 Nussbaum([1986] 2001, 54-63) 요약, 인용; 『안티고네』의 행번호는 펭귄판(Sophocles 1984) 기준 표기.

하는 과정에서 생길 수 있는 가치 충돌을 아예 배제하였다. 도시에 해를 끼친 조카의 장례를 금하고, 이 국령을 거스른 또 다른 조카 안티고네를 체포하는 데 그가 망설이지 않았던 이유는 바로 이러한 선 관념 때문이며, 망자인 오빠에 대한 의무를 다하기 위해 국법을 어긴 안티고네의 행동은 크레온이 우려한 가치 충돌의 한 사례다. 극 후반에 크레온은 혈육의 죽음과 외적의 공격을 경고하는 예언을 듣고 고뇌하지만, 결국 감금되었던 안티고네의 자살, 약혼녀인 안티고네의 죽음에 절망한 아들 하이몬의 자살, 아내 에우리디케의 뒤이은 저주와 자살을 막지 못하고 처절하게 후회한다(988-1114, 1155-1346).

운을 제압하고 삶을 안전하게 만들기 위한 전략은 다른 비극 속에서도 크레온과 같은 인물들을 통해 묘사되며, 이 전략이 더 발전한 형태가 『프로타고라스』에 서술된 실천적 이성의 기술이라고 누스바움은 설명한다.[6] 실천적 이성을 발휘하여 인간선을 지키려는 그의 사상이 더욱 다듬어져 전개된 중기 대화편 『파이돈』, 『국가』, 『향연』에서 플라톤은 운이 인생과 행복에 미치는 영향을 부정하고, 이성으로 성취한 행복의 자기충족성을 역설한다. 다만 후기 대화편 『파이드로스』에서는 그의 철저한 합리주의 사상이 누그러짐을 확인할 수 있다. 그리고 그의 제자 아리스토텔레스는 좋은 삶의 아름다움과 연약함을 동시에 보임으로써 비극이 가진 통찰력과 가치를 회복하였다고 누스바움은 평가한다.

즉 그리스 비극 작가들과 아리스토텔레스의 시각은 플라톤의 초기 견해, 그리고 이 입장의 근대적 형태라 할 수 있는 칸트의 합리주의와 대비된다.[7] 선의 도덕적 가치가 확고하며 불변하다고 믿는 칸트에게 있

6 이 단락의 논의는 Nussbaum([1986] 2001, 9-10) 참고.

7 합리주의와 칸트에 관한 논의는 Nussbaum([1986] 2001, 4-5, 31-32, 47-50)

어서 여러 가치 사이의 충돌과 같은 비극은 도덕적 삶에 존재하지 않는다. 이성적이고 선한 인간은 일정한 도덕 원칙에 따르는 다양한 의무의 내용과 각각의 경중을 이해하고 있으므로, 두 가지 이상의 의무에 동시에 직면한다 해도 자신이 해야 할 일을 명백하게 인식한다. 따라서 그는 내적 갈등을 겪지도 결정을 뉘우치지도 않는다.

그러나 아가멤논과 같은 상황에 처한 이가 신과 동맹군에 대한 의무가 가족에 대한 의무나 살인 금지의 원칙보다 우선한다는 판단하에 망설임 없이 딸을 죽이고도 후회하지 않거나, 크레온처럼 아들과 아내의 자살을 초래한 이가 자신의 신념을 고수한 채 번민하지 않는다면, 우리는 그를 도덕적으로 성숙하고 훌륭한 사람이라고 받아들일 수 있을까? 자녀를 잃고 가정이 해체되는 파국을 맞은 이가 고통에 몸부림치고 자책하는 모습을 볼 때 오히려 우리는 그를 인간답고 선한 사람으로 여기지 않을까? 요컨대 누스바움은 칸트가 도덕적 원칙의 정합성을 강조한 나머지 그리스 비극에 담긴 인간과 인생에 대한 이해를 놓치고 있다고 주장한다. 비극은 이성이 완벽하게 통제할 수 없는 외적 요인이 불행을 초래할 수 있으며, 그로 인해 겪는 비탄, 괴로움, 회한, 아픔은 도덕적 결함이 아닌 훌륭함을 드러내는 감정일 수 있음을 우리에게 알려 준다.

비극을 철학적 논의의 주제로 삼거나 비극을 통해 철학에 대한 이해를 도모하는 시도가 새로운 것은 아니다. 『정신현상학』에서 헤겔은 『안티고네』를 집중적으로 다루며, 니체의 『비극의 탄생』은 그리스 비극 속에서 서로 충돌하는 인간관을 포착한다.[8] 그러나 누스바움은 영미권 윤리 철학 연구에서 문학 작품이 배제되어 온 경향이 있음을 지적하며,

참고

8 Hegel 1807; Nietzsche 1872.

비극이 그려 내는 삶의 참된 모습, 연약하고 불안정하면서도 고귀하고 아름다운 인생의 풍성함에 주목하자고 역설한다(Nussbaum [1986] 2001, 15-16). 이러한 맥락에서 인생의 비극적 상(象)을 부정하는 플라톤의 시각을 비판하고, 플라톤과 칸트로 대표되는 합리주의 윤리학과 구분되는 인간관을 그녀는 제시한다.[9]

3. 플라톤의 인간선 이해: 『프로타고라스』와 『국가』 속 합리주의

흔히 초기 대화편으로 분류되는 『프로타고라스』에서 소크라테스는 미덕을 가르칠 수 있는가 하는 문제에 관해 당대 최고의 소피스트였던 프로타고라스와 토론한다.[10] 이들이 다루는 논제 중 하나는 많은 사람이 선이 무엇인지 알고 행할 수 있음에도 악을 범하는 이유인데, 그런 이들이 곧잘 대는 핑계에 소크라테스는 주목한다(322b-323c, 333d, 352b-e). 악에서 비롯되는 즐거움이나 선에 수반되는 고통 때문에 악을 택했다는 변명을 논박하며, 그는 선과 악 그리고 즐거움과 고통을 하나의 척도로 잴 수 있다고 역설한다. 차후에 질병과 가난의 고통을 안겨 줄 향락을 악하다고 판단하거나 건강하고 즐거운 미래를 가져올 고통스러운 치료를 선하다고 여기는 익숙한 사례들은 고통을 악으로 그리고 즐거움을

9 다만 누스바움은 『선의 연약성』 속 칸트 관련 논의가 칸트 윤리학의 논박이 아닌 칸트의 합리주의를 비롯한 다양한 윤리관들과 비교하여 분석할 수 있는 또 다른 견해의 초안 제시라고 한정한다(Nussbaum 1989, 736-738).

10 『프로타고라스』의 소크라테스가 펼치는 주장을 누스바움은 플라톤의 생각으로 간주한다(Nussbaum [1986] 2001, 88, 117-120). 누스바움의 『프로타고라스』 논의는 Nussbaum([1986] 2001, 89-91, 100-117) 참고; 『프로타고라스』 행번호는 쿠퍼 편집판(Plato 1997) 기준 표기.

선으로 치환하여 한 가지 기준으로 측정할 수 있다는 그의 주장을 뒷받침한다(353c-354e).

여러 가치를 동일한 척도 위에 둔 소크라테스의 시도를 두고 누스바움은 삶을 구하기 위한 실천적 이성의 발휘라고 평한다. 만약 우리가 좋아하고 끌리고 바라며 칭송하는 많은 것을 단 하나의 기준으로 측정할 수 있다면, 맛있는 음식, 편안한 잠자리, 아름다운 풍경, 친구와의 여행, 가족과 보내는 느긋한 주말, 동료 시민들에게 받는 존경, 경제적 풍요, 진리를 깨닫고 관조하는 행위 등은 단일한 기준에 따라 각각의 값이 매겨지게 된다. 다시 말해, 가치의 다양성은 사라지고 좋거나 즐겁거나 유용한 모든 것이 한 가지 종류로 간주되며, 다만 그 가치의 크기나 양에 있어서 다르게 여겨질 뿐이다. 따라서 내전을 일으키고 죽은 오빠를 위한 장례와 도시를 해한 자에게 내려진 처벌에 대한 복종은 서로 다른 두 가지 가치, 즉 가정의 따뜻함과 정치 공동체의 안녕에서 각각 비롯된 그래서 비교하여 경중을 가리기 어려운 의무가 아니다. 소크라테스의 주장에 따르면, 이는 가령 어느 한 쪽 가치의 크기가 10이고 다른 쪽의 크기가 15라고 측정한 다음, 명백한 답인 15의 가치를 선택함으로써 해결할 수 있는 문제다.

다양한 가치가 모두 선악으로 측량되면서 발생하는 또 다른 결과는 우리가 선택하고 행동하는 과정에서 비이성적인 욕구가 작용할 여지가 줄어들고, 이성적 판단이 그 자리를 차지한다는 점이다. 만찬에서 과식한 나머지 배탈이 난 사람은 식욕을 제대로 다스리지 못하거나 미식의 유혹에 흔들리는 약한 의지력을 갖고 있다기보다는 가치를 제대로 모르는 무지로 인해 건강 대신 맛있는 요리를 선택했다고 볼 수 있다. 즉 우리가 욕망과 욕구에 휩쓸릴 때 겪는다고 생각했던 문제인 '자제력 없는 상태'(*akrasia*)는 실상 50의 선이 20의 선보다 가치 있음을 모르는 결과다. 가치를 정확하게 아는 이에게 50의 선이 20의 선보다 나음은 실로 명확하기 때문에 후자를 향한 욕망이 일어날 리 없고, 그는 흔히 자제력 부족으로 여겨지는 판단 오류를 범하지도 않는다.

요컨대 소크라테스는 단일한 척도로 모든 가치를 측량하는 실천적 기술을 발휘함으로써 서로 다른 가치 사이에서 갈등하는 어려움뿐만 아니라, 비이성적인 욕망에 끌려가는 문제도 해결하려 하였다고 누스바움은 설명한다. 의무의 상충이나 육체적 불만족이 외적 요소로 인해 빈번히 발생한다는 점에서 소크라테스의 제안은 불운을 막으려는 노력이라고도 할 수 있다.

인간의 삶과 행복을 운의 영향 바깥에 두고자 하는 플라톤의 노력은 『국가』에서도 발견된다.[11] 『국가』의 플라톤은 철학적 사고와 같이 그 자체로 좋은 행위가 외부 요인이나 인간의 욕구와 관계없이 선하다고 여기며, 그렇기 때문에 가장 좋은 행위인 관조의 선이란 환경과 필요로부터 분리된 초월적 관점에서 바라볼 때야 비로소 인식할 수 있다고 주장한다(580d-583a). 관조의 또 다른 특성은 안정성이다. 관조는 언제까지나 지속될 수 있고, 외부 영향을 받지 않으며, 관조의 대상은 영원불변하다(585b-e). 따라서 플라톤이 그리는 철학적 삶이란 초월적 관점에 설 때 그 가치를 알아볼 수 있는 선일 뿐만 아니라, 그 자체로도 여건이나 인간의 필요와는 상당히 무관한, 다시 말해 초월적이며 초인간적인 모습을 지닌다. 인간의 최고선에 대한 플라톤의 이러한 이해는 인간과 행복을 온전하게 이성의 통제 아래 둠으로써 운의 영향을 차단하고자 한 그의 소망, 즉 이성적 자기충족성을 향한 열망에서 비롯된다고 누스

11 누스바움은 소크라테스의 주장을 플라톤의 입장으로 간주한다(Nussbaum [1986] 2001, 87-88). 이 절의 『국가』 논의는 Nussbaum([1986] 2001, 138-160) 참고; 『국가』의 행번호는 블룸 번역판(Plato 1991) 기준 표기.

바움은 주장한다.

누스바움은 플라톤이 행복에 대한 이성주의적 시각을 바탕으로 구상한 교육 제도에도 주목한다. 최고선의 가치를 초월적 관점에서만 인식할 수 있다면, 인간을 필요와 욕구에서 가능한 한 분리시켜 선을 올바르게 볼 수 있도록 교육시켜야 한다는 결론에 이른다. 특히 친구와 적을 구별하는 지혜를 가져야 하는 수호자 계급의 교육을 강조하면서, 소크라테스는 그들이 인간적 필요와 욕구 이외에 애도와 공포처럼 운에 얽매인 취약함을 내포하는 감정도 멀리해야 한다고 주장한다. 지인의 죽음 앞에서 몰려드는 비통함은 타인에게 의존하는 불완전한 상태를 반영하며, 덮쳐 오는 재난에 대한 두려움은 환경에 좌우되는 연약함을 드러낸다. 완전하고도 부족함이 없는 참된 영웅과 신이라면 한낱 인간의 죽음을 애통하거나 시련에 대한 두려움을 가질 리가 없다. 그런데도 고귀하고 신성한 존재들을 그들에게 어울리지 않는 감정에 휩쓸리는 연약한 모습으로 그리는 시인들은 윤리적 모범을 왜곡함으로써 젊은이들을 잘못된 방향으로 이끌고, 시민들의 판단을 흐리는 셈이다. 따라서 소크라테스는 인간들에게 도덕적 지표를 제시할 수 있는 문학만을 철인왕이 다스리는 이상도시에 남기고, 지극히 인간적인 감정을 영웅과 신에게 덧입히는 대부분의 기존 문학 작품을 추방해야 한다고 주장한다.[12]

12 수호자 계급 교육을 위한 문학 검열에 대한 소크라테스의 논의는 『국가』 376c-98b 참고.

4. 누스바움의 합리주의 비판

1) 문학의 역할과 감정의 가치

누스바움은 철학과 문학이 서로를 보완할 수 있다고 강조하며, 철학과 문학의 대립을 해소하고자 한다. 앞서 언급했듯이, 그녀는 비극 작가들과 철학자들이 행복한 삶이라는 동일한 문제를 각각 탐구하며 서로 다른 답을 제시한다. 그리고 『국가』의 플라톤과 달리 그녀는 행복에 대한 두 가지 접근 방식과 설명 중 하나를 선택할 이유가 없으며, 오히려 철학과 문학이 행복 연구에 모두 필요하다고 주장한다. 실제나 가상의 사례와 구체적인 맥락을 동원한 이론의 검증은 보편론을 고찰하는 흔한 방식이고, 문학은 철학의 추상적 논의에 개별 사건과 경험을 제공하는 역할을 할 수 있다. 가령, 정치공동체의 구성원으로서 이행해야 하는 의무와 가족에게 지켜야 할 도리 사이의 관계와 둘의 경중에 관해서 살펴본다고 할 때, 원론적 논의에 더하여 안티고네와 크레온을 둘러싸고 벌어지는 논쟁과 갈등에 대한 극적 묘사를 분석한다면 더욱 세밀하고 풍성한 연구가 이루어진다.

또한, 인간선의 가냘픈 아름다움과 운에 맞서는 인간의 기개를 노래하는 그리스 비극이 보여 주듯, 문학은 이성주의적 인간관과 합리주의 철학이 놓치고 있는 삶의 풍부함과 다양한 면모를 발견하는 데에 효과적인 매체다. 특히 소설은 인생의 양상과 특징을 추적하기에 유용하고, 이를 누스바움은 『사랑의 지식』에서 마르셀 프루스트, 찰스 디킨스, 헨리 제임스의 작품을 통해 보여 준다. 그녀가 『잃어버린 시간을 찾아서』, 『데이비드 코퍼필드』, 『사자(使者)들』에서 각별히 주목하는 점은 질투가 가져온 마음의 고통, 동경하는 친구를 향한 변함없는 애정, 화려한 도시를 접하면서 경험하는 경이감과 같은 감정이 개개인의 삶 속에서 움직이는 모습에 대한 섬세한 묘사다.

문학이 표현하는 삶의 다양한 요소 중 감정에 누스바움이 관심을 두는 이유는 이것이 플라톤의 이성적 자기충족성 추구에서 칸트의 합리주의 철학으로 이어지는 전통 안에서 간과된 부분일 뿐만 아니라, 인간과 삶에 대한 이해를 돕는 도구기 때문이다. 가령 소란스러운 이웃에 대한 분노는 고요함을 중시하고, 이에 대한 침해가 부당하다고 판단하는 가치 평가를 반증한다. 즉 감정은 반드시 이성에 반하지 않으며 오히려 이성적 판단의 자연스러운 결과일 수 있고, 후자의 경우 그러한 판단을 파악할 단서가 될 수 있다. 나아가 감정을 경험할 때에만 얻을 수 있는 종류의 지식도 있다. 예를 들어, 연인의 부재로 인해 심장이 뜯기는 듯한 고통과 이 격한 고통이 깨우치고 구성하는 사랑의 감정은 평온한 명상으로는 알 수 없는 자신의 깊숙한 곳에 자리한 상태, 바로 소유하고 통제하고자 하는 과도한 열망과 욕구, 근본적인 불완전함, 사랑스러운 대상과의 회복불가능한 분리에 대한 고뇌를 일깨워 준다(Nussbaum 1990, 253-258).

감정의 인지적 가치에 대한 누스바움의 주장은 플라톤의 후기 대화편에 의해서도 뒷받침된다. 『파이드로스』에 따르면, 한 사람에 대한 강렬한 에로스는 윤리적 성장과 지적 추구를 유도한다(Nussbaum [1986] 2001, 213-223; 1990, 122). 바른 교육을 받고 좋은 본성을 가진 사람이 아름다운 소년을 대면한다고 가정하면, 그는 육체적인 접촉을 갈망하는 데에 그치지 않고 소년을 통해 표현된 아름다움을 바라보고, 그 광경에 의해 이성을 포함한 자신의 영혼 전체가 변화하는 경험을 하게 된다(250d-251b). 그의 영혼은 소년과 멀어질 때 고통과 함께 시들어 버리고 소년을 바라볼 때 기뻐하며 성장한다(251c-d). 고통과 기쁨이 교차하는 경험을 통해 갈망도 자라나고 소년은 그 누구보다도 소중한 존재가 된다(251e-252a). 그러나 자신을 사로잡는 대상으로 인해 일어나는 사랑의 감정과 욕구는 반드시 그를 비이성적으로 행동하게끔 몰고 가지 않으며, 오히려 그의 영혼으로 하여금 대상이 체현하는 아름다움과 선을 향하도록 만들어 참된 아름다움과 선이 무엇인지 탐구하고 그에 가까워지도록 자극하는, 다시 말해 그의 도덕적·지적 성장을 이끌어 내는 역할을 할 수 있다.

사랑에 대한 누스바움의 예찬은 나아가 도덕의 가장 관대하고 훌륭한 모습은 애정의 대상을 아끼고 돌보며 지지해 주는 사랑임을 역설한다. 『데이비드 코퍼필드』의 단정하고 차분한 아그네스는 매혹적인 스티어포스를 "악한 천사"라고 평가하며 그를 멀리하라고 조언하지만, 스티어포스에게 이미 매료된 데이비드는 그가 믿음직한 친구라고 옹호할 뿐만 아니라 그의 방종한 행위에도 불구하고 한결같이 그를 사랑한다(374-375, 801).[13] 재치 있고 우아한 스티어포스의 모습을 좇는 데이비드의 열망 어린 시선과 그의 넘치는 매력에도 흔들리지 않고 엄격히 판단하는 아그네스의 곧은 심지는 대조를 이루고, 이는 사랑의 관점과 도덕의 관점 사이의 긴장을 시사한다. 그러나 누스바움은 데이비드의 마음 속에서 사랑과 도덕의 공존을 발견하고, 이러한 결합을 가능하게 하는 힘에 주목한다. 데이비드의 어머니 클라라가 죽어 가며 떠올리는, "사랑하는 마음이 지혜보다 훌륭하고 강하다"(144)는 남편의 격려와 숨을 거두는 클라라를 다정하게 안아 지탱해 주는 충직한 가정부 페고티의 모습은 대상에 대한 깊은 공감이 결여된 도덕적 판단이나 일방적인 도취와는 전혀 다른, 관계 속에서 적극적으로 행해지는 성실한 사랑이 있음을 보여 준다. 친우에 대한 냉정한 평가를 거부하는 데이비드의 태도 역시 그저 연정이 아니라 성실한 우정, 즉 "지혜보다 훌륭하고 강한" 사랑

13 누스바움의 『데이비드 코퍼필드』 논의는 Nussbaum(1990, 347-363) 참고; 『데이비드 코퍼필드』의 쪽번호는 펭귄판(Dickens 2004) 기준 표기.

에서 비롯되며, 이는 도덕의 완성이 냉담하고 근엄한 도덕 너머에 자리한 사랑에 있음을 보여 준다고 누스바움은 설명한다.

2) 『향연』 읽기: 개별적 사랑에 대한 플라톤의 비판과 문학적 해석에 의한 누스바움의 반론

사랑의 도덕적 가치를 구체적인 인물과 묘사를 통해 드러낸다는 점에서 『데이비드 코퍼필드』는 문학을 윤리 철학으로 간주하며 "소설 그 자체가 도덕적 업적"이라고 강조하는 누스바움의 주장을 뒷받침하는 좋은 사례다(Nussbaum 1990, 148). 그러나 사랑에 대한 그녀의 높은 평가나 문학을 윤리 철학으로 바라보는 그녀의 시각에 모두가 동의하지 않는다. 성실한 사랑이 열애와 도덕의 공존을 이끄는 과정에 대한 누스바움의 설명은 모호하며, 그녀가 윤리 철학의 담론으로 중시하는 문학 작품 속에서 사랑과 도덕이 충돌하고, 파국이 등장인물들을 덮치는 경우를 찾기 어렵지 않다. 안나와 브론스키가 맹목적으로 빠져든 불륜의 사랑, 캐서린을 향한 갈망으로 인해 주변 사람들을 거침없이 해치는 히스클리프의 광기 가득한 사랑, 아름답지만 사치스럽고 변덕스러운 마농을 좇으며 방황하는 데 그리외의 사랑을 읽은 이들이라면, 도덕의 가장 숭고한 모습이 사랑이라는 누스바움의 견해에 회의를 품을 법하다. 『파이드로스』 이전의 플라톤 역시 특별한 한 사람에게 쏟는 에로스에 부정적 시각을 갖고 있으며, 이를 확인할 수 있는 대화편 중 하나는 『향연』이다.

『향연』의 주 무대는 소크라테스를 포함한 여섯 명의 인물이 사랑에 대한 이야기를 나누기로 하면서 시작되는데, 그중 사랑을 가장 추상적 수준으로 끌어올리는 이는 소크라테스다. 디오티마에게 받은 가르침을 전달하며, 그는 특정한 개인에 대한 사랑이 순수하고 변함없는 불멸의 대상으로 나아가는 과정을 그린다(201d).[14] 아름다운 외모를 가진 소년을 사랑하게 된 사람이 있다고 가정하자. 한동안 그는 소년에게 흠

뻑 매료되겠지만, 곧 소년의 육체에 담긴 아름다움과 다른 육체의 아름다움 사이에 있는 어떤 연관성을 깨닫게 된다(210a). 외양의 아름다움을 좇는 이상 모든 육체의 아름다움을 동일하게 간주하지 않는다면 어리석을 뿐이라는 결론에 이른 그는 자연스럽게 모든 아름다운 육체를 사랑하게 되고, 오히려 한 육체만을 향한 열정을 사소하게 여긴다(210b). 이어서 그는 육체의 아름다움보다 영혼의 아름다움이 고귀하다고 생각하고, 육체적 매력은 부족해도 훌륭한 영혼을 지닌 이를 아끼고 사랑하게 된다(210b-c). 이러한 과정을 거쳐 그는 마침내 제도, 법칙, 학문의 아름다움에 빠지고, 아름다움 전체를 광대한 바다와 같다고 인식한다. 아름다움의 대양 속에서 미미한 존재일 뿐인 한 명의 아름다운 소년이나 특정한 관습은 더 이상 그에게 강렬한 애착의 대상이 아니다(210c-d). 대신 변하거나 소멸하지 않으며, 모든 면에서 아름다운 무언가를 어렴풋이 발견하고 바로 이 아름다움 자체를 에로스의 최종적인 대상으로 삼게 된다(210e-211c). 아름다움의 본질을 관조하는 삶이 가치 있으며, 그러한 행위를 통해 참된 미덕을 얻게 된다고 설파하는 디오티마의 가르침에 동의한 후, 소크라테스는 우리를 참과 불멸로 이끄는 에로스의 힘을 찬양하면서 자신의 발언을 마무리한다(211d-212c).

이와 같은 에로스의 승화를 두고 누스바움은 『프로타고라스』 속 단일 척도의 도입과 마찬가지로 운의 위험을 배제하기 위한 전략이라고 평한다. 단 한 사람을 향한 사랑은 운에 대한 노출을 뜻한다. 나의 연정을 상대방이 거절하여 상심할 수도 있고, 그와 사랑하는 사이가 된다 해도 연인이 병에 걸리거나 세상을 떠나 실연을 겪을 수도 있다. 혹은 함

14 이 소절의 『향연』 논의는 Nussbaum([1986] 2001, 165-167, 176-199) 참고; 『향연』의 행번호는 쿠퍼 편집판(Plato 1997) 기준 표기.

께하는 동안에도 연인의 말과 행동 때문에 질투와 번민에 시달릴지 모른다. 그러나 사랑의 대상이 모든 아름다운 것들이라면, 연인의 변심이나 헤어짐이 사랑을 송두리째 앗아 가지 않는다. 다시 말해, 외부 요인이 사랑을 매개로 하여 삶을 뒤흔들 여지가 줄어든다. 바로 이 점이 디오티마의 가르침을 설명해 준다. 즉 한 사람에게만 몰두하는 사랑이 수반하는 불안정함을 직시하고, 그러한 연정의 우둔함을 깨달을 때, 연인의 아름다운 용모를 사랑하던 이는 모든 육체의 아름다움을 동일하게 여기게 된다. 영혼의 아름다움을 더 높이 평가하게 되는 변화도 마찬가지다. 영혼의 아름다움에 매료된 이들은 육체적 욕구를 충족시키기 위해 여건의 도움을 받아야 할 필요에서 자유로워진다. 그러므로 영원하고 불변하며 육체적 요소와 섞이지 않은 순수한 대상을 사랑하는 철학자들은 적어도 사랑의 측면에서는 운의 굴레에서 벗어났다. 그들이 사랑하는 대상은 그들을 거절하거나 떠나거나 죽지 않는다. 디오티마가 아테네인들에게 준 가르침이 역병 창궐을 십 년 간 막았다는 소크라테스의 소개를 생각해 볼 때, 온전히 한 사람에게 향하는 에로스란 운의 굴레이자 어쩌면 그녀가 승화를 통해 고치려 하는 질병과 같은지도 모른다(201d).

그러나 『향연』은 에로스의 승화에서 끝나지 않는다. 소크라테스가 이야기를 마치고 아리스토파네스가 반론을 꺼내려는 순간, 술에 취한 알키비아데스가 요란하게 문을 두드리며 등장하여 사랑에 관한 일곱 번째 이야기를 시작한다(212c–214e). 가장 순수한 최상의 사랑은 물질적이고 개별적인 수준을 넘어서 보편적이고 추상적인 단계에 이르러 본질을 향한다는 소크라테스의 견해를 알키비아데스는 이해할 수 없다. 그에게 있어서 사랑은 대체할 수 없는 특별한 한 사람에게 향하는 열망이고, 그 사람은 곧 소크라테스다. 사실 알키비아데스의 존재 자체도 아름다움의 특수한 한 예로 이해할 수 있다. 그는 잘생기고, 자신만만하며, 뛰어난

웅변가이자 유능한 지휘관으로 동료 시민들에게 많은 사랑을 받고 인기를 누렸던 인물이다. 즉 시끄러운 소리를 내며 무대에 나타난 기운 넘치고 격정적인 알키비아데스는 바로 앞서 소크라테스가 디오티마의 입을 빌려 예찬했던 순수하고 불변하며 불멸하는 존재, 곧 우리의 에로스가 최종적으로 향해야 한다고 지목했던 아름다움의 본질과 뚜렷한 대조를 이룬다. 또한 자신의 영혼, 이성, 감정, 욕망을 마치 눈물을 흘리고 추위와 열기를 느낄 수 있는 육신의 일부인 듯 말하는 알키비아데스의 표현 방식도 에로스가 육체적 대상보다는 영적 존재를 향하도록 이끌었던 소크라테스의 시도와 대비된다. 알키비아데스는 인간을 형이상학적 관점에서 바라보지 않으며, 눈에 보이는 육체와 구분되는 그 안에 있는 어떤 것을 무엇이라고 지칭해야 하는지도 알지 못한다. 그저 그는 자신 안에 있는 미지의 부분이 피와 살을 가진 부분과 마찬가지로 반응함을 알고 있으며, 그렇기에 자신에게 무심한 소크라테스로 인해 자신의 마음 혹은 영혼이 독사에 물린 듯 고통스럽다고 호소한다(217e-218a). 알키비아데스에게 있어서 에로스는 질투, 두려움, 혼란, 고통을 가져오는 감정이고, 에로스에 대한 이러한 앎은 그가 소크라테스라는 개인에 대한 사랑을 경험함으로써 얻은 지식이다.

하지만 대부분 학자들은 『향연』을 해석함에 있어서 알키비아데스의 등장과 그의 이야기를 고려하지 않는다. 소크라테스의 발언만이 플라톤의 생각이라고 여기는 그들은 『향연』이 추상적인 선과 아름다움의 본질을 향한 비육체적인 사랑에 오롯이 집중하는 대화편이라고 단정한다. 그러나 문학적 해석에 익숙하고 훈련된 누스바움과 같은 철학자라면 알키비아데스가 나타나 소크라테스를 향한 자신의 연정을 한참 늘어놓는 장면을 굳이 대화편에 포함시킨 플라톤의 의도에 대해 의문을 가질 법하다.

이러한 맥락에서 소크라테스의 설명과 알키비아데스의 이야기를 비교하면, 대조적인 두 가지 사랑과 지적 행위가 드러난다. 한편에는 순수하고 영원한 대상에 대한 정신적인 사랑, 본질에 대한 관조적 사랑을 통해 얻는 선에 대한 보편적 진리, 변함없는 존재를 사랑하는 데서 오는 안정감, 운에서의 자유가 있다. 다른 한편에는 온갖 감각과 감정을 일깨우는 필멸의 육체를 향한 사랑, 열정과 고통 속에서 깨닫는 사랑의 불완전함, 완벽하게 통제할 수 없는 대상을 사랑하는 데 수반되는 불안정함, 여건에 대한 의존과 종속이 자리한다. 플라톤에 따르면, 영속하는 본질에 대한 사랑은 우리의 시선이 개별 대상으로 향하지 않도록 차단하며, 비교불가능한 특별한 존재에 대한 사랑은 우리의 열정이 다른 곳으로 옮겨 가거나 확장되지 않도록 가로막는다. 따라서 누스바움은 플라톤이 두 가지 사랑과 그에서 비롯되는 두 가지 지식을 양자택일의 대상으로 제시한다고 설명한다. 『향연』의 승화된 사랑과 개별적 사랑의 이분법적 구도는, 전자가 우리를 철학적 행위로 이끄는 반면 후자가 구체적인 묘사와 생생한 일화를 통해 전달된다는 점을 고려할 때, 『국가』 속 철학과 문학의 대조를 연상시킨다.

철인왕이 다스리는 이상국가에서 문학 작품은 공동체를 위한 한낱 도구로 취급되듯, 『향연』의 플라톤 역시 우리가 대체할 수 없는 한 사람을 향한 열렬한 사랑을 단념하고, 아름다움 자체를 관조하는 사랑을 선택하도록 이끈다고 누스바움은 해석한다. 그녀가 주목하는 대목은 소크라테스의 발언에서 알키비아데스의 등장으로 이어지는 흐름이다. 개별적 사랑이 질병처럼 극복해야 하는 상태임을 디오티마의 가르침을 통해 시사한 플라톤은 이제 자신의 주장을 뒷받침할 근거를 제시해야 하고, 그래서 무대에 올리는 인물이 알키비아데스다. 그의 번민과 보답 받지 못하는 연심은 한 사람에게 몰두하는 에로스의 불안정함을 극명하게 보여 준다. 소크라테스와 그가 서로 사랑하는 사이가 된다 해도 알키비아데스의 집요하고 격렬한 성미는 둘의 관계를 위태롭게 만들 소지가 다분하며, 명예와 군사적 탁월함도 대체불가능한 대상으로 간주하고 갈구하는 그로서는 여러 욕망 간의 충돌을 해결하기 어렵다. 지휘관의 일원으로 원정에 나섰다가 신성모독 혐의로 의회의 소환을 받자 스파르타로 망명해 모국을 공격하는 파란만장한 그의 행보에서 열정 때문에 그가 겪는 혼란과 동요를 엿볼 수 있다.[15] 알키비아데스는 반복적으로 자신을 무언가에 씌인 사람에 비유하거나 소크라테스에 매인 노예라고 표현하는데, 자신의 이성으로 통제할 수 없는 대상들에게 몰입하다 보면, 결국 스스로가 예속되거나 미쳐 버린 듯한 심정이 들 만하다(215c-e, 218b, 219e). 에로스의 승화로 이루어 내는 자기충족성이 지나치게 비인간적이라고 여길 이들에게 알키비아데스의 모습은 인간성을 담고 있으나 동시에 전적으로 수용하기에는 불완전하고 승화된 사랑과는 양립불가능한 격정을 드러낸다.

요컨대 플라톤이 추상적인 사랑만을 다룬다고 보는 기존의 『향연』 분석에 대해, 누스바움은 플라톤이 두 가지 사랑을 모두 묘사하고 개별적 사랑의 불완전함을 드러냄으로써 우리가 추상적 사랑을 선택하게끔 유도한다고 반론을 제기한다. 두 가지 해석 모두 플라톤이 개별적 사랑에 비판적이라고 판단하지만, 그 비판을 전개하는 방식에 대해서는 엇갈린 셈이다. 대화편에 담긴 극적 요소와 등장인물의 격렬한 감정에도 주목한 누스바움은 소크라테스의 발언만을 분석한 이들이 놓친 플라톤의 의도와 서술 방식을 자신의 문학적 해석이 발견하였다고 주장한다. 그녀의 『향연』 해석은 감정이 인간을 이해할 수 있는 통로이며, 철학과 문학 모두 인간선을 추구하는 상호보완적 수단이라는 자신의 주장을 적용한 실례이자, 철학과 문학 혹은 승화된 사랑과 개별적 사랑 중 한 가

15 Thucydides 2009, 6.61, 6.88.9-92.5.

지만을 선택해야 한다는 플라톤의 입장에 대한 반론이다.

III. 누스바움 철학의 변화와 확장

누스바움의 초기 저작 『선의 연약성』(1986)과 『사랑의 지식』(1990)에서 두드러지는 점들은 그녀의 이후 연구 성과에서도 지속적으로 나타난다. 인간과 삶에 관한 중요한 문제를 탐구함에 있어서 고전 철학을 주요 담론으로 삼는 기조, 문학 작품 속의 세밀하게 묘사된 인물과 사건을 토대로 인간 본성과 삶의 이치에 대한 의론을 끌어내거나 확인하는 방식, 소설, 시, 희곡에서 선명하게 드러나는 감정의 움직임에 초점을 두어 인간의 행동과 관계에 대한 이해를 시도하는 관점은 고전학과 연극학 전공으로 학사학위를 받고, 아리스토텔레스에 관한 논문을 써서 고전 철학 박사학위를 받은 그녀의 배경을 고려할 때 당연한 일로 보인다. 그러나 그녀의 연구가 철학과 문학 이외에도 정치학, 법학, 심리학, 교육학, 여성학, 음악, 인류학, 신학을 넘나들며 현대 사회의 교육 제도, 삶의 질 개선을 위한 정책적 목표, 사회적 정의의 개념과 실현, 법적 판단과 공공정책의 원칙, 기본권의 범위 등 폭넓은 주제를 다루며 확장되는 동안에도 고전 철학의 권위와 문학의 연구 가치, 그리고 감정의 중요성에 대한 그녀의 확신이 변하지 않았다는 점은 인상적이다.[16]

16 Nussbaum 1994; [1994] 2009; 1995, [1997] 1998; 2000; 2001; 2006; 2012; 2013; 2016; 2018.

1. 사랑에 대한 긍정과 사랑의 유용성: 플라톤적 사랑에 대한 고찰

누스바움의 연구에서 지속성과 변화를 모두 확인할 수 있는 대목 중 하나는 동성애에 관한 유명한 논쟁에 뛰어들어 그녀가 제시한 견해다. 콜로라도주 법원이 동성애자에 대한 법적 보호를 금지한 주 헌법 수정 2조의 합헌성 여부를 검토하던 1993년 가을, 누스바움은 해당 조목의 비합리성과 기독교적 유래를 지적하며 소송을 제기한 원고 측의 전문가 증인으로 선다. 콜로라도주 송무차관이 수정 2조의 합리성과 비종교적 근원을 입증하기 위해 확보한 옥스퍼드대학 법철학 교수 피니스의 증언에 대해, 그녀는 서양 합리주의 전통의 토대를 쌓은 소크라테스, 플라톤, 아리스토텔레스의 사상에서 반동성애의 유래를 찾을 수 있다는 그의 잘못된 주장이 그리스어 원전 대신 그가 참고한 영어 번역본의 오류와 왜곡에서 비롯된다고 지적하였다. 이에 피니스의 제자이자 프린스턴대학 교수인 조지는 오히려 누스바움의 그리스어 해석을 문제 삼으며 피니스의 주장을 옹호하고, 이들 사이의 논쟁은 법정 밖으로까지 이어져 1996년 5월 결국 원고 측의 승소로 마무리된 재판과 관계없이 계속되었다.

이 논쟁에서 누스바움이 제기한 주장 전반은 그녀의 법정 증언 약 1년 뒤인 1994년 10월에 발행된 논문 「플라톤적 사랑과 콜로라도 법」에 담겨 있다.[17] 고대 그리스 문화 속 동성애의 위치를 고찰하는 이 글에서 누스바움은 당시의 인식을 살펴보기 위해 활용할 수 있는 다양한 문화적 자산 중 자신의 전문 분야이자 피니스가 중점적으로 다루었던 철학을 주된 논의 대상으로 삼겠다고 밝힌다. 초기 저작에서 자세히 분

17 상대 측 주장에 대해서는 Finnis(1994; 1995); George(1996) 참고.

석했던 『향연』과 『파이드로스』도 그녀가 주목하는 플라톤의 대화편인데, 아가톤의 향연에 모인 일곱 남자의 좌담과 아테네 교외 강변에 앉아 파이드로스와 소크라테스가 나누는 대화 속에서 누스바움은 여전히 사랑의 긍정적인 모습을 발견한다. 그러나 『파이드로스』를 음미하며 "자신이 사랑에서 원했던 바"를 담고 있는 남성 간의 사랑 그 자체에 매혹되었던 십 대 소녀는 이제 성소수자들의 법적 권리를 옹호하기 위해 플라톤을 분석하는 사상가가 되었다(Nussbaum [1997] 1998, 241). 앞 절에서 살펴보았듯, 『선의 연약성』(1986)의 누스바움은 파이드로스에게 소크라테스가 들려주는 사랑이 도덕적·지적 성장을 동반하는 동시에 그 사랑이 처음 향한 특정 대상의 본질적 가치도 함께 자라남을 분명히 한다. 반면, 1994년 논문을 통해 그녀가 플라톤의 대화편에서 찾아 부각하는 사랑의 면모는 그 효용 가치가 주를 이룬다. 동성 연인과 함께 싸우는 군인들의 사기가 고취된다는 주장(178c-179b), 고귀한 방식으로 행해지는 동성애는 정치적 자유를 수호하는 데에 기여할 수 있다는 견해(182b-c), 남성 간의 사랑에서 출발하여 선과 아름다움의 본질을 지향하게 되는 과정의 묘사(210b-212a), 영혼의 각성이 철학적 이해에 있어 핵심적인 단계로 간주되며 그러한 각성이 아름다운 청년에 의해 이루어진다고 그려지는 대목(250d-252c)은 모두 그리스인이 동성애를 유익하다고 여겼음을 드러내고, 누스바움은 이를 토대로 동성애자의 법적 보호를 지지한다(Nussbaum 1994, 1564-1567, 1572).

동성애의 유익함을 강조하는 누스바움의 입장은 피고 측 전문가 증언에서 기인한다. 동성 연인과 부부는 자식을 생산할 수 없으므로, 책임감 있는 사회 구성원이 아니라는 상대편 진술에 대해 누스바움은 "공통의 정치적·지적·미적 목적들"을 가진 동성애자들이 함께 이상을 추구하고 사회적으로 가치 있는 성취를 이룰 수 있다는 믿음이 그리스 고전에서 거듭 발견된다고 답한다(Nussbaum 1994, 1598-1599, 1600-1601). 에컨대 그녀가 인용하는 프라이스의 분석에 따르면, 아리스토텔레스는 "가장 좋은 종류의 우정을 구성하는 상호 관심과 존중"이 연인 간의 사랑에서 발현될 수 있다고 생각하며 "사랑의 도덕적 목적이 그 자체를 뛰어넘은 우정으로의 승화"라고 여긴다(Nussbaum 1994, 1591).[18] 디킨스를 읽으며 도덕의 완성은 사랑이라는 관념의 흔적을 추적하던 누스바움이 사랑을 넘어서는 목적과 극치가 있다는 견해에 동조하는 모습은 사랑의 본질적 가치에 집중하기보다 수단적 역할에 주목하게 된 그녀의 변화를 뚜렷이 보여 주는 대목 중 하나다.

사랑의 효용에 대해 높아진 관심과 더불어 두드러지는 점은 효용의 사회적 측면에 대한 고려다. 앞 장에서 살펴본 초기의 누스바움은 사랑에 빠진 개인이나 연인이 경험하는 성장을 보여 주는 데에 집중하지만, 위 논문의 누스바움은 사랑이 사회적으로 기여할 수 있는 바를 강조한다. 개인과 개인 간 관계에 초점을 맞추던 그녀의 연구가 사회적 맥락을 포괄하게 된 변화의 양상과 배경에 대해서는 이어 논의하기로 한다.

2. 사회적 도구로서의 문학 작품의 효용: 이상도시로의 시의 귀환

문학 작품의 유용성을 역설하는 초기 누스바움의 입장은 이미 확인한 바이다. 여러 감정의 움직임을 비롯한 인생의 다채로운 면모를 구체적인 인물과 상황을 통해 묘사하는 문학이 기존의 윤리 철학 연구에 부족한 개별성에 대한 고려를 더해 준다는 그녀의 믿음은 이후로도 변함없으며, 1995년에 출판된 『시적 정의』에서도 그녀는 시인들의 서술이 담고 있는 "엄청난 세부 묘사와 개별성"을 강조하면서, 그들의 표현이 모

18 Price 1989, 249.

든 것을 드러내고 밝혀서 우리의 인식이 놓치는 부분이 없도록 하는 태양과도 같다고 말한다(81). 그러나 동시에 새로운 태도도 감지되는데, 바로 문학의 사회적 효용에 대한 관심이다.

부제 '문학적 상상력과 공적인 삶'이 암시하듯, 『시적 정의』는 문학과 공공 영역의 만남을 그린다. 로스쿨에서 진행한 '법과 문학' 강의를 통해 저술을 구상한 누스바움은 문학 작품 중에서도 특히 소설이 담고 있는 세밀한 묘사가 사람과 상황에 대한 구체적인 이해를 끌어낼 수 있으며, 이러한 이해를 가능하게 하는 문학적 상상력과 공감 능력을 갖춘 법관, 입법자, 정책 결정자, 고위 임원들은 법률 조항과 비용편익분석만으로 파악할 수 없는 인간 사회의 복잡한 모습을 염두에 두고, 자신들이 맡은 사건이나 사안을 다루게 된다고 주장한다(xiv-xvi, 2-10). 그리고 문학의 공적 활용을 제안하는 자신의 의도는 기존 제도와 이론의 대체가 아니라 보완임을 강조한다. "문학적 상상력은 공적 합리성의 전부가 아닌 일부다"(xvi, 11-12).

지도자들의 감정을 훈련시키기 위해 문학을 도구로 삼는다는 점에서, 그리고 슬픔과 공포에 이입하지 않게끔 제한하는 대신 동정과 공감을 함양하고자 한다는 점에서 누스바움의 제안은 이상도시의 수호자들이 올바른 감정을 느끼고 지혜를 얻도록 지도해야 하며, 이를 위해 '검열된 시'로 교육해야 한다는 소크라테스의 주장과 좌우 대칭을 이루는 듯 닮았으나 또한 다르다. 문학을 지도자 교육에 활용한다는 공통점 때문인지, 누스바움은 『선의 연약성』에서 『국가』의 검열을 분석할 때와 달리 플라톤과 자신 사이에 다소의 합의점이 있음을 인정한다. 감정은 이성과 전혀 관계없는 맹목적인 움직임이 아니라 판단과 긴밀히 연관되어 있으며, 또한 감정은 문학 작품의 뼈대를 이루는 요소기에 이를 바꾸거나 제거하려면 작품의 줄거리, 인물, 가치관이 모두 바뀌어야 한다는 점에 대해 두 사람의 생각은 일치한다(Nussbaum 1995, 53-54, 56). 누스바움이 플라톤에게 동의하지 않는 대목은 감정이 이성의 통제 밖에 있는 대상에 높은 가치를 부여하고, 따라서 그릇된 판단을 내포한다는 비판과 가족을 해체하고 확대함으로써 개인적 감정과 애착을 제거하려는 방식이다(Nussbaum 1995, 56-57, 69-70). 부모와 자식 사이에 형성되는 긴밀한 유대 없이 감정은 자라날 수 없으며, 적절한 교육을 통해 갖게 된 감정은 가치에 대한 올바른 판단을 구성하고, 동정과 공감은 자기충족성을 강조하는 철학자들이 일관성 있게 유도하기 어려운 선행과 자선을 끌어낸다(Nussbaum 1995, 63-72).

요컨대 감정의 사회적 기여에 대한 기대를 바탕으로 누스바움은 풍부한 감정을 담은 소설을 활용하여 장래 지도자들의 문학적 상상력을 기르고, 합리성에 기반을 둔 제도와 이론을 보완하자고 제안한다. 이는 말하자면 철인왕의 국가에서 추방된 시를 귀환시켜 수호자 계급에게 들려주려는 플라톤적이면서 반플라톤적인 기획이라고 할 수 있으며, 그녀가 좋은 삶 속에 모두 필요하다고 주장했던 이성과 감정이 사회 속에서 서로를 보완하며 공존하도록 만들기 위한 정치적 구상이기도 하다.

3. 정치의 부상

사랑의 본질적 가치보다는 사회적 효용을 논하고 문학이 담고 있는 개별성을 활용하는 사회 지도층 교육을 구상하게 된 누스바움 사상의 변화 이면에는 특별한 경험이 자리한다. 1986-1993년에 누스바움은 유엔대학 부설 세계개발경제연구소의 사업 기획 및 자문을 맡아 개발 도상국의 삶의 질을 평가하는 과제를 수행하였다. 이 시기에 그녀는 여러 비서구 국가를 수차례 방문하면서, 흔히 전통적이라고 불리는 삶의 다양한 형태와 자유 민주주의 국가에서는 당연하게 여겨지는 기본 인권이 경시되는 현장을 목도한다. 그녀 스스로 밝히기를, 세계개발경제연구소와 작업한 8년의 경험은 사회 정의 실현을 위해 해결해야 할 시급한 문제를 인식하게 하고 그녀의 연구를 크게 바꾸어 놓았다(Nussbaum 2000, xv). 두드러진 변화 중 하나로는 그녀가 늘 연구해 온 좋은 삶의 문제를 개인의 수준이 아닌 공동체의 수준에서 바라보게 된 점을 들 수 있다.

행복에 관한 누스바움의 연구가 사회와 정치의 영역으로 확장되는 변화는 일견 자연스러워 보인다. 그녀가 꾸준히 윤리 연구의 주요 담론으로 삼은 그리스 사상을 살펴보면, 인간선의 연약한 아름다움을 직시하는 비극 작가와 철학자도 이성적 자기충족성을 실현하고자 하는 플라톤도 모두 공통적으로 인간이 사회 속에서 살아가는 존재임을 전제한다. 비극 속 인물들을 덮친 고난은 그들의 사회적 관계와 정치적 상황에서 비롯되며, 스스로 동굴에서 나와 선을 볼 수 있는 비범한 인물을 제외한 다수의 인간이 각자의 자질에 가장 잘 맞는 자리를 찾아 살아가기 위해서는 결혼, 출산, 교육, 직업, 재산을 통제하는 국가의 지배를 받아들여야 한다. 다시 말해, 행복을 뒤흔드는 요인으로 인식되건, 다수가 본성에 맞는 행복을 추구할 수 있게 만드는 틀로서 간주되건, 정치 공동체가 삶과 인간선에 있어서 가지는 중대함은 분명하다.

그렇다면 그리스 사상에 깔린 정치의 유의미함이 새삼 누스바움의 연구 전면에 등장하게 된 이유는 무엇일까? 추정컨대, 개도국의 현실을 경험한 그녀는 인간 개개인이 처한 구체적인 상황과 각각의 감정과 이성적 판단을 관찰하고, 그 윤리적 의미를 진단하여 지향점을 발견하는 방식의 연구로는 특정 종교나 문화의 관습과 전통을 내세워 차별과 불평등을 두둔하는 입장에 효과적으로 대응하기 어렵다고 판단하였을 것이다. 교육과 사회적 활동을 위한 기회에 있어서 남녀의 자격에 차등을 두는 교리나 관습을 고수하는 이들이 종교의 자유와 전통문화의 보존을 주장할 때, 해당 사회 속에서 여성과 소녀가 겪는 고난과 역경을 묘사하는 정도로는 충분한 반박이 되지 않는다. 개별성에 집중했을 때의 한계로 인해 누스바움은 인간의 보편성에 주목하여 지역·문화·종교의 경계를 넘어서는 규범을 정립하고, 이러한 규범을 모든 공동체가 수용하도록 촉구하는 방식을 택한 듯 보인다.

삶의 질을 측정할 보편적 기준으로 '인간 역량'(human capabilities)을 선언하는 누스바움은 성별, 인종, 국적, 종교, 재산, 지위에 관계없이 모든 사람이 인간으로서 마땅히 누려야 할 삶의 최소 수준이 있으며, 이를 영위할 수 있게 하는, 그렇기에 개개인이 반드시 갖추어야 할 역량이 있다고 설명한다(Nussbaum 2000, 70-71, 83). 인간다운 삶이 무엇인지, 바꾸어 말하면 참으로 인간다운 기능 혹은 활동이 무엇인지에 대한 직관을 숙고하고 검증한 결과 누스바움은 인간 활동에 필수적인 열 가지 역량을 발견하고, 그중 실천적 이성(practical reason)과 귀속성(affiliation)을 핵심 역량으로 강조한다(Nussbaum 2000, 71-83). 동물의 생과 다를 바 없거나 그저 생존하는 데에 그치지 않고 인간다움으로 충만한 삶이란, 타인과의 협력 속에서 자유롭고 존엄한 존재로서 이끄는 생이다. 이를 위해서는 전 생애를 걸쳐 실천적 이성과 사회성을 발휘할 수 있어야 한다. 필수 역량의 최소 수준을 제시하면서, 누스바움은 이를 기반에 두고 헌법의 주요 원칙이 수립되기를 기대한다(Nussbaum 2000, 74-75). 일정 수준의 역량을 헌법으로 보장함으로써 시민들은 기본적인 역량을 권리로서 정부에 요구할 근거를 갖게 되고, 시민들의 기본 역량 확보를 달성한 정부는 인간 기능에 관한 한 공공제도의 정의를 구현할 토대를 마련하였다고 볼 수 있다(Nussbaum 2000, 12, 71).

요컨대 차별, 빈곤, 불평등의 현실을 목도한 누스바움에게 좋은 사회와 국가는 좋은 삶을 실현하는 데에 긴요한 문제가 되었다. 문학 작품에 담긴 개별성을 활용하여 사회 지도층을 교육하는 방안을 내놓거나, 동성애의 사회적 기여가능성을 역설함으로써 동성애자들에 대한 법적 보호를 옹호했던 활동은 인간의 필수 역량을 제시한 연구와 같은 맥락에서 이루어진, 바로 그녀가 생각하는 좋은 사회와 국가의 형성을 지원하는 노력의 일환으로 판단된다.

4. 보편적 이성의 가치

보편성에 대한 누스바움의 관심은 역량 이론만이 아니라 앞서 살펴본 동성애 논쟁에서도 드러난다. 동성애에 관한 고대 그리스인들의 긍정적 인식을 부각하면서 누스바움은 그들의 생각이 오늘날 우리의 생각과 다름을 강조하고, 우리가 당연하고 필연적이라고 여기는 많은 것이 "실상 국지적이고 비보편적"이라는 점을 인정하라고 촉구한다(Nussbaum 1994, 1517-1519, 1597-1598). 하지만 현대의 판단이 현대에 국한된다면, 그리스인들의 판단 또한 그들의 문화권에 한정되지 않을까? 그들이 동성애를 긍정한다고 해도, 이를 우리가 받아들여서 동성애자들의 법적 권리를 인정해야 할 이유가 있을까? 이에 대한 답으로서 누스바움은 플라톤의 대화편들이 보여 준 교훈 한 가지를 도출하는데, 바로 이성의 중요성이다. 플라톤의 서술은 의견이 극심하게 엇갈리는 사람들을 보여 주는 한편 "그들이 토론에 계속 임하고 성실하게 참여하고자 하는 한, 편견은 결국 물러나고 참된 도덕적 중요성을 지닌" 견해가 남는다는 기대를 안겨 준다고 누스바움은 강조한다(Nussbaum 1994, 1605-1606). 즉 이성에 근거한 논의는 올바르고 타당한 결론으로 이어질 가능성이 크다. 이성에 의한 진보를 믿는 플라톤의 자세는 그녀가 이어서 인용하는 『국가』 속 소크라테스의 발언도 시사하는 바이다. "이상한 일들은 처음에 소동이나 혐오를 일으키지만, 시간이 지남에 따라 이는 최고선에 대한 이성의 판단에 의해 물러난다"(452d). 동성애를 둘러싼 논쟁에서도 비이성적이고 적대적인 반응이 일어났지만, 결국 이성이 이끄는 답은 동성애자들의 인권 수호라고 그녀는 확신한다(Nussbaum 1994, 1606). 요컨대 이성은 문화를 초월하고 시간과 장소에 얽매이지 않는 보편적 판단을 가능하게 하는 힘이며, 이러한 이성에 충실했던 그리스 문화는 동성애에 대한 태도를 결정할 수 있는 올바른 기준이 된다.

다만 이성은 그리스 문화 그 자체까지도 뛰어넘는 원리이므로, 노예, 여성, 외국인을 대함에 있어서 우리가 가질 잣대는 불평등을 인정하는 그리스인들의 기준과는 구분되어야 한다.[19] 경제력, 인종, 성별 등 다양한 영역에서 발생하는 불평등의 양상 중에서 누스바움이 특히 주목하는 문제는 개도국 여성들이 처한 부당한 정치·경제·사회적 환경이다. 이를 개선할 목적으로 그녀는 문화, 국가, 인종, 종교, 계급을 넘어서 보편적으로 적용할 수 있는 규범을 고안하는데, 그 결과가 바로 앞 절에서 논의한 인간 역량 개념이다.

필수 역량의 근거로 그녀가 제시하는, 인간은 그에 어울리는 삶을 살아야 하는 존엄한 존재라는 생각의 바탕에는 인간을 곧 목적으로 바라보는 칸트적 관념이 자리한다(Nussbaum 2000, 73-74). 인간의 존엄성을 논함에 있어서 그녀가 정치·경제·사회·신체적 특징에 따른 구분 없이 모든 사람을 인간이라는 보편적 개념으로 묶어서 이해하고, 이성을 인간 공통의 특성이자 핵심 역량으로 간주하는 관점 역시 칸트 사상의 유산이다.

이성과 합리주의를 수용하는 누스바움의 태도는 앞서 그녀가 『선의 연약성』에서 보인 입장과 대조적이다. II절에서 언급하였듯이, 이성의 힘에 의해 영위되는 윤리적 삶의 견고함을 역설한 칸트 윤리학의 부정적인 영향으로, 그녀는 도덕적 원칙과 윤리적 가치를 지키고자 애쓰는 사람들이 운에 노출되면서 겪는 굴곡과 부침을 놓치는 문제, 즉 삶의

19 Cf. Nussbaum 1988a; 1988b.

비극성과 다양한 양상을 간과하는 문제를 지적하였다. 그러나 편견과 불평등을 해소하고, 차별을 용인하는 규범과 관습을 극복하는 과제를 마주한 누스바움에게 이성은 단순히 운의 영향과 삶의 풍성함을 가리는 요소가 아니며, 삶의 연약하고 섬세한 아름다움도 다채로운 인생의 일부이자 행복한 삶의 반증으로 그저 찬사받는 대상이 아니다. 동성애자들에 대한 법적 보호를 옹호하면서 누스바움은 이성에 의지한 가치판단을 시도하고 독려한다. 이성을 근거로 보편적 존재로서의 인간에 주목하고 모든 삶에 적용되는 척도를 고안함으로써 그녀는 불평등한 규범과 문화에 맞선다. 그녀가 제시하는 인간 역량은 기아, 폭행, 학대와 같은 취약함을 어떤 인간이나 사회도 수용해서는 안 된다는 의지를 표명한다. 실천적 이성은 인간다움을 구성하는 핵심 역량 중 한 가지이자 시민들의 기본 권리로 제안된다. 취약함은 이제 극복의 대상으로 간주되고 이성은 이를 위한 누스바움의 연구를 이끌며 그 중심에 자리한 주요 개념이 되었다.

5. 감정의 인지적 성격과 사회적 역할: 『향연』 다시 읽기

누스바움의 연구에서 이성이 차지하는 비중의 확대가 감정 연구의 축소를 의미하지 않는데, 이는 감정과 이성을 대조적으로 이해하는 이분법적 관점을 비판하는 그녀에게 당연한 일이다. 감정의 인지적 측면에 대해 지속적으로 탐구한 그녀는 감정이 판단의 결과라는 입장에서 한 걸음 더 나아가 감정이 확신과 판단을 포괄하는 일종의 사고라는 주장을 『사고의 격변』에서 펼친다(Nussbaum 2001, 22-33). 억울하게 수감된 청년이 자신을 모함한 이들을 향해 품은 분노는 그들이 자신에게 부당하고 중대한 해를 의도적으로 가했다는 확신의 발현이자 자신의 자유가 지극히 소중하다는 판단의 한 형태이며, 독방에서 오랜 세월을 보내며 소통할 사람과 차단된 자신의 처지를 두려워하는 마음은 타인과 나누는 대화와 교류가 인간다운 삶에 긴요하다는 판단인 동시에, 자신이 인간성을 상실할 위기에 처했지만 이를 해결할 길이 없다는 믿음을 내포한다. 만약 감정을 인식과 판단에 뒤따르는 반응으로만 본다면, 여러 가지 감정을 구분하여 정의하고 이해하기 어려워진다(Nussbaum 2001, 29-30). 통제할 수 없는 화(禍)가 임박했다는 판단과 부당한 일에 책임이 있는 자에 대한 확신이 제거된 두려움과 분노는 서로 구분할 수 없는 심적 요동에 불과할 뿐이다.

감정이 사고의 한 유형이라는 개념은 윤리 철학 연구와 정치사상 담론에 중요한 의미가 있다. 이해하고 분별하는 행위를 포함하는 감정은 윤리적 판단 체계를 이루는 일부로 고찰되어야 하며, 지성의 구성 요소인 감정을 건강하고 올바른 상태로 이끌고 유지하는 일은 실천적 이성을 핵심 역량으로 삼고 행복을 추구하는 정치 공동체에 안겨진 중대한 과제다(Nussbaum 2001, 1-3).

그러나 윤리적 고찰의 지표와 행복의 주된 요건으로 감정을 인정하는 데에 회의적인 이들도 있다. 앞서 언급했듯, 감정이 내포한 가치 판단에 대해 플라톤은 인간선을 지나치게 외부 여건에 의존하게 만드는 오류를 지적하고, 디오티마를 통해 아름다움의 본질로 에로스를 유도함으로써 사랑이라는 감정의 취약성을 치유하고자 한다. 『사고의 격변』에서 누스바움은 플라톤의 에로스 승화가 "이해를 향한 열정"을 치료법으로 삼아 사랑이 안고 있는 과도한 의존성, 편파성, 모호함을 극복하려는 선구적 시도이며, 그 뒤를 이은 아우구스티누스, 스피노자, 프루스트의 "관조적 승화" 흐름을 규정하였다고 평한다(Nussbaum 2001, 482).

플라톤의 처방이 인간다움과의 괴리와 공감의 상실을 초래한다는 누스바움의 결론은 승화에 대해 변함없이 비판적인 그녀의 태도를 시사하지만, 더 면밀히 들여다보면 『향연』을 해석하고 플라톤을 비판하는 그녀의 관점이 달라졌음을 발견할 수 있다(Nussbaum 2001, 500). 『선의 연약성』의 누스바움은 소크라테스에 앞서 에로스의 본질을 설명한 아리스토파네스와 뒤늦게 등장한 알키비아데스가 소크라테스에게 반론을 제기하는 구도를 포착하고, 승화된 에로스와 알키비아데스의 지극히 개별적인 사랑이 대조적인 '대안'으로 제시됨을 지적하며, 전자만을 선택하도록 유도하는 플라톤이 우리가 삶의 풍성한 참모습을 놓치게 만든다고 비판한다(171-199). 『사고의 격변』의 누스바움 역시 동일한 대립 구도를 인식하지만, 이제 그녀가 주목하는 대목은 알키비아데스의 극적인 등장이 아니라 아리스토파네스가 보여 주는 미숙하고 모호한 에로스를 소크라테스가 승화로 '개선'하는 흐름이다(483-486). 플라톤적 승화를 이룬 이에게 발생하는 문제점인 공감과 상호성과 개체성의 상실이 사회 정의에 대한 관심을 떨어뜨리고, 시민의 유대와 자유를 해치는 정치적으로도 부정적인 결과를 가져온다고 지적하지만, 동시에 누스바움은 관조적 승화를 비롯하여 기독교적 승화와 낭만주의적 승화의 발전 과정 속에서 사랑이 편협함과 불안정함을 해소하고, 사회 전반에 대한 공감과 관심을 유지하는 가능성을 발견한다(Nussbaum 2001, 496-499, 642-644).

요컨대 감정의 섬세한 아름다움에 집중하던 누스바움은 이제 감정의 부정적 측면을 극복하려는 노력을 고찰하고, 감정이 사회에 미치는 영향에 관심을 둔다. 이러한 변화에 의해 그녀의 감정 연구는 사랑, 공감, 동정만이 아니라 흔히 나쁜 감정으로 여겨지는 분노, 증오, 혐오, 절망, 좌절까지 확대되고, 다양한 감정이 각각 사회에 기여하는지 혹은 해를 가하는지 분석하며, 감정 때문에 발생하는 문제에 주목하고 그 대응을 모색한다.[20]

20 Nussbaum 2006; 2012; 2013; 2016; 2018.

6. 민주주의 사회를 위한 감정 교육: 『국가』 속 합리주의의 수용

행복한 삶에서 배제할 수 없는 사랑이 취약함과 불안정함을 안고 있으며, 여러 감정이 사회에 긍정적이거나 부정적인 영향을 미친다는 생각은 자연히 감정을 육성하고 바로잡는 문제, 즉 교육에 대한 관심으로 이어진다. 그리고 사회가 감정 교육에 나서야 하는 당위성은 감정의 발달 과정에서도 발견된다.

누스바움이 인용하는 스토아학파 학자들에 따르면, 분노와 증오같이 "파괴적인 감정"은 선천적이지 않고, "어린이들이 사회에서 배우는 것"이다(Nussbaum [1997] 1998, 65). 인간은 소속 문화에서 특정 개인이나 집단에 대한 부정적 평가와 자신에 대한 과도하게 높은 평가를 흡수하며, 그 결과 다른 개인이나 집단이 자신의 위치를 위협할 때 적대적으로 반응한다고 그들은 설명한다. 한 예로 외국인을 혐오하고 여자를 멸시하는 사람은 그들이 자신과 동등하지 않다고 가르치는 문화에서 혐오와 멸시를 뒷받침하는 확신을 얻었을 가능성이 다분하다. 플라톤 역시 욕망과 감정이 제도와 규범에 의해 형성됨을 『국가』에서 시사한다. 아테네의 젊은이들은 그들이 속한 사회의 관습과 문화에 따라 친우가 전투에서 죽었을 때에는 울부짖으며 눈물을 흘리도록, 신의 분노 앞에서는 두려움에 떨도록, 부정한 관계를 갈망하도록, 그리고 육욕을 앗아가는 노쇠를 슬퍼하게끔 길러진다(Nussbaum 1998, 22).[21]

플라톤은 특히 민주주의 사회에서 감정이 다루어지는 방식에 주목하고 문제점을 발견한다. 민주주의 제도 아래에서 모든 욕망과 감정

21 이 연구에서 누스바움은 소크라테스의 주장을 곧 플라톤의 견해라고 간주한다(Nussbaum 1998, 13).

은 동등하게 취급되고, 이는 곧 어떤 욕망과 감정은 훌륭하고 이로운 반면, 다른 어떤 욕망과 감정은 해롭고 비루하다는 식의 가르침이 이루어지지 않음을 의미한다(Nussbaum 1998, 22-23). 선택의 자유를 보장한 대신 지혜와 지식에 기반한 통치를 포기한 결과로 사회에는 병들고 탐욕에 찌든 욕구가 만연하고 폭력이 자라난다(Nussbaum 1998, 16, 23). 『국가』 속 인물들의 운명이 이를 잘 보여 주는데, 과두들의 탐욕 때문에 처형당하고 재산이 몰수된 폴레마르코스와 골치 아픈 비판을 제거하려는 민주 정부의 욕심에 의해 죽음을 맞이한 소크라테스가 그 대표적인 예다(Nussbaum 1998, 15-16).

욕망과 사회 제도의 관계, 그리고 감정에 있어서 민주주의가 안고 있는 폐해에 대한 플라톤의 시각에 주목하며 누스바움은 『국가』의 주제가 "욕망과 사회 규범에 의한 욕망의 왜곡"이라고 해석한다(Nussbaum 1998, 17). 그녀의 설명에 따르면, 대화편의 주된 사안인 정의는 "영혼과 그 욕망의 올바른 질서 수립"을 필연적으로 포함한 선이며, 개인과 도시의 정의는 이성에 의한 욕망의 통제를 요구한다(Nussbaum 1998, 20). 즉 시를 검열하는 등의 방식으로 수호자들의 감정을 교육하고자 한 플라톤의 구상은 정의에 대한 그의 이해와 정의로운 도시를 만들려는 목표에서 비롯된다.

감정과 욕망을 제도와 정책의 대상으로 간주하는 플라톤에게 공감을 표하면서, 누스바움은 그의 사상이 민주주의 사회에 주는 유의미한 교훈이 있다고 역설한다(Nussbaum 1998, 12-13, 22-24). 왜곡된 욕망과 잘못된 감정의 책임이 사회에 있다면, 그 해결 역시 사회가 감당해야 할 과제라고 할 수 있다. 만약 외국인과 여자를 멸시하는 이들을 교육하여 외국인과 내국인을 동등하게 대우해야 하고, 남자와 여자 사이의 차별은 옳지 않다는 확신을 심을 수 있다면, 그들이 가진 병적인 감정은 바뀌고 결국 사회가 감당해야 할 혐오도 줄어들게 된다(Nussbaum [1997]

1998, 29). 과도한 민주적 자유에 의해 왜곡된 욕구와 감정은 아테네만이 아니라 현대 민주주의 국가들이 겪고 있는 문제이며, 분노, 두려움, 특정 집단에 대한 증오와 같은 나쁜 감정 때문에 일그러진 욕망이 오늘날 사회를 병들게 하고 있음을 지적하면서, 누스바움은 법과 공공 정책을 만들고 실행함에 있어서 욕망의 올바른 형성을 목표로 삼고 증오, 탐욕, 외국인 혐오로 가득 찬 호전적인 사회를 지양하며 더 정의롭고 자비로운 사회를 만들기 위해 노력해야 한다고 주장한다(Nussbaum 1998, 23-27). 이상국가를 위해 플라톤이 구상하는 교육 제도가 선택의 자유를 지나치게 억압함을 부인할 수는 없다(Nussbaum 1998, 27-30). 하지만 민주주의의 병폐를 극복하기 위해서는 왜곡된 욕망에 기초한 선택을 금하는 그의 통찰을 일부나마 받아들여 사회적으로 고취하거나 억제할 감정을 선별하고, 이를 반영한 제도를 발전시킬 필요가 있다(Nussbaum 1998, 30-31).

IV. 결론

『국가』 속 이상도시의 교육 제도에 대해 누스바움이 긍정적 시각을 가지게 되었음을 고려할 때, 플라톤의 이성 중심 인간관에 대한 그녀의 평가 역시 달라졌으리라고 기대할 법하다. 게다가 이성을 근거로 하여 보편적 존재로서 인간을 이해하고, 모든 인간에게 적용되는 규범을 만들고자 노력했던 만큼, 그녀의 인간선 개념과 이성적 자기충족성을 행복한 삶의 본질로 정의하는 플라톤적 합리주의 사이의 거리는 좁혀진 듯 보인다. 그러나 2001년 『선의 연약성』 개정판을 내면서 누스바움은 그리스 사상가들에 관한 그녀의 해석이 거의 달라지지 않았다고 밝힌다(Nussbaum [1986] 2001, xiii-xv). 이 대목은 다소 의아한데, 그녀 스스로도 지적하듯이, 소크라테스가 설계하는 이상도시의 교육 제도는 인간에 대한 이해를 토대로 하기 때문이다(Nussbaum 1998, 11-13).

언뜻 모순처럼 보이는 누스바움의 태도와 관련하여 먼저 주의할 부분은 그녀가 이상국가의 교육 제도를 전적으로 수용하지 않는다는 점이다. 이미 지적했듯이, 누스바움은 민주적 자유하에서 모든 욕구와 욕망이 허용되고, 동등하게 여겨지는 문제에 대한 플라톤의 비판과 이를 해결하기 위한 교육의 필요성에 공감하되, 개인의 선호와 선택의 자유를 완전히 부인하는 방식에는 찬성하지 않는다. 외국인을 적대하거나 여성을 천시하는 공동체의 가치관과 여기에서 파생되는 구성원들의 감정을 바로잡는 노력은 가치판단과 사회에서 허용하거나 금지할 일에 대한 결정을 현명한 지도자에게 전적으로 맡기는 제도 수립과 분명히 다른 일이다. 누스바움은 언론의 자유, 표현의 자유, 정치참여의 자유, 종교의 자유 원칙들이 본질적으로 가치 있다고 믿으며, 선이 무엇인지에 대한 개개인의 숙고가 유의미하다는 아리스토텔레스적 시각을 견지한다(Nussbaum 1998, 28-30). 즉 왜곡된 욕망의 문제를 온전히 지혜에 맡겨 해결하려는 플라톤과 달리 누스바움은 지혜와 자유 사이의 균형을 찾고자 노력하며, 바로 이러한 차이가 그녀로 하여금 플라톤의 인간관에 대한 비판적 태도를 유지하게 한 것으로 보인다. 따라서 플라톤과 누스바움 사이의 간극은 민주주의에 대한 입장 차이로도 이해할 수 있다. 플라톤과 누스바움은 모두 민주적 자유의 폐해를 지적하지만, 플라톤은 민주주의를 거부하고 한 명의 현인에 의한 전체주의적 통치를 옹호했던 반면, 누스바움은 민주주의 사회의 문제점을 해결하고 제도를 개선하기를 원한다(Nussbaum 1998, 12).

그러나 민주주의에 대한 누스바움의 입장을 더 면밀히 검토하면, 둘 사이의 차이는 단순히 특정 정치 체제를 반대하는가 혹은 찬성하는가의 문제가 아님을 알 수 있다. 누스바움의 연구에서는 민주주의 제세와 자유주의 사회에 대한 관심과 논의가 꾸준히 등장한다. 『사랑의 지식』(1990)은 지적 미덕에 대한 아리스토텔레스적 개념을 옹호하고, 이러한 이해가 민주적 삶의 방식과 충돌하지 않음을 보여 주며(101-104), 세계 시민과 민주 시민을 길러 내기 위한 교양 교육을 주제로 삼은 『인간성 수업』(1997)은 소크라테스식 논증이 민주적 정치 문화에 기여함을 주장한다(15-49). 『여성과 인간 개발』을 비롯한 여러 연구에서 제시한 필수 인간 역량에는 정치 참여의 권리와 언론과 결사의 자유가 포함되고(Nussbaum 2000, 80), 공감이 시민, 언론, 지도자가 갖추어야 하는 감정임을 보여 주는 『사고의 격변』(2001)의 논의는 민주주의 체제를 전제로 이루어지며(425-438), 정치적으로 장려하거나 억제해야 하는 감정과 그 방식을 다루는 『정치적 감정』(2013)의 연구 범위는 자유 민주주의 사회로 한정된다. 요컨대 누스바움에게 있어서 민주주의는 그 자체로 지향해야 할 가치와 제도이며, 이는 그녀가 선택의 자유를 내재적으로 가치 있다고 여기는 데에서도 드러난다. 반면, 플라톤은 민주주의는 물론이고, 그 어떠한 특정 정치 체제도 목적으로 삼지 않는다. 이상국가를 대화 속에서 구현하는 과정이 보여 주듯, 철인왕이 통치하고 수호자들이 지키는 국가의 체제는 정의를 실현하려는 목적을 위해 선택되었을 뿐이다.

철인왕에 관한 플라톤의 주장에서도 그와 누스바움 사이의 거리를 발견할 수 있다. "정치 권력과 철학이 하나가" 되지 않는다면 근본적 개혁에 성공하여 사람들을 고통에서 구할 수 없다고 주장하는 플라톤은 아울러 철인왕의 실현가능성이 매우 희박하다는 점도 인정한다(473d-e). 대부분의 사람은 철학적 품성의 가치를 알아보지 못하며, 철학자들은 그들의 쓸모없음을 조롱하는 대중의 광기에 맞설 힘이 없다(493e-494a, 496c-d). 따라서 플라톤은 국가를 돌볼 수밖에 없으며 시민들이 복종해 오는 경우가 아니라면 폭풍을 피해 은신하는 사람처럼 공적 삶에서 물러나라고 철학자들에게 권한다(496d-e, 499b-d). 즉 철학의 필요성에도 불구하고 철학이 정치에 기여할 가능성을 극히 낮게 본 셈이다.

반면, 누스바움은 그녀의 연구 경력과 성과 전반에 걸쳐서 철학이 사회와 정치를 위해 쓰일 수 있음을 역설한다. 인간과 행복에 관한 탐구에 고전 철학이 기여할 수 있다는 그녀의 믿음은 언제나 확고하다. 그리고 사회문제 해결을 염두에 두고 연구를 진행하게 됨에 따라, 그녀는 고전 철학을 우리의 이해를 도울 수 있는 담론으로만 보기보다는 현시대의 문제점을 드러내고 인간과 사회, 나아가 인류 전체의 발전을 도모할 발판으로 삼는다. 실제적인 목표를 향한 노력이 그녀의 연구 전반을 규정하게 된 이후에도 누스바움이 철학을 향한 기대를 여전히 간직하는 점은 플라톤의 비관적 전망과 비교할 때 더욱 인상적이다. 요컨대, 다양한 연구 주제와 분야, 폭넓은 연구 범위, 방대한 저술로 인해 하나로 정의하기 어려운 누스바움의 연구 활동을 관통하는 한 가지 특징을 꼽자면, 인간의 삶과 민주주의 사회에 철학이 기여할 수 있다는 믿음이라고 할 수 있다. 현대를 살아가는 우리와 오늘날의 정치 공동체에게 고전 철학이 여전히 유의미한지를 묻는 이들에게 누스바움은 자신의 연구 전체로 답하고 있다.

참고문헌

고현범, 2016, 「누스바움의 혐오 회의론」, 『철학탐구』 43집: 131-160.

김연미, 2019, 「누스바움의 역량접근과 정의」, 『법학연구』 61집: 73-107.

김용환, 2018, 「마사 누스바움: 감정의 연금술사」, 『오늘의 문예비평』: 178-191.

박진환·김순자, 2008, 「누스바움(Martha C. Nussbaum)의 문학텍스트를 활용한 도덕판단교육」, 『윤리교육연구』 16집: 299-318.

신응철, 2013, 「누스바움의 민주주의를 위한 시민교육: '이익 창출'에서 '인간 계발' 모델로」, 『철학논집』 34집: 283-312.

윤철홍, 2014, 「누스바움의 '시적 정의'에 관한 수용적 검토」, 『법철학연구』 17집 2호: 109-154.

이계수, 2016, 「법적 상상력과 공상의 사용법에 대하여: 마사 누스바움의 『시적 정의』의 경우」, 『민주법학』 61집: 135-167.

이선, 2018, 「연민의 사회적 역할: 누스바움의 연민 분석을 중심으로」, 『교육문화연구』 24집 6호: 25-44.

임옥희, 2016, 「마사 누스바움: 인문학적 상상력과 정치적 감정」, 『여/성이론』 35집: 140-162.

허성범, 2013, 「역량과 인권: 센과 누스바움」, 『시민인문학』 25집: 134-174.

Dickens, Charles, 2004, *David Copperfield*, Rev. ed., London: Penguin Books.

Finnis, John, 1994, "'Shameless Acts' in Colorado: Abuse of Scholarship in Constitutional Cases," *Academic Questions* 7(4): 10-41.

______, 1995, "Law, Morality, and 'Sexual Orientation'," *Notre Dame Journal of Law, Ethics and Public Policy* 9(1): 11-39.

George, Robert, 1996, "'Shameless Acts' Revisited: Some Questions for Martha Nussbaum," *Academic Questions* 9(1): 24-42.

Harpham, Geoffrey Galt, 2002, "The Hunger of Martha Nussbaum," *Representations* 77(1): 52-81.

Hegel, Georg Wilhelm Friedrich, 2018, *System der Wissenschaft: Phänomenologie des Geistes*, Bamberg: Joseph Anton Goebhardt. (Trans. and Ed. Terry Pinkard, *The Phenomenology of Spirits*, Cambridge: Cambridge University Press. 2018)

Nietzsche, Friedrich, 1872, *Die Geburt der Tragödie aus dem Geiste der Musik*, Leipzig: E. W. Fritzsch. (Trans. Shaun Whiteside, Ed. Michael Tanner, *The Birth of Tragedy: Out of the Spirit of Music*, London: Penguin Books)

Nussbaum, Martha C., 1975, "Aristotle's *De Motu Animalium*," Ph. D. Diss., Harvard University.

______, 1978, *Aristotle's De Motu Animalium*, Princeton: Princeton University Press.

______, [1986] 2001, *The Fragility of Goodness: Luck and Ethics in Greek Tragedy and Philosophy*, Rev. ed., Cambridge: Cambridge University Press.

______, 1988a, "Non-Relative Virtues: An Aristotelian Approach," *Midwest Studies in Philosophy* 13(1): 32-53.

______, 1988b, "Nature, Function, and Capability: Aristotle on Political Distribution," In Eds. Julia Annas and Robert H. Grimm, *Oxford Studies in Ancient Philosophy*, Supplementary volume: 145-184.

______, 1989, "A Reply," *Soundings: An Interdisciplinary Journal* 72(4): 725-781.
______, 1990, *Love's Knowledge: Essays on Philosophy and Literature*, New York: Oxford University Press.
______, 1994, "Platonic Love and Colorado Law: The Relevance of Ancient Greek Norms to Modern Sexual Controversies," *Virginia Law Review* 80(7): 1515-1651.
______, [1994] 2009, *The Therapy of Desire: Theory and Practice in Hellenistic Ethics*, Reprint, Princeton: Princeton University Press.
______, 1995, *Poetic Justice: The Literary Imagination and Public Life*, Boston: Beacon.
______, 1996, "Compassion: The Basic Social Emotion," *Social Philosophy and Policy* 13(1): 27-58.
______, [1997] 1998, *Cultivating Humanity: A Classical Defense of Reform in Liberal Education*, Reprint, Cambridge: Harvard University Press.
______, 1998, *Plato's Republic: The Good Society and the Deformation of Desire*, Washington, DC: Library of Congress.
______, 1999, *Sex and Social Justice*, New York: Oxford University Press.
______, 2000, *Women and Human Development: The Capabilities Approach*, Cambridge: Cambridge University Press.
______, 2001, *Upheavals of Thought: The Intelligence of Emotions*, Cambridge: Cambridge University Press.
______, 2006, *Hiding from Humanity: Disgust, Shame, and the Law*, Princeton: Princeton University Press.
______, 2010, *Not for Profit: Why Democracy Needs the Humanities*, Princeton: Princeton University Press.
______, 2011, *Creating Capabilities: The Human Development Approach*, Cambridge: Belknap Press of Harvard University Press.
______, 2012, *The New Religious Intolerance: Overcoming the Politics of Fear in an Anxious Age*, Cambridge: Belknap Press of Harvard University Press.
______, 2013, *Political Emotions: Why Love Matters for Justice*, Cambridge: Belknap Press of Harvard University Press.
______, 2016, *Anger and Forgiveness: Resentment, Generosity, and Justice*, Oxford: Oxford University Press.
______, 2018, *The Monarchy of Fear: A Philosopher Looks at Our Political Crisis*, New

York: Simon & Schuster.

Plato, 1991, *The Republic of Plato*, 2nd ed., Trans. Allan Bloom, New York: Basic Books.

______, 1997, *Plato: Complete Works*, Ed. John M. Cooper, Indianapolis: Hackett.

Price, A. W., 1989, *Love and Friendship in Plato and Aristotle*, Oxford: Clarendon Press.

Sophocles, 1984, *The Three Theban Plays: Antigone, Oedipus the King, Oedipus at Colonus*, Trans. Robert Fagles, New York: Penguin Classics.

Thucydides, 2009, *The Peloponnesian War*, Trans. Martin Hammond, Oxford: Oxford University Press.

West, Robin, Ed., 2015, *Nussbaum and Law*, London: Routledge.

찾아보기

저자소개(가나다순)

김지훈은 현재 서울대학교 정치외교학부 박사과정에 재학 중이며, 전공분야는 근대정치철학이다. 주요 저술로 『내전』(출간예정), 「함정에 빠지는 건 누구일까?: 투키디데스의 가르침 재조명」(2020), "When Kant Attunes Himself: Inbred Rationalist or Under-handed Christian"(2019) 등이 있다.

박성우는 현재 서울대학교 정치외교학부 교수로 재직 중이며, 전공분야는 고전정치철학과 국제정치사상이다. 현재 양 분야의 학제적 결합을 모색하는 연구영역을 개척하고 있다. 주요 저서로 『정치사상사 속 제국』(2019, 공저), 『영혼 돌봄의 정치: 플라톤 정치철학의 기원과 전개』(2014), 주요 논문으로 「플라톤의 『국가』에 나타난 국제정치사상」(2016), 「이라크 전쟁의 레오 스트라우스 책임론에 대한 정치철학적 비판」(2012), 「국익추구의 도덕적 한계와 아리스토텔레스의 좋은 삶의 정치」(2011), 「현실주의 국제정치이론에서 투키디데스 읽기의 한계와 대안의 모색」(2008) 등이 있다.

박수인은 현재 제주대학교 정치외교학과 조교수로 재직 중이며, 전공분야는 플라톤 정치사상이다. 주요 저술로 「플라톤의 『법률』에서 군주정의 요소는 무엇인가?: 플라톤의 혼합 정체 이론에 내포된 법치의 특성」(2019), 「플라톤이 『법률』에서 받아들인 정치적 자유의 의미: 아테네 민주정의 자유 개념에서 수용한 것과 거부한 것」(2018), 「플라톤의 정치이론에서 혼인과 출산 규제의 원칙: 정체의 공공성에 대한 주지적 귀족주의 사유법」(2018) 등이 있다.

안태현은 현재 서울대학교 자유전공학부 강사로 재직 중이며, 전공분야는 윤리와 정치 관계다. 주요 저술로 "Happiness in Aristotle: Individual, Friends, and the City"(2018), 「아리스토텔레스의 실천적 지혜에 대한 소고: 실천적 지혜의 성격과 정치 지도자의 덕목으로서 실천적 지혜가 갖는 함의」(2018) 등이 있다.

이상원은 현재 인천대학교 윤리교육과 조교수로 재직 중이며, 전공분야는 정치철학이다. 주요 저술로 「진리 경험의 역동성과 긴장성: 하이데거의 『파르메니데스』에 나타난 플라톤 해석의 정치적 함의」(2019), "The Empowerment of Philosophizing: Heidegger's Thoughts on Plato's Cave Allegory and the Political Problem of Being"(2018), 「포섭될 수 없는 타자: 레비나스의 욕망개념과 플라토니즘」(2018), 「데리다의 환대개념의 정치적 긴장성: 고대정치철학적 해석과 사유를 중심으로」(2017), "The Dynamic Association of Being and Non-Being: Heidegger's Thoughts on Plato's *Sophist* beyond Platonism"(2016) 등이 있다.

표광민은 현재 동아시아연구원 선임연구원으로 재직 중이며, 전공분야는 한나 아렌트, 칼 슈미트, 국제 정치질서의 변화다. 주요 저술로 「아렌트의 플라톤 비판에 대한 고찰: 목적-수단 논리를 중심으로」(2019), 「'정치의 귀환'의 구조: 세계와 국가 사이의 대립에 관하여」(2019), 「주권의 정치와 내화의 정치: 슈미트와 아렌트의 정치사상적 비교를 중심으로」(2018) 등이 있다.